大学生安全教育探新（修订版）

主　审　莫柏预

主　编　陈　武　李若海

副主编　蒲青江　成　雄　陈佳妮　吴仕宇　王　慧

编　委　（按姓氏笔画排序）

王升日　卢　华　兰志生　农锦华　阳　芳
刘　刚　刘　镇　曲升刚　朱雁冰　张　慧
张天锋　李海宁　陈叔军　芮红磊　洪　星
高冬梅　聂鸿飞　黄　科　黄　晖　黄志斌
梁　莉　梁　珣　梁华荣　梁儒谦　蒋立宏
覃梅芳　蓝　东　赖国勋

北京理工大学出版社
BEIJING INSTITUTE OF TECHNOLOGY PRESS

版权专有　侵权必究

图书在版编目（CIP）数据

大学生安全教育探新/陈武，李若海主编. —2版（修订本）. —北京：北京理工大学出版社，2017.9（2020.8重印）

ISBN 978-7-5682-4614-9

Ⅰ. ①大… Ⅱ. ①陈… ②李… Ⅲ. ①大学生-安全教育-高等学校-教材 Ⅳ. ①G645.5

中国版本图书馆CIP数据核字（2017）第199648号

出版发行 / 北京理工大学出版社有限责任公司	
社　　址 / 北京市海淀区中关村南大街5号	
邮　　编 / 100081	
电　　话 / (010) 68914775（总编室）	
82562903（教材售后服务热线）	
68948351（其他图书服务热线）	
网　　址 / http://www.bitpress.com.cn	
经　　销 / 全国各地新华书店	
印　　刷 / 三河市华骏印务包装有限公司	
开　　本 / 787毫米×1092毫米　1/16	
印　　张 / 17	责任编辑 / 梁铜华
字　　数 / 394千字	文案编辑 / 袁　慧
版　　次 / 2017年9月第2版　2020年8月第5次印刷	责任校对 / 周瑞红
定　　价 / 36.80元	责任印制 / 王美丽

图书如出现印装质量问题，请拨打售后服务热线，本社负责调换。

前 言
PREFACE

  大学生是祖国和民族的未来与希望，是推动经济社会发展的重要力量，他们的健康成长与安全成才，事关国家的兴衰与繁荣，关系着社会的稳定与发展。加强学校的安全教育和防范措施，是学生获得全面健康发展的重要保证，是学校教育工作中的一项重要内容。国家中长期教育改革和发展规划纲要（2010—2020年）提出了"重视安全教育、生命教育、国防教育、可持续发展教育"的观点，修订了《普通高等学校学生管理规定》等一系列制度和文件，这些都为我们做好大学生安全教育工作、建设安全文明和谐校园提供了很好的指导。

  本书针对当代大学生安全知识缺乏、自我保护意识薄弱的实际情况，紧紧围绕大学生学习、生活、成长、成才的各个方面，简要介绍了人身财产、道路安全、自然灾害等方面安全事故发生的原因、防范方法和避害技巧，并阐述了相关知识和法律法规，展示了各类安全案例，采用文字叙述和图片漫画相结合的形式，力求内容翔实、生动易懂。

  本书可作为高等院校进行安全教育的教材，在帮助大学生提高安全意识、掌握安全知识和防范技能、增强自我防范能力、助力高校安全防范工作等方面发挥着积极作用。2017年，结合近两年社会发展的新情况，在参阅相关读物的基础上，我们对已编写出版的《大学生安全教育探新》进行了内容补充和结构重组，添加了"大数据时代的网络信息安全""抵制校园不良网络信贷""大学生创新创业安全""社交安全""传染病的预防""自然灾害的预防与自救"等相关内容。

  本书编写过程中参阅了大量相关的著作、教材、论文等研究成果，充分借鉴了其中的许多成果与思想，在此对相关研究者、整理者及编写者表示深深的谢意！没有他们的研究，就没有我们这本教材编写的学术基础，是他们的大量成果为本书的编写提供了坚实而丰富的内容基础，也使得我们的编写工作顺利且富有成效，更使得我们的年轻学生获得了宝贵的知识财富。因参考文献众多，限于篇幅未能一一列出具体出处，在此深表歉意！

  由于编者水平有限，加之编写时间仓促，纰漏之处在所难免，欢迎各位专家、学者及各界读者批评指正，以利于本书的进一步完善。

《大学生安全教育探新（修订版）》编写组
2017 年 7 月

目 录
CONTENTS

第一篇　共创安全文明校园

第一章　大学校园生活安全概况 ·· 3

第一节　大学校园生活安全概况 ·· 3
第二节　大学校园生活安全的防范技能 ·· 6
第三节　大学校园生活安全典型案例 ·· 21
第四节　增强大学生安全法律意识 ··· 30

第二章　创建安全文明校园 ·· 36

第一节　创建安全文明校园的重要意义 ······································· 36
第二节　创建安全文明校园的影响因素 ······································· 38
第三节　努力创建安全文明校园 ·· 42

第二篇　公共安全

第三章　国家安全和保密知识 ··· 51

第一节　国家安全教育 ·· 51
第二节　大学生保密教育 ··· 56

第四章　大学生网络信息安全 ··· 63

第一节　大数据背景下的信息安全 ··· 63
第二节　网络信息安全隐患分析及类型 ······································· 66
第三节　网络信息安全案例 ·· 69
第四节　抵制校园不良网络信贷 ·· 70

第五章　消防安全 ·· 74

第一节　火灾的基本知识 ·· 74
第二节　火灾的防治与救护 ·· 80

第三篇　人身财产安全

第六章　大学生财产安全 ·· 89

第一节　如何认识盗骗抢 ·· 89
第二节　花样繁多的盗骗抢案例评析 ·· 91
第三节　盗骗抢的防范 ·· 99

第七章　大学生交通旅行安全 ·· 103

第一节　大学生交通安全 ·· 103
第二节　大学生旅行安全 ·· 114

第八章　社交安全 ·· 129

第一节　人际交往的原则和方法 ·· 129
第二节　大学生主要社交活动种类及其特点 ······································ 135
第三节　社交活动中的安全防范 ·· 139

第九章　大学生防止性侵害 ·· 145

第一节　如何认识性侵害 ·· 145
第二节　性骚扰及其现状 ·· 148
第三节　大学生如何预防性侵害 ·· 152
第四节　国家、学校对性侵害的重视 ·· 154

第十章　大学生心理健康与安全 ·· 156

第一节　如何认识心理健康 ·· 156
第二节　大学生常见的心理问题及调适方法 ······································ 160
第三节　影响大学生心理健康的因素 ·· 166
第四节　大学生如何保持健康的心态 ·· 169
第五节　学校对大学生心理健康教育的重视 ······································ 171

第十一章　日常救护防护常识 ·· 176

第一节　掌握救护知识的重要性 ·· 176

目 录

|第二节　常见的安全事故及其救护措施 ⋯⋯⋯⋯⋯⋯⋯⋯⋯⋯⋯⋯⋯⋯⋯⋯⋯⋯ 177
第三节　食物中毒及其救护措施 ⋯⋯⋯⋯⋯⋯⋯⋯⋯⋯⋯⋯⋯⋯⋯⋯⋯⋯⋯⋯ 184
第四节　艾滋病的预防 ⋯⋯⋯⋯⋯⋯⋯⋯⋯⋯⋯⋯⋯⋯⋯⋯⋯⋯⋯⋯⋯⋯⋯⋯ 187
第五节　传染病的预防 ⋯⋯⋯⋯⋯⋯⋯⋯⋯⋯⋯⋯⋯⋯⋯⋯⋯⋯⋯⋯⋯⋯⋯⋯ 188

第四篇　大学生创业及就业安全

第十二章　大学生创业及就业安全 ⋯⋯⋯⋯⋯⋯⋯⋯⋯⋯⋯⋯⋯⋯⋯⋯⋯⋯⋯⋯⋯ 193

第一节　如何认识大学生创业 ⋯⋯⋯⋯⋯⋯⋯⋯⋯⋯⋯⋯⋯⋯⋯⋯⋯⋯⋯⋯ 193
第二节　大学生创业之路怎么走 ⋯⋯⋯⋯⋯⋯⋯⋯⋯⋯⋯⋯⋯⋯⋯⋯⋯⋯⋯ 196
第三节　大学生创新创业安全 ⋯⋯⋯⋯⋯⋯⋯⋯⋯⋯⋯⋯⋯⋯⋯⋯⋯⋯⋯⋯ 201
第四节　大学生求职安全应对策略 ⋯⋯⋯⋯⋯⋯⋯⋯⋯⋯⋯⋯⋯⋯⋯⋯⋯⋯ 209

第十三章　大学生实习和兼职安全 ⋯⋯⋯⋯⋯⋯⋯⋯⋯⋯⋯⋯⋯⋯⋯⋯⋯⋯⋯⋯⋯ 212

第一节　大学生实习和兼职的理解 ⋯⋯⋯⋯⋯⋯⋯⋯⋯⋯⋯⋯⋯⋯⋯⋯⋯⋯ 212
第二节　大学生实习和兼职的利弊分析 ⋯⋯⋯⋯⋯⋯⋯⋯⋯⋯⋯⋯⋯⋯⋯⋯ 218
第三节　大学生实习和兼职陷阱分析 ⋯⋯⋯⋯⋯⋯⋯⋯⋯⋯⋯⋯⋯⋯⋯⋯⋯ 222
第四节　大学生如何做到实习和兼职安全 ⋯⋯⋯⋯⋯⋯⋯⋯⋯⋯⋯⋯⋯⋯⋯ 225

第十四章　保护自我　远离传销 ⋯⋯⋯⋯⋯⋯⋯⋯⋯⋯⋯⋯⋯⋯⋯⋯⋯⋯⋯⋯⋯⋯ 229

第一节　如何认识传销 ⋯⋯⋯⋯⋯⋯⋯⋯⋯⋯⋯⋯⋯⋯⋯⋯⋯⋯⋯⋯⋯⋯⋯ 229
第二节　传销与直销的区别 ⋯⋯⋯⋯⋯⋯⋯⋯⋯⋯⋯⋯⋯⋯⋯⋯⋯⋯⋯⋯⋯ 232
第三节　传销在我国的现状 ⋯⋯⋯⋯⋯⋯⋯⋯⋯⋯⋯⋯⋯⋯⋯⋯⋯⋯⋯⋯⋯ 233
第四节　传销的危害 ⋯⋯⋯⋯⋯⋯⋯⋯⋯⋯⋯⋯⋯⋯⋯⋯⋯⋯⋯⋯⋯⋯⋯⋯ 236
第五节　大学生如何预防传销 ⋯⋯⋯⋯⋯⋯⋯⋯⋯⋯⋯⋯⋯⋯⋯⋯⋯⋯⋯⋯ 237

第五篇　自然灾害与安全

第十五章　自然灾害的预防与自救 ⋯⋯⋯⋯⋯⋯⋯⋯⋯⋯⋯⋯⋯⋯⋯⋯⋯⋯⋯⋯⋯ 245

第一节　地震灾害的应急处置 ⋯⋯⋯⋯⋯⋯⋯⋯⋯⋯⋯⋯⋯⋯⋯⋯⋯⋯⋯⋯ 245
第二节　洪水灾害的安全防范 ⋯⋯⋯⋯⋯⋯⋯⋯⋯⋯⋯⋯⋯⋯⋯⋯⋯⋯⋯⋯ 248
第三节　滑坡、泥石流灾害的安全防范 ⋯⋯⋯⋯⋯⋯⋯⋯⋯⋯⋯⋯⋯⋯⋯⋯ 250
第四节　雷电灾害的安全防范 ⋯⋯⋯⋯⋯⋯⋯⋯⋯⋯⋯⋯⋯⋯⋯⋯⋯⋯⋯⋯ 252

参考文献 ⋯⋯⋯⋯⋯⋯⋯⋯⋯⋯⋯⋯⋯⋯⋯⋯⋯⋯⋯⋯⋯⋯⋯⋯⋯⋯⋯⋯⋯⋯⋯⋯⋯⋯ 255

第一篇

共创安全文明校园

第一章

大学校园生活安全概况

第一节 大学校园生活安全概况

高等院校既是培养高级专业人才的摇篮，也是社会组成的一部分。大学生活是大学生进入社会开始独立人生的第一站。随着我国高等教育的迅速发展，高校办学规模不断扩大，校园社会化现象日趋明显，一些治安案件、危及大学生人身财产安全案件、诱发大学生违法犯罪案件等在高校大学生中也时有发生。因此，对大学生应加强校园生活安全知识的教育，使大学生树立安全防范意识和遵纪守法意识，从而自觉遵纪守法，积极参与到安全、文明、和谐的健康环境创建中，最终顺利完成学业，实现人与社会的和谐发展。

一、大学校园生活安全的定义

大学校园生活安全是指大学生在大学校园这个特定环境里生活没有危险，不受威胁，不出事故。具体来说就是指大学生在大学校园中顺利完成学业，健康成长。其中涉及大学生的学习、工作和生活，包括学习安全、身心安全、财产安全、人际交往安全、消防安全、网络安全等。

二、大学校园生活安全的现状

（一）学习安全——学习目的功利化和兴趣下降危及学籍

学习是大学生生活的核心内容，随着学分制教学管理机制的推进，在给学生更多自主权的同时，对学生的学习能力和自我管理能力也提出了更高的要求（图1-1、图1-2）。由于缺乏系统的学习指导体系，学生自我学习能力不足、依赖性强，导致学生学习成绩突然下滑、补考门数较多，或旷课、违纪，因违纪、学业问题等延迟毕业、受学籍处理乃至被淘汰的人数持续增多。同时，学生学习动机复杂多样、学习目的功利化，又导致学习兴趣降低，致使学生在实用的、感兴趣的课程投入精力和时间多，势必造成那些必修的、无兴趣的课程成绩不理想，从而危及学籍。据有关调查显示，仅有30.9%的学生认为自己对所学的知识有兴趣，20%的学生承认自己是被动学习型的，7.3%的学生认为自己是无所用心型。在大学生的学习动机的调查中，选择"学习知识、增长才干"的占72.5%，选择"为了找个好工作"的占72.1%，选择"回报家庭"的占43.2%，而在"你最想学习的知识"的调查中，排在前三位的是"实用技能和科技知识""计算机知识和网络技术""人文知识"，所占比例分别为 59.9%、53.2%、52.7%，而"国家的方针政策"由于缺乏实用性而不被学生重视，只有 11.8% 的学生选择了此项。

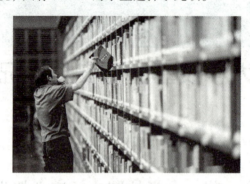

图 1-1

（二）身心健康安全——不良生活习惯和生活压力引发身心亚健康状态

对于告别了中学时代的大学生而言，大学阶段意味着远离家庭和父母，意味着自主安排生活，特别是高考的成功使他们增强了自尊心与自信心，从而强烈地要求独立性，竭力想摆脱家长。此时，不良的生活习惯也趁机侵入了自制能力较低的大学生的生活。调查显示，在大学校园的男生群体中，承认自己吸烟的占 11.7%，承认自己饮酒的占 34.2%；在体育锻炼方面，有 26.5% 的学生以"没有时间""缺少运动伙伴"为理由基本不参加体育运动；对于身体不良症状的调查显示，61.4% 的学生感觉自己"注意力不集中"，59.8% 的学生感觉自己"情绪低落"，35.7% 的学生感觉自己"记忆力下降"，还有 28.7% 的学生有"失眠多梦"等现象出现。由此可见，大学生的身心状态不容乐观，

图 1-2

这不仅仅源于"吸烟饮酒"或是"缺乏体育锻炼"等不良生活习惯的影响，更重要的是学习、生活所带来的心理上的压力严重影响了学生的生活状态。

（三）财产安全——缺乏社会阅历和安全常识，造成财物损失

大学生入学之前，基本上都是从家门到校门，多数又是独生子女，生长在父母亲庇护的环境中，与社会接触少，比较单纯，对社会的复杂性了解不够，因此，一些不法分子往往借此行骗牟利。一些大学生在免费赠送、摆棋局、免费抽奖、电话或信息中奖、通知银行卡被盗刷、网络游戏赌博等形形色色的骗局中上当。同时，由于他们较少独立参加社会活动，缺乏必要的安全防范常识，往往给犯罪分子可乘之机。另外，麻痹大意、财物保管不当也造成不必要的损失，如为了图方便而短暂离开宿舍时不锁门，给夜归室友留门，将笔记本电脑、手机和钱包等贵重物品随意丢放等。

(四)人际交往安全——人际冲突危害自我或他人的安全

大学生的人际交往具有与其他社会群体不同的特点。由于大学生的心理发展还不是很完善,心理素质所具有的恒常性较差,在校园生活中容易因为沟通因素、个性因素、利益因素、环境因素、恋爱因素、情绪因素引发大学生人际冲突。

(1)沟通因素。在大学生中的一种普遍表现是由于信息少,一叶障目,个人形成对事物的歪曲看法,再加上与别人沟通得不够,误解对方,酿成冲突。

(2)个性因素。大学生中彼此个性差异过大时,往往难以合作、出现冲突。

(3)利益因素。大学中,在分配有限资源如自习室座位和争取各种荣誉如学生干部岗位、参赛名额、奖学金时,一旦双方成为竞争者,人际冲突极易发生。

(4)环境因素。多数大学生没有经历过集体宿舍生活。进入大学之前,他们一般处在家庭的呵护下,习惯于家庭环境下的关心和体谅。同一宿舍的同学常常来自不同的地方,由于文化差异、习惯不同,加上沟通不及时,往往会因为一些小事导致冲突。

(5)恋爱因素。当前,大学生恋爱已经是普遍现象。大学生正处于青年期,生理上已发育成熟,但社会经验相对缺乏,一些同学心理发展相对滞后。恋爱双方有可能在交往过程中因为人生观、价值观以及兴趣爱好方面的差异而导致感情不和,由此引发冲突。另一种情况是冲突双方同时追求一个恋爱对象,因为争风吃醋而产生冲突。

(6)情绪因素。对某人或某事的喜好不同也会引起冲突。冲突双方各站在自己的立场,以个人喜好作为评判的出发点。有时,大学生之间发生冲突仅是因为自己的情绪不好,或者对某一类人或事物特别地不喜欢,意气用事。

由于人际交往冲突处理不当,势必会使情绪波动,继而产生一连串的连锁反应,如导致心理压抑紧张,从而使学习成绩下降,继而出现意志消沉、人格扭曲等一连串反应,甚至出现寻衅滋事、打架、滋扰等恶性事件,严重危害自我或他人的安全。

(五)消防安全——消防安全意识淡薄,消防常识缺乏,自救互救能力低下

大学校园是人员高度集中的公共场所,教学区教学仪器多、科研设备价值昂贵,用电量大,宿舍等生活区易燃物品多,极易发生火灾事故。校园内几乎每栋楼都配备有灭火器,学生虽知道灭火器,但对其关注很少,也不注意或不知道所在楼层是否有消防栓(图1-3)。大部分学生不清楚自己所在的宿舍楼和教学楼有几个安全出口,也很少关注安全出口的标志。不少学生为了使用方便,将电脑或笔记本、手机放在床边。因此,私自乱拉电线的现象非常普遍,插板随手扔在床上,有些插板还存在质量问题。另外,有些学生还在宿舍偷偷地使用"热得快"、电磁炉等违章电器。这些"热得快"、插板大多质量低劣,价格便宜,包装简单,没有生产厂家、生产许可证、生产合格证。学生作为"热得快"的消费主体,无疑成为潜在隐患最大也是最直接的受害人群。虽然高校重视消

图1-3

防知识的宣传和教育，发放安全手册，通过辅导员（班主任）进行安防知识讲解，出版安全展报、展板，甚至定期组织宿舍检查违规用电，但学生们往往不重视，手册到手后，都只是随便翻几页，随后便束之高阁了。同时还存在侥幸心理，认为使用违规电器，只要注意，不会那么容易着火，即使检查也采取相应的防查措施，如将电器放在隐蔽处或锁在衣柜里，避免被发现。这些都会造成严重的安全隐患。当遇到火灾时，学生扑救初起火灾和逃生自救互救能力低下，更容易受到危害。

（六）网络安全——普遍密切接触网络，网络行为亟须引导和规范

图1-4

上网已经成为大学生课余休闲的一个主要内容，无论是"看书学习"或是"谈论聊天"，网络都被当作一种主要的生活工具，越来越多地侵占着大学生的生活空间。有调查显示，65.9%的学生每周平均上网时间为7小时以下；25.5%的学生为7~14小时；8.5%的学生平均每天上网时间为2~4小时，甚至有少数学生平均每天上网4小时以上（图1-4）。对于学生上网的目的，72.3%的学生为了查资料，28.7%的学生为了"聊天"，26.1%的学生为了"了解时事"，12.2%的学生为了"打游戏"。另外，大学生在遭遇情感危机、学习危机、就业危机时，往往把网络作为宣泄情绪、逃避现实的工具。长时间上网容易使人的新陈代谢、正常生物钟遭到破坏，使人身体虚弱，严重者还会出现神经紊乱、免疫功能下降，同时还会引发焦虑症、忧郁症。而沉迷于网络容易挤占原本属于学习的时间，出现厌学、逃课等现象，更有甚者在网络游戏和暴力、色情网站中放纵自己，弱化道德意识，甚至走上违法犯罪的道路。

第二节 大学校园生活安全的防范技能

一、学习安全篇

大学的学习既要求掌握比较深厚的基础理论和专业知识，还要求重视各种能力的培养。我国教育历来都强调德、识、才、学、体五个方面的全面发展，或简称为德才兼备。人才的五要素是一个统一的有机体，五个方面对人才的成长互相促进、相互制约，缺一不可。大学教育从某种意义上讲，正是培养有知识、有能力的高科技人才的重要环节。进行大学学习，克服在学习中存在的理论脱离实际和实用主义的不良倾向，应遵循以下原则。

（1）大学生必须在全面掌握专业知识和其他有关知识的基础上，加强专业技能的培养和智力的开发，在学习书本知识的过程中重视教学实践环节的锻炼和学习。要认真搞好专业实习和毕业设计，积极参加社会调查和生产实践活动，努力运用现代化科学知识和科学手段研究并解决社会发展和生产实践中的各种实际问题。

（2）掌握正确的学习方法。学习方法是提高学习效率、达到学习目的的手段。钱伟长

曾对大学生说过：一个青年人不但要用功学习，而且要有好的、科学的学习方法。要勤于思考，多想问题，不要靠死记硬背。学习方法正确，往往能收到事半功倍的成效。在大学学习中要把握住的几个主要环节是：预习、听课、做笔记、复习、总结、做作业、考试。这些环节把握好了，就能为进一步获取知识打下良好的基础。

预习。这是掌握听课主动权的主要方法。预习中要把不理解的问题记下来，听课时增加求知的针对性。既节省学习时间，又能提高听课效率，是学习中非常重要的环节。

听课和做笔记。上课时要集中精力，全神贯注，对老师强调的要点、难点和独到的见解，要认真做好笔记。课堂上力争弄懂老师所讲内容，经过认真思考，消化吸收，变成自己的东西。

复习和总结。课后及时复习，是巩固所学知识必不可少的一环。复习中要认真整理课堂笔记，对照课本和参考书，进行归纳和补充，并把多余的部分删掉，经过反复思考写出自己的心得和摘要。每过一个月或一个阶段要进行一次总结，以融会贯通所学知识，温故而知新，形成自己的思路，把握所学知识的来龙去脉，使所学知识更加完整、系统。

做作业和考试。做作业是巩固消化知识，考试是检验对所学知识掌握的程度，它们都起到了及时找出薄弱环节、加以弥补的作用。做作业要举一反三，触类旁通，要养成良好习惯。对考试要有正确态度，不作弊，不单纯追求高分，要把考试作为检验自己学习效果和培养独立解决问题能力的演练。在学习中抓住这几个基本环节，进行思考，在理解的基础上进行记忆，注意及时消化和吸收。经过不断思考，不断消化，不断加深理解，这样得到的知识和能力才是扎实的。

大学学习除了把握好以上主要环节之外，还要有目的地研究学习规律，选择适合自己特点的学习方法，提高获取知识的能力。具体来说，这些方法主要有以下几种。

1. 要制订科学的学习规划和计划

大学学习单凭勤奋和刻苦精神是远远不够的，只有掌握了学习规律，相应地制订出学习的规划和计划，才能有计划地逐步完成预定的学习目标。马克思曾说过：没有规划的学习简直是荒唐的。可见严密的学习规划是完成学习任务的保证。首先要根据学校的教学大纲，从个人的实际出发，根据总目标的要求，从战略角度制定出基本规划。如设想在大学阶段自己要达到的目标，要达到什么样的知识结构，要学完哪些科目，要培养哪几种能力等。大学新生制订整体计划是困难的，最好请教本专业的老师和高年级同学。先制订好一年级的整体计划，经过一年的实践，待熟悉了大学的特点之后，再完善四年的整体规划。其次要制订阶段性具体计划，如一个学期、一个月或一周的安排，这种计划主要是根据入学后自己的学习情况、适应程度安排学习的重点、学习时间的分配、学习方法如何调整、选择和使用什么教科书和参考书等。这种计划要遵照符合实际、切实可行、不断总结、适当调整的原则。

2. 要讲究读书的方法和艺术（图 1-5~图 1-8）

大学学习不光是完成课堂教学的任务，更重要的是发挥自学的能力，在有限的时间里去充实自己，选择与学业及自己的兴趣有关的书籍来阅读是最好的办法。莎士比亚说："书籍是全世界的营养品。"培根也说："书籍是在时代的波涛中航行的思想之船，它小心

图1-5

图1-6

图1-7

图1-8

翼翼地把珍贵的货物送给一代又一代。"学会在浩如烟海的书籍中,选取自己的必读之书,这就需要有读书的艺术。首先是确定读什么书,其次对确定要读的书进行分类,一般来讲可分为三类,第一类是要浏览的书,第二类是要通读的书,第三类是要精读的书。正如"知识就是力量"的提出者培根所说:"有些书可供一赏,有些书可以吞下,不多的几部书应当咀嚼消化。"浏览可粗,通读要快,精读要精。这样就能在较短的时间里读很多书,既能广泛地了解最新科学文化信息,又能深入研究重要理论知识,这是一种较好的读书方法。读书时还要做到如下两点:一是读思结合,读书要深入思考,不能浮光掠影,不求甚解;二是读书不唯书,不读死书,这样才能学到真知。

3. 做时间的主人,充分利用时间

大学期间,除了上课、睡觉和集体活动之外,其余的时间机动性很大,科学地安排好时间对成就学业是很重要的。吴晗在《学习集》中说:"掌握所有空闲的时间加以妥善利用,一天即使学习1小时,一年就积累365小时,积零为整,时间就被征服了。"想成就事业,必须珍惜时间。首先,要做好每日的作息时间表,确定哪段时间做什么,安排时要根据自己的身体和用脑习惯,在脑子最好用时干什么,脑子疲惫时安排干什么,做到既调整脑子休息,又能搞一些其他的诸如文体活动等。一旦安排好时间表,就要严格执行,切忌拖拉和随意改变,养成今日事今日做的习惯,千万不要等到明日。其次,要珍惜零星时间,大学生活越丰富多彩,时间切割得就越细,零星时间就越多。华罗庚曾说:"时间是由分秒积成的,善于利用零星时间的人,才会做出更大的成绩来。"英国数学家科尔,

1903年因攻克一道200年无人攻破的数学难题而轰动世界,而他是用了近三年的星期天来完成的。

4. 完善知识结构,注意能力培养

所谓合理的知识结构,就是既有精深的专门知识,又有广博的知识面,具有事业发展实际需要的最合理、最优化的知识体系。李政道博士说:"我是学物理的,不过我不专看物理书,还喜欢看杂七杂八的书。我认为,在年轻的时候,杂七杂八的书多看一些,头脑就能比较灵活。"大学生建立知识结构,一定要防止知识面过窄的单打一偏向。当然,建立合理的知识结构是一个复杂、长期的过程,必须注意以下原则。①整体性原则,即专博相济,一专多通,广采百家为我所用。②层次性原则,即合理知识结构的建立,必须从低到高,在纵向联系中,划分基础层次、中间层次和最高层次,没有基础层次,较高层次就会成为空中楼阁;没有高层次,则显示不出水平。因此任何层次都不能忽视。③比例性,即各种知识在顾全大局时,数量和质量之间合理配比。比例的原则应根据培养目标来定,成才方向不同,知识结构的组成就不一样。④动态性原则,即所追求的知识结构绝不应当处于僵化状态,而是能够不断进行自我调节的动态结构。这是为适应科技发展、知识更新、研究探索新的课题和领域、职业和工作变动等因素的需要,不然就跟不上飞速发展的时代步伐。

大学生要培养的能力范围很广,主要包括自学能力、操作能力、研究能力、表达能力、组织能力、社交能力、查阅资料能力、选择参考书的能力、创造能力等。总之,这些能力都是为将来在事业上成功做准备。正如爱因斯坦所说:"高等教育必须重视培养学生具备思考、探索问题的本领。人们解决世上的所有问题是用大脑的思维能力和智慧,而不是搬书本。"

二、身心健康安全篇

强化生活规范是引导大学生养成健康文明的生活行为的重要保证。因此,大学校园应帮助大学生树立正确的生活规范,引导学生培养良好的生活习惯,确保大学生身心健康,应加强大学生生活制度的建设,对大学生的作息时间、行为习惯等做科学的引导,形成"大学生健康文明生活方式条例"。

(1)规律生活。大学生应该有效地利用时间,作息时间有规律,不熬夜、不贪睡,始终保持旺盛的精力。

(2)适度锻炼。大学生应根据自身的生理机能、身体素质、健康状况,以及季节变化选择运动的方式和时间,持之以恒(图1-9、图1-10)。

(3)禁烟少酒。在大学生中建立无烟宿舍、无烟教室,倡导文明的生活方式,平时应做到不喝酒,特殊场合饮酒应做到有节制,避免过量饮酒而失态失言。

(4)文明行为。文明行为体现一个人的修养水平。大学生文化修养较高,应养成良好的文明行为习惯,严格要求自己。

图1-9

图 1-10

（5）健康心态。乐观向上的心态是个人健康成长的保证。

在制定上述条例的基础上，大学生应自觉遵守学校的规章制度，做遵纪守法的典范。

三、人际关系安全篇

（一）提高情绪调节和控制能力

易变是大学生情绪的阶段性特点，要想积极应对人际关系，避免人际关系冲突，就应该调节和控制自己的情绪。面对各种各样的交往情境，要理智应对。学会控制自己的消极情绪，调动愉快情绪。当遇到不顺心的事情时，要学会正确地自我宣泄。比如积极进行户外活动，打球、散步，找知心朋友谈心，也可找一部自己喜爱的文学作品或影视作品来欣赏。条件允许的话，可以定期外出旅游，因为从心理学角度来说，一个人一旦离开原来的生活环境，面对新事物，心境会逐步开朗，有利于减轻和消除心理问题。同时，大学生应不断加强自身的心理品质，尽量避免人际冲突的发生，有意识地控制波动的情绪，以乐观、坚强、积极的态度面对所遇到的困境，采取适合自己的调适方式，以良好的心态去创造和谐、宽松的人际环境。

（二）改变错误的认知观念，学会合理归因

1. 提高自我认识

正确地认识自己，善于自我接纳和自我批评；克服自卑或自负心理，学会积极的心理暗示，培养自信心。也就是说，通过与他人适宜的比较，客观全面地理解自己的共性特征、优缺点以及兴趣爱好等；完整地接纳自己，不自卑也不自负，对于不足或缺点，善于包容的同时要善于取长补短，经常进行自我批评与激励，时刻鞭策自己；当理想自我与现实自我发生冲突时，调整理想自我，即降低理想自我的水平或者改变不合理的信念；遇事先审查自己，学会换位思考。

2. 矫正社会认知

培养科学的世界观和正确的人生观，以乐观豁达的态度密切与人交往。学会推己及人，用移情的方式去体察别人的言行，可以有效地帮助我们正确理解别人，避免判断错误，也可以防止发生不恰当的体验和行为。

3. 提高交往技能

大学生要学会积极主动地与人交往，把握每一次与他人交流沟通的机会，以适当的方式与人接近，如寻找共同话题，学会建立自己良好的第一印象。人们初次见面时的言谈举止皆会给人留下深刻印象，对往后的交往有着很大的影响。

首先，衣着整洁得体、使用礼貌用语是最基本的，懂得交际语言也是一种能力，往往会有人因言语不得体，与人发生不必要的冲突。懂得如何表达自己的不同观点是非常关键的，除了把握时机，还要注意表达方式。当自己犯错误时，要及时、真诚地道歉，这常常是遏制冲突的良药。其次，把握适当的交往距离。过分的交往容易使人厌倦，个人心理空间被触犯，或者心理压力过大也使人感到非常不舒服，甚至恼怒。因此，应该在真诚的同时给自己定好位，理解并尊重他人的心理空间，检点自己的行为使之不干扰别人。最后，及时沟通，解除疑虑。其实在应对人际关系的过程中及时有效的沟通是十分必要的，与对方沟通交流能够化解某些误会，多与亲密的人沟通，有助于解除疑虑。

(三) 掌握处理人际关系冲突的基本技能

1. 树立生命重于一切的观念

人身安全是头等大事，要增强安全意识，加强安全防范；遵守法律、法规、校规、校纪，严格按规章制度办事；提高警惕，注意防范，不断提高自身排险自救能力；同学之间互帮互助，关爱生活、关爱生命，树立生命重于一切的观念。

2. 尽量避免与他人发生摩擦

（1）以诚相待。以诚实、真挚的态度对待他人，获得对方的信任和理解（图1-11）。

图1-11

（2）与人为善。只要我们抱着与人为善的态度，就可以化解矛盾，与他人友好相处。

（3）善于体察与见微知著。在与人相处时，要做有心人，善于体察别人的心境，应采取不同的方式，使对方感到你的善意与温暖。

（4）宽宏豁达，不计小是小非。不要为了些小事斤斤计较、僵持不下，甚至拳脚相加。同时不失原则性和正义感。

3. 避免激化矛盾

（1）冷静克制，切莫莽撞。无论矛盾是由哪一方面引起的，都要保持冷静，绝不可冲动和意气用事。

(2) 避免过激的言语和行为。矛盾纠纷大多是由口角引起，俗话说"祸从口出"，因此在产生矛盾后应把握言语的分寸，说话平心静气，不可恶语伤人，更不可拳脚相加。

(3) 依靠组织解决问题。遇到矛盾冲突无法化解时，应向组织和辅导员汇报，并积极配合做好工作。

4. 妥善处理同学之间的冲突

(1) 悉心观察。一是观察其情绪变化及行为举动，因势利导，尽量稳定其情绪。二是观察周围可能被其利用的攻击性工具，尽可能机智地将其转移至安全的地方，避免被其利用，防止暴力事件的发生。

(2) 找出其暴力倾向产生的原因，因势利导，对其进行耐心劝解。

(3) 及时汇报。向相关老师及时反映情况，配合老师一起开导有暴力倾向的同学。

5. 冷静对待同学相邀帮助报复他人

(1) 自己要端正态度，保持冷静，摒弃"哥们义气"的陈旧观念，拒绝参与报复他人的行动。

(2) 劝说并极力制止。应因势利导，让当事人懂得"冤冤相报何时了"和"退一步天空海阔，让三分心平气和"的道理。利用相关的法律法规，告知其行为所产生的后果和应承担的法律责任，劝其用合法、合理的渠道去解决问题。

(3) 在自己劝阻仍无效的情况下，应及时通知相关老师和有关领导、组织，及时对该同学进行说服教育。

6. 积极制止打架斗殴

打架斗殴现象已成为校园里的一颗毒瘤，它不仅扰乱学校秩序，败坏风气，而且会影响学校的声誉，甚至危及社会稳定。当遇到他人打架斗殴时，应当采取积极的措施，制止这种恶劣行为。

(1) 我们应当保持冷静的头脑，不能坐视不管，更不能起哄围观。

(2) 视当时的形势，若双方人数较少，可以自己或与同学一起上前劝阻，化解冲突；若双方人数较多，甚至携带凶器，应马上通知学校保卫部门，紧急情况下应拨打110报警，及时制止事态的扩大（图1-12），然后通知相关老师。

图1-12

7. 防范不法分子的袭击侵害

(1) 增强防范意识，保持高度警惕。

(2) 讲究防范策略，防止事态恶化。

(3) 及时报告有关部门，充分依靠组织和集体的力量，制止违法犯罪行为。

(4) 学会运用法律保护自己和他人。面对流氓滋事，要注意留心观察，掌握证据，维护自己和他人的合法权益。

8. 应对校外人员寻衅滋事

对于校外人员的寻衅滋事，除借用学校的有关职能部门和社会的公安机关等组织力量防范和打击外，作为大学生，遇到此种情况也应当做到如下几点。

（1）应当从思想上认识到，作为大学生，有义务对这种滋扰行为进行抵制和制止。

（2）一般情况下，在校园里遇到不法之徒闹事，要敢于出面制止，或者将流氓分子送至校保卫处，或者拨打110报警（图1-13），以便及时抓获犯罪嫌疑人，予以惩办。

图1-13

9. 在受侵害时实施正当防卫

刑法将正当防卫规定为公民的一项权利，对这种行为予以保护和提倡。当遭遇侵害，实施正当防卫时，应当注意以下几点。

（1）认清自己当时所处的形势，是否允许自己实施防卫。如果对方势力较强，应当采取其他适宜的方式，而不能"鸡蛋碰石头"。

（2）防卫过程中，要注意一定要针对不法侵害者的弱点，而且要在侵害行为进行当中实施，否则可能会构成防卫过当。

（3）要运用恰当的防卫方法，注意在防卫过程中的技巧和手段。

（4）要加强对法律知识的学习，掌握法律允许的界限。

10. 遭到伤害后的应急处理

（1）积极自救并迅速与同学、老师或亲友联系，争取救援。

（2）要及时向学校保卫部门或公安机关报案，不要怕被报复，协助配合有关部门破案。

（3）注意保留证据，将犯罪分子绳之以法。

四、财产安全篇

（一）学生宿舍容易被盗的原因

（1）居住成员混杂，寝室成员随意变动。这种人员的不稳定性会增加寝室的不稳定因素，同学之间缺乏应有的凝聚力，这容易使盗贼有机可乘。

（2）管理松懈，制度不严。人员进出十分随便，不仅容易被爱占便宜的"顺手牵羊"者偷走衣物及贵重物品，而且容易使盗贼乘虚而入，进行盗窃。

（3）缺乏警惕性，互不关心。有的同学看到陌生人在宿舍里乱窜漠不关心，事不关己高高挂起。这种心态正是盗窃分子求之不得的。

（4）门窗缺乏安全设施。如门上无保险锁，一楼窗户无栏杆易被翻入，二楼有便于攀爬的管道壁沿等。

（5）随意留宿外人或出借钥匙。有的学生利用宿舍的空床位留宿社会人员，或在假期将门钥匙借给亲友等人。其中的不法分子摸透了情况，伺机作案。

（6）无人值班或值班人员无责任心。

（二）学生宿舍常见的盗窃方式

（1）顺手牵羊。盗贼趁主人不备或不在，顺手盗走物品或现金（图1-14、图1-15）。

图1-14

图1-15

（2）乘虚而入。盗贼趁宿舍管理混乱、人员混杂或是寝室里面没有人在，入室行窃。

（3）钓鱼。盗贼用工具将阳台或室内的物品钩走。

（4）撬门扭锁。盗贼撬开门锁、抽屉、箱柜大肆行窃。

（5）翻窗入室。这类盗贼与"撬门扭锁"者的盗窃目标往往相近。

（三）寝室最容易被盗的时间

寝室最容易被盗的时间如下。

（1）刚入学，宿舍较混乱时。

(2)假前,忙于考试离校时。
(3)假期,学生离校后。
(4)同学都去上课时,尤其是上午第一、二节课时。
(5)上晚自习。如相连的几个寝室人走光,也可能被盗。
(6)夏秋季节,开门窗睡觉,易发生"钓鱼"式和"乘虚而入"式盗窃。
(7)学校举办大型文体活动(包括看电影)以及外来人员剧增时,发生盗窃的可能性也增加。

(四)遇到宿舍被盗后正确处理的方法

一些同学被盗后,难以接受现实,心理不平衡,为了弥补损失,转而盗窃其他学生的财物,从而使自己也陷入违纪违法的泥潭。大学生一旦发现自己财物被盗,首先应该维护好被盗现场,立即通知学校保卫处;其次,应主动寻找、提供线索;此外还要以平静的心态分析被盗原因,改进自己的防盗措施。

(五)防止宿舍被盗的措施

防止宿舍被盗的措施有以下几种。
(1)最后离开宿舍的同学一定要锁门。
(2)不能留宿外来人员。
(3)对形迹可疑的陌生人应提高警惕。
(4)做到换人换锁,并且不要将钥匙随便借给他人。
(5)保管好贵重物品。
(6)尽量将钱放到银行里,寝室里少放或不放现金;注意不要泄露存折密码,不要将存折交给他人代为取款,不要将存折或信用卡与身份证放在一起保存。

(六)大学生容易受骗的原因分析

1. 涉世不深,轻信他人

某高校大一新生孙某来自农村,在学校附近的书店看书时,三名学生模样的男子向他走来,自称是某名牌大学的学生,刚刚与导师走散,自己身无分文,希望孙某予以资助,回校马上归还。为了证明所说属实,他们特地给"导师"打了电话,让"导师"与孙某对话。不经世事的孙某对此深信不疑,回宿舍拿存折取出1 200元给了三人。三人却从此消失得无踪影了。

2. 交友不慎,也会被骗

某校附近个体小店主张某,主动与校内常来进餐的同学拉关系,表现十分慷慨。不久就与某学生交上朋友,该学生经常将张某带入宿舍玩乐。在以后的一年多时间里,学生宿舍的钱物经常不翼而飞,有的同学连生活费、路费都被盗走。张某经常主动借一点给丢东西的同学,同学们互相猜疑,唯独对张某不怀疑。后经校保卫部门周密调查取证,终于查出是张某利用往来自由之便多次在该宿舍作案,盗窃学生大量现金和物品。

3. 因好奇心、虚荣心重上当受骗

某城市发生的女大学生被诈骗的例子:诈骗分子李某,西装革履,风度翩翩,持某电

视台台长名片,提高级摄像机一部,来到一所高校学生宿舍,声称要招若干名电视台节目主持人,每人先交50元报名费,经考试合格即可录用。当即有不少学生与李某结交,并有20多名学生报名交款。结果李某骗了1 000多元就逃之夭夭了。

(七) 犯罪分子在校内诈骗使用的主要手段

犯罪分子在校内诈骗使用的手段有以下几种。

1. 假冒身份,流窜作案

诈骗分子利用假名片、假身份证与人进行交往,或者利用捡到的身份证等在银行设立账号提取骗款。

2. 投其所好,引诱上钩

一些诈骗分子往往利用被害人急于就业和出国等心理,投其所好,应其所急施展诡计而骗取财物。

3. 真实身份,虚假合同

一些骗子利用高校学生经验少、法律意识差、急于赚钱补贴生活的心理,常以公司名义让学生为其推销产品。事后,却不兑现诺言和酬金,而使学生上当受骗。

4. 借贷为名,骗钱为实

骗子利用人们贪图便宜的心理,以高利集资为诱饵,使部分教师和学生上当受骗。也有个别学生以"急于用钱"为借口向其他同学借钱,然后挥霍一空,拖到毕业一走了之。

5. 以次充好,恶意行骗

一些骗子利用教师、学生"识货"经验少又苛求物美价廉的特点,上门推销各种产品而使师生上当受骗。

6. 虚假情义,信息诈骗

通过手机短信、电话、电脑网络等,以交友为名,骗取没有社会经验的大学生的信任,从而骗取其钱财。

(八) 被骗以后该怎么办

如果发现骗子正在行骗,可以将其稳住,并马上向学校保卫部门报案。如果事后发现被骗,也不要自认倒霉,不了了之,而应向学校有关部门报案,采取相应措施,从而避免更多的学生上当受骗。

(九) 如何避免遭遇抢劫

为避免成为抢劫的目标,要注意以下几点。

(1) 不向人炫耀随身携带的贵重物品,单独外出时,不轻易带过多的现金。

(2) 不要独自外出,要结伴而行。

(3) 不要独自在偏远、阴暗的林间小道、山路上行走,不到行人稀少、阴暗、偏僻的地方。

(4) 尽量避免深夜滞留在外不归或晚归。

(5) 穿戴适宜,尽量使自己活动方便。

（6）单独一人时不要显露出胆怯害怕的神情。

（十）万一遭遇抢劫该怎么办

万一遭遇抢劫、抢夺，应沉着冷静，尽力与之周旋；并伺机大声呼救或向保卫部门报案；避免与持有凶器或成群的犯罪分子硬拼；记住犯罪分子的相貌特征。

（十一）外出要注意防止钱物被扒

（1）尽量不要携带大量现金和贵重物品到人多拥挤的地方。如携带较多钱款，可分散放在内衣口袋里，只放少量钱在手边。

（2）乘公共汽车，不要把钱夹放在身后的裤袋或上衣口袋里。如果带包出门，钱或贵重物品不要置于包的底部或边缘，以免被割窃。在拥挤时，包应放在身前。不管是购物、吃饭，还是试衣时，包不离身，至少不脱离视线。

（3）在人多眼杂处尽量减少翻点现金或摸钱包，以免被扒手盯上。

（4）留心你或同伴是否已被扒手盯上或成为其目标。

（十二）确保银行卡安全的注意事项

一是在陌生环境中使用银行卡后应及时更改账户密码；二是如果使用了电话银行服务，应在结束通话后，回拨一个"0"以消除话机内留存的信息；三是在使用 ATM 机查询或取款时，应尽量遮住操作过程，以防不法分子窥视；四是 ATM 机的取款回执要及时处理，切忌随手乱丢，以免为不法分子克隆银行卡提供便利。

（十三）存折或汇款单丢失后处理的方法

存折被盗或丢失，应立即带有效证件到银行或储蓄所办理挂失手续，接着到学校公安保卫部门报案。若汇款单被盗或丢失，应立即带有效证件到投递汇款单的邮政局（所）挂失，防止他人冒领。

五、消防安全篇

星星之火，可以燎原。面对火灾，我们要显示出的是当代大学生的决绝、果断与勇敢。不能让火灾肆虐，不能让笑容枯萎。火，我们希望它带来的是温暖、光明，而非灾难。

（一）火源种类

火源分为直接火源和间接火源两类。

1. 直接火源

直接火源包括明火、电火花和雷电火。

1）明火

如炉火、灯火、火柴、打火机的火焰等，以及各种家用电热器、燃气取暖器等。

2）电火花（图1-16）

如电器开关、电钟、变压器等电气设备产生的电火花，能引起易燃气体和质地疏松、纤细的可燃物质起火。

3）雷电火

瞬间的高压放电，能引起任何可燃物质的燃烧。

2. 间接火源

间接火源包括本身自燃起火和加热自燃起火。

1）本身自燃起火

能自燃的物质，有以下两类。

（1）本身具有自燃起火的物质（图1-17）。如沾有植物油、动物油的手套、衣服、木屑等。

图1-16

图1-17

（2）与其他物质接触时自燃起火的物质。如钾、钠、钙等金属物质与水接触；可燃物质与氧化剂或过氧化物接触，如木屑、棉花、酒精等有机物与硝酸等强酸接触时。

加热自燃起火

由于外部热源的作用，把可燃物质加热到起火的温度而起火。常见的有以下几种。

（1）可燃物质接触被加热的物体表面。

（2）各种电气设备，由于超负荷、短路、接触不良等，形成电流骤增，线路发热而起火。

（3）化学反应放热的作用。如生石灰遇水即大量放热，使靠近的可燃物质起火。

以上这些可能引起火灾的火源，我们在学习、生活、科学试验中都可能接触到，但是只要我们严加防范，火灾就没有可乘之机。

（二）灭火器材的正确使用方法

图1-18

灭火器（图1-18）按所充装的灭火剂分为干粉灭火器、二氧化碳灭火器和泡沫灭火器等。

1. 干粉灭火器

常见的干粉灭火器有BC和ABC两类。BC类干粉灭火器适用于扑救易燃、可燃液体和带电电气设备的火灾。ABC类干粉灭火器适用于扑救固体可燃材料、易燃可燃液体和带电电气设备的火灾。

干粉灭火器的使用方法：可手提或肩扛，在距燃烧处5米左右的地方（室外灭火应选择在上风方向），拔下灭火器开启把上的保险销，然后一只手握住喷射管前端，对准燃烧点根部，另一只手将开启把压下，打开灭火器进行灭火。

2. 二氧化碳灭火器

二氧化碳灭火器适用于扑救易燃、可燃液体和带电电气设备的火灾。

二氧化碳灭火器的使用方法：拔出保险销，一只手握住喇叭筒根部的手柄，另一只手紧握启闭阀的压把。对没有喷射管的二氧化碳灭火器，应把喇叭筒往上扳 70°～90°。使用时，不能直接用手抓住喇叭筒外壁或金属连接管，以防手被冻伤。在室外使用时，应选择上风方向喷射；在室内窄小空间使用时，灭火后操作者应迅速离开，以防窒息。

3. 泡沫灭火器

泡沫灭火器一般能扑救固体可燃材料和易燃、可燃液体类火灾，当电器发生火灾，电源切除后，也可以用泡沫灭火器进行扑救。

泡沫灭火器的使用方法：可手提灭火器上部的提环（不能使灭火器过度倾斜，更不能横拿或颠倒），当距离燃烧点 10 米左右时，将灭火器颠倒，一只手紧握提环，另一只手扶住灭火器底圈，对准燃烧点（图 1-19），由近至远进行喷射。

图 1-19

> **小提示**
>
> ### 室内消火栓的使用方法
>
> 打开消火栓箱门，延伸水带，将水带的一端与枪连接，另一端接口与消火栓接口连接（如室内消火栓箱内或旁边装有消防泵按钮，应按压消防泵按钮），按逆时针方向旋转消火栓手轮，对准火点进行喷水灭火。

（三）宿舍内预防火灾的方法

宿舍内预防火灾的方法有以下几种。

（1）不乱接电源。

（2）不乱扔烟头。

（3）不躺在床上吸烟。

（4）不在蚊帐内点蜡烛看书。

（5）不焚烧杂物。

（6）不存放易燃易爆物品。

（7）不使用电炉等电热设备。

（8）严禁使用煤炉、煤油炉、液化器灶具、酒精炉等可能引发火灾的器具。

（9）人走灯关。嗅到电线胶皮糊味，要及时报告，采取措施。

（10）台灯不要靠近枕头和被褥。

（四）遭遇火灾时的正确脱险方法

遇到火灾不要惊慌，花几分钟时间牢记以下逃生方法，做到遇险不乱，保卫自己的生命，救护他人的生命。

（1）不要因害羞和顾及财产而把宝贵的逃生时间浪费在穿衣寻物上。

（2）可用毛巾、口罩蒙鼻，用水浇身，匍匐前进。火灾发生后，烟雾都会停留在半空中，此时应弯腰或匍匐前进。

（3）不要盲目跳楼，可利用疏散楼梯、阳台、水管等逃生。也可用绳索、床单、衣服自制简易救生绳，用水打湿，紧拴在固定物上，用毛巾等保护手心顺绳滑下。

（4）要迅速披上浸湿的衣物、被褥等向安全出口方向冲，不要盲入人流、相互拥挤、乱冲乱撞，要注意朝明亮或空旷处跑；火势不大时，要往楼下跑；若通道被烟火封阻，则应背向烟火方向逃离。

（5）不可乘坐电梯，电梯随时会停电，或由于电压过高引起火灾，要通过楼梯向安全方向逃生。

（6）用手摸房门如已发烫，应关紧门窗。用湿毛巾、湿布塞堵门缝，用水浸湿棉被，蒙上门窗，防止烟火渗入，等待救援。

（7）身上着火，千万不要奔跑，可就地打滚或用厚重的衣物压灭火苗。

（8）若所有逃生线路被大火封锁，要立即退回室内，用打手电筒、挥舞衣物、呼叫等方式向外发送求救信号。

（9）平时就要留心疏散通道、安全出口及楼梯方位等，当大火燃起、浓烟密布时，便可摸清道路，尽快逃离现场。

六、网络安全篇

（一）大学生沉迷网络成瘾的原因

（1）与传统媒体不同，在网络媒体面前，大学生不仅是观众，而且是演员，可以通过角色扮演的方式融入网络之中，网络互动可以满足大学生的心理需要和社会需要，并使其产生愉快的体验，这就容易使大学生混淆虚拟世界与现实生活的区别，导致他们对网络有不同程度的依赖（图1-20）。

图1-20

（2）大学生身心发展特点。受独生子女成长方式影响的大学生，生理发育已经处于基本成熟、逐步稳定的阶段。伴随着生理的成熟，自我意识开始增强，但还缺乏稳定的自我控制能力，人际交往的需要强烈，渴望被人理解，但心理上又具有一定的闭锁性。而且我国大学生中独生子女所占比例极大，因为缺乏与兄弟姐妹年龄略有级差的同辈的交流，他们在现实生活中往往不会处理人际关系。他们大多在优越的物质生活环境中成长，父母对他们过分溺爱，并对他们的期望极高，往往希望按自己的意志去培养他们，结果给独生子女造成了很大的心理压力。这些因素都容易使他们到网络中寻找可归依的群体，迷恋网上的互动生活。

（3）高校宽松的生活环境的影响。大多数高校普遍在学生宿舍安装宽带网，学生有较多的自由支配时间，有较多的供自己支配的金钱，又可摆脱父母对自己的监控。校园文化生活相对比较单调，学生之间又有从众心理和攀比心理。大学生在遭遇情感危机、学习危机、就业危机时，往往把网络作为宣泄情绪、逃避现实的工具。

（4）社会因素的影响。当今社会信息技术高速发展，网站、网吧多如牛毛，这为大学生求学提供了便利，也为大学生沉迷网络提供了诱因。由于我国网络管理制度尚不健全，有关部门缺乏有效的监控手段，"黄、赌、毒"等非法网站沉渣泛起，社会不良思潮如享乐主义、拜金主义、个人主义等在网上泛滥。这些因素很容易让大学生在眼花缭乱的虚拟世界中迷失方向。

（二）大学生网络成瘾的防控对策

大学生网络成瘾的防控对策有以下几种。

1. 把高校作为防控大学生网络成瘾的主阵地

高等院校是在校大学生学习和生活的主要场所，高校自然就成了防控大学生网络成瘾的主阵地。高校要高度重视大学生网络成瘾问题，将防治大学生网络成瘾作为和谐校园建设的重要组成部分，针对大学生的身心发展特点，加强对大学生的网络文明教育；加强教育教学改革，提高课堂教学的趣味性；组织丰富多彩的校园文化活动，增强大学生的人际互动；对有网瘾的大学生，不能歧视，要积极地对他们进行心理辅导和心理治疗。

2. 建设和谐家庭

现代家庭中独生子女的比重越来越大，独生子女的成长方式和父母对他们不恰当的教管方式容易使他们产生逆反心理而迷恋互联网。建设和谐家庭，是防控大学生网络成瘾的重要手段。家长应多与孩子沟通，了解孩子的理想和兴趣，与孩子平等相处，引导孩子合理利用互联网；不要对孩子提出不切实际的过高要求，以免给孩子造成难以承受的心理压力；发现孩子有网瘾症状或其他心理疾病时，应及时与学校和有关部门联系，采取必要的救助措施。

3. 净化网络环境

政府有关部门应加强对网络媒体的监管力度，明确网络媒体在网络建设中的主体职责；有关部门应加强对网络信息的监控过滤，营造健康的网络环境；国家要建立和健全网络管理的法律法规，用法律的形式规范网络行为。

4. 提高大学生的自身素质

大学生要树立远大理想，积极参加社会实践，培养广泛的兴趣爱好和乐观向上的生活态度，养成良好的意志品质，增强抵御网络负面影响的能力；大学生要端正上网目的，严格控制上网时间，养成良好的上网习惯；发现自己有网瘾症状时，应积极调整心态，逐渐弱化对网络的依赖。

第三节　大学校园生活安全典型案例

一、学习安全典型案例

（一）案例重现

【案例1】大学的学习强度和压力，与高中时比起来明显松了很多。新生小马就充分

"享受"了宽松的学习环境，上课经常睡觉、开小差，下了课没有作业时就绝不温习。到了期末考试，小马才紧张起来，熬了几个通宵，"游题海"，狂背书，变成了熊猫眼。

（二）专家点评

有些同学进了大学会完全放松。平时基本不学习，考试的前两个星期才开始"突击"，容易影响健康，虽然考试最后通过了，但是成绩大多不理想，毕竟"一口不能吃出个胖子"。学习还是要讲究"细水长流"，临时"抱佛脚"对知识的掌握毕竟不扎实，考试成绩欠佳不说，靠临时死记硬背获得的知识，难以吸收而且特别容易忘却。应该说，大学学业比起高中还是比较轻松的，有了十几年读书的经验，只是少了家长老师的督促，只要能够克服自身的惰性，坚持合理安排每天的学习，相信可以学业、放松两不误。

（三）防范措施

1. 确立自己的学习目标（图1-21）

想从事什么职业，想成为什么样的人才，现在就必须了解这一行业或成为这一类人才需要什么样的素质和资质，在了解这些的前提下，自主学习才能更有效率和目的性。

图1-21

2. 根据目标制订学习计划

学习计划主要是指选择大学阶段阅读的书目和适合的课程，可以参照与自己的理想相近院校的课程安排，看看除了本校的原有课程安排外，还需要补充哪些课程。

3. 落实学习计划

计划制订完毕后的第一站应该是图书馆，在那里找到需要的书目后要精读。除了多去图书馆外，还要经常和老师交流，那样可以得到实际的指导。

二、身心健康典型案例一

（一）案例重现

【案例2】2012年6月8日下午，某高校材料与化工学院及机电工程学院大四的学生40余人在学校三食堂2楼小餐厅毕业聚餐。由于双方啤酒喝得较多，话不投机，互相谩骂，后来演变成双方厮打，导致材料与化工学院一名学生头皮裂伤进行缝合。打架的双方学生在学籍上都受到处分。

【案例3】2012年的一天，住在某高校三公寓的学生打电话向学校保卫处报案称：公寓东楼4层有学生正在打架。保卫处人员即刻赶到，现场一片狼藉，到处都是啤酒瓶碎片。后在413宿舍发现几名学生因饮酒过量已酩酊大醉，吐脏物一地，散发着酒气。经调查了解，该宿舍王同学过生日，同舍李某等五位同学为给王某祝"寿"，共喝了40余瓶啤酒。喝完酒后，在走廊上乱扔啤酒瓶，并打伤邻舍的2名同学。李某等人违反校纪酗酒并寻衅滋事，殴打他人违反了我国治安管理处罚条例的规定，受到了严厉的处罚，并负担对方医药费、损失费等，同时也受到了留校察看的处分。

(二) 专家点评

酒精是一种刺激和麻痹神经系统的物质，各种酒类饮品内都含有不同程度的酒精。在大脑内，当饮酒后酒精麻醉大脑细胞时，思维过程直接受到干扰而变缓，酒精浓度越高，受影响的脑细胞就越多。同学们每一次暴饮和酗酒，往往会带来一系列的危害，如伤害身体、荒废学业、殃及四周、惹是生非，还会造成一定的恶果。醉酒的人动辄摔倒、撞倒，酒后开车酿成大祸的悲剧也不乏其例（图1-22），惨痛的教训实在太深刻了。

图 1-22

正因为饮酒有上述危害，为了保证同学们健康成长，维护校园的正常秩序，学校禁止学生在校园内喝酒，更不许酗酒。贪杯酗酒，是意志薄弱的表现；借酒滋事，当为社会所不容。

案例2、案例3说明：同学之间重情谊是好事，聚会也未尝不可，但是大学生年轻气盛，做事情容易冲动，受到酒精的麻痹后更加不计后果，头脑一热便横生事端，继而害人害己，后悔莫及。因此，再次提醒广大学生一定要遵守学校的规章制度，远离啤酒、白酒等饮料，更不能酗酒。

(三) 防范对策

无论自斟自饮还是群饮，都不要忘了节制、适度。同时要注意以下几个细节问题。

（1）饮酒之前先吃点东西，空腹酣饮最容易醉倒。

（2）"干杯"本是礼节性的辞令，演化到"一饮而尽"，当属一种错觉，要尽量避免"干杯"，低斟浅饮并不失风雅。

（3）量力而行，适可而止，根据自己的酒量适当把握。

（4）醉酒不是一种风度，实际上是缺乏自信和自控的一种表现，联想一下自己和他人醉酒时难看的情景，也许会有所警觉。

(5) 多人在一起喝酒,是最容易发生酗酒和醉酒现象的,表现在言语上就是快言快语、豪言壮语、胡言乱语或不言不语,这时一定要见好就收,中止饮酒。

三、身心健康典型案例二

(一) 案例重现

【案例 4】2011 年 6 月 14 日中午 12 时,某高校建工系 2003 级学生李某,在校园内与同学打篮球,争球时被一名同学的胳膊撞至左胸部,疼痛难忍。同学急忙将他送往附近的医院就诊,诊断为左肾挫伤并积水,后转诊到大医院治疗,在 6 月 25 日进行了手术,药费高达两万余元。

【案例 5】2012 年 3 月 31 日,某高校光电工程学院 2001 级学生杨某,在学校运动场与同学踢足球时,意外造成右腓骨骨折,送至医院进行诊治,花去医药费 410 元。

(二) 专家点评

在体育活动中都有可能发生一些程度不同的损伤。无论是竞技比赛还是业余体育运动,随着参加次数的增加,受伤的频率也会随之提高。按照损伤的性质区分,常见的有:骨折、脱位、闭合性软组织损伤(包括关节韧带和肌腱的扭伤、撕裂和拉伤等)、开放型软组织损伤(擦伤、刺伤)等。一旦在运动过程中发生损伤,当事者一定要保持冷静,在场的同学们要发扬互助友爱和人道主义精神,及时给予受伤者帮助并为其进行处理。

案例 4 和案例 5 告诫同学们在平时锻炼身体时,不但要注意安全,还应该掌握一些基本的救护常识,这样就可以有条不紊地处理一些突发事件。

因此,安全教育必须贯穿于整个运动过程。遵循科学的训练方法,在运动过程中做好自我监督,随时注意器材、场地等安全设施及身体状况。当疲劳时或有不良反应时,就不宜加大运动量,也不宜做高难度的动作,应停止运动进行休息。

在体育运动中,同学们既要勇敢顽强,又要细微谨慎,克服"运动损伤不可避免""小伤无害"的麻痹思想,还要树立牢固的安全意识,加强运动中的保护与自我保护,要防止运动竞赛中故意伤人的错误倾向,提高预防运动损伤的自觉性(图 1-23、图 1-24)。

图 1-23

第一章　大学校园生活安全概况

图 1-24

（三）防范对策

体育运动中要避免意外伤害须做到以下几点。

（1）要在身心状况良好的情况下运动，不能在生病、过度疲劳、精神状况不佳、思想不集中时运动，以免发生意外。

（2）要从实际出发，根据自己年龄、性别、体质、体育技能确定运动量的大小和运动技术的难易，做到循序渐进，从易到难，运动量从小到大。切不可好高骛远、超负荷运动。

（3）运动时，要穿适合自己身体的衣裤袜，身上不能带刀、剪、钢笔等硬的物件；衣服上不要别胸针、校徽、证章等；头上不要戴各种发卡；戴眼镜的同学在活动中应摘下眼镜，如不可以，运动时要加倍小心，以免发生意外。

（4）饭后1小时才可以做剧烈运动，做剧烈运动停止半小时后才可进餐。

（5）运动前要做准备活动，如慢跑、游戏等，使人体有准备地从静态逐步过渡到动态。运动后，要做整理活动，使人体由紧张状态逐步过渡到安静状态，以免引起恶心、呕吐、心慌、血压下降等不良症状。

（6）要检查运动场地是否合乎要求（如跳远、沙坑地是否松软等），如果场所不符合要求，不要勉强使用。

（7）要遵守运动规则和检查运动器材是否完好，否则不能使用。

（8）在雨雪天气时，做室外运动要注意防滑，防止跌倒。

（9）不要在大风大雾天和气温低、温差大的环境中运动；不要在夏天烈日高温下锻炼。

（10）上体育课时，要按体育教师的要求进行运动，以免发生意外伤害。

四、财产安全典型案例

（一）案例重现

【案例6】 某大学的宿舍来了一伙推销皮鞋的小贩，一些新入校的同学以每双100元的价格相继掏钱购买，等小贩走了以后，同学们才发现鞋底是由纸板做的，根本不能穿。

于是这些同学一面在校内及其周边寻找这些卖鞋的骗子，一面及时向学校保卫部门报告。在学校保卫人员和广大学生的共同努力下，终于将这些利用推销手段进行诈骗的嫌疑人抓获，挽回了损失。

【案例7】2012年2月，张某到保卫处报案，一男子给其母亲打电话，自称是张某的同学，说张某患急病入院治疗，现急需3 500元，并给张某的母亲一个账号，让其母亲往这个账号汇款。张母听后非常着急，又因其提供的关于张某的自然情况和地址与实际情况完全一致，张母深信不疑，便往那人提供的账号上汇了3 500元（图1－25）。半天后，张母往张某的寝室打电话询问张某的病情并准备到学校看望张某时才知被骗。

图1－25

（二）专家点评

案例6中的诈骗嫌疑人掌握了一些学生爱贪小便宜的心理和经济不宽裕的状况，以低于市场的价格，吸引学生上当，拿到钱后立即逃离现场。但同学的警惕性还是有的，能够及时报告，挽回了自己的损失，同时避免其他同学再一次上当受骗（图1－26）。

案例7中的犯罪嫌疑人对张某和其家里的情况了如指掌，通过对张某的询问得知：张某在今年返校的火车上曾遇到一男子，两人谈得很投机，便如实说了自己的情况，并给那人留下家里和学校的联系方式，以备以后联系。张某放松了自己的警惕，向完全不熟悉的人告知了自己的基本资料，不料被作案分子所利用，使自己和家里受到损失。

（三）防范对策

1. 日常防骗常识

（1）不要将亲人的联系方式交给他人，以防被他人利用，骗取钱财。

图1－26

（2）必须将学院办公室、辅导员的联系电话（尤其是固定电话）留给家里，一旦发生意外，家人可以及时与学校取得联系。

（3）出门在外，不要随意与陌生人搭讪，不轻易接受他们的财物和食品。

2. 发现形迹可疑人员的处理方法

所谓形迹可疑人员就是出现在校园内的行为举止、衣着、动作习惯等明显有别于校内师生员工，语言疑点较多或行为诡秘的人员。遇到形迹可疑人员，应仔细观察，记住可疑人员的特征，包括年龄、性别、身高、胖瘦、相貌、衣着、口音、动作习惯，以及身上痣、瘤子、斑痕、刺花、残疾等各种特征，佩戴的戒指、手镯、项链、耳环等各种饰物的情况，以便向公安保卫部门提供破案线索。

五、人际关系典型案例一

（一）案例重现

【案例8】A校某女与B校某男系同乡，放假返乡途中二人在某景点游玩时，高兴之时二人亲密相拥。返校后该男向该女求爱，被拒绝。该男以公布二人照片相要挟，多次打电话要求该女夜间外出到某处。被该女的男朋友发现后，弃该女而去，该女万念俱灰、身心疲惫，险些轻生，后被学校发现，经耐心劝说，才恢复了生活的信心。

（二）专家点评

此案说明该女同学由于自己交友不慎，留给对方要挟的把柄。该女既不想与对方相处，又怕对方暴露自己的隐私，致使自己在恐惧的泥潭中无法自拔，差点以轻生来解脱自己。作为在校大学生，面对此类事情，一要明确表明自己的立场，不可态度暧昧，让对方心存幻想；二要果断阐明自己的想法，求助组织终止对方的纠缠，实在不行可以诉诸法律解决。

（三）防范对策

在学生中求爱的滋扰（图1-27）主要来自两方面：一是单恋者的纠缠，一方有情，另一方无意，有情者积极进攻，穷追不舍；二是原来有恋爱关系，因某种原因，一方提出终止，另一方无法接受，因而苦苦纠缠。为摆脱这种求爱滋扰，应做到以下几点。

图1-27

1. 态度明朗

如果并无恋爱打算，对于那种单恋的追求者，应明确拒绝；如果是正在恋爱中或曾经恋爱过的对象，要冷静考虑，如果没有希望，就要明确告诉对方，让其打消念头。若是态度暧昧，模棱两可的话，对对方来说增加了幻想，因而也会给自己带来更多的麻烦。

2. 遵守恋爱道德，讲究文明礼貌

在拒绝对方的要求时，要讲道理，耐心说服；要尊重对方人格，不可挖苦嘲笑，更不能在别人面前揭露对方隐私。

3. 要正常相处，节制往来

恋爱不成但仍是同学、好朋友，不可结怨，更不能成为仇人、敌人。在交往中，最好要节制不必要的往来，以免令对方产生"物是人非"的伤感，让对方尽快消除心理上的伤害。

4. 遇到困难，要依靠组织

如果认为制止不了对方的纠缠，或者发现对方可能采取报复行为等，要及时向老师和领导汇报，依靠组织妥善处理，防止发生意外事件。

六、人际关系典型案例二

（一）案例重现

【案例9】2012年7月的一天晚上10点多，某高校的宿舍里，有一个同学酒后想起几天前两个班在玩篮球时，曾发生过矛盾，借着酒劲，来到对方的寝室，要和对方理论。因说话声音太大，影响别人休息，引起其他同学的不满，双方发生口角，进而厮打，造成双方互有损伤。后来，双方参与的学生都受到了学校的纪律处分。

（二）专家点评

发生事情后双方不能冷静处理，既不克制自己的情绪，也不寻求通过组织解决，而是采用了暴力行动，致使事态扩大，从而影响了同学之间的关系，同时给自己的学业和学校造成了影响。所以情绪化处理问题最容易给自己、给同学造成伤害。

（三）防范对策

1. 同学之间发生冲突应采取的方法

（1）克制情绪，避免矛盾激化。

（2）相信组织，就近寻求支援。

（3）向学校保卫处或公安部门报案。

（4）及时向本院、系说明情况，由院系出面协调。

2. 大学生如何正确使用正当防卫（图1-28）

根据我国《刑法》的规定，实施正当防卫必须同时符合以下四个条件。

（1）只有在国家公共利益、本人或他人的合法权利受到不法侵害时。

（2）必须是在不法侵害正在进行的时候。

（3）必须是对不法侵害者本人实施防卫，而不能对无关的第三者实施。

（4）正当防卫不能超过必要的限度，造成不应有的损害。

图1-28

准备进行防卫时,如果符合上述四个条件,就不必担心自己是否会负刑事责任了,而应积极勇敢地进行防卫。现实生活当中,人们经常遇到这样的情况:双方打了架,后动手的一方总说自己是在正当防卫;学生打了架,家长参加调解的时候,也总是说自家的孩子后动手,是正当防卫。那么,双方打架后动手的一方真是正当防卫吗?

一般来说,打架还手的一方,不属于正当防卫。这是因为正当防卫的第一个条件是必须针对不法侵害行为,不法侵害行为包括有社会危害性的一般违法行为和犯罪行为,但主要是指犯罪行为,如杀人、强奸、抢劫、放火等,对这些行为,如果不果断采取防卫行动,使其停止非法侵害,将会对社会、对人身等造成重大危害。打架还手就不同了,甲动手打了乙,乙完全可以通过合法途径,比如报告老师或相关组织解决,没有必要一定要动手还击。动手还击引起互殴,不利于同学间的团结和校园秩序的稳定。所以,两人打架,不论何方被打致伤、致残,还手的一方一般不算正当防卫。如果因还手而使打架事态恶化,不论是先动手的人造成的还是后动手的人造成的,对方都要依法承担应有的责任。所以,避免打架是至关重要的。但如果遭到对方的非法暴力侵害,比如先动手的一方拿棍子或凶器施暴,就应尽快躲开,脱离危险,并报告老师。但切不可以正当防卫为借口而还手打人,把事情闹大。

七、消防安全典型案例

(一)案例重现

【案例10】2012年1月,某校某女生宿舍的一名学生将"热得快"放在书桌上(图1-29),忘记拔电就离开宿舍,结果引起宿舍失火,所幸发现及时,没有造成严重损失。

图1-29

(二)专家点评

此案中的火灾是由该同学在宿舍违规使用大功率电器引起的。为避免火灾的发生,同学们应杜绝在宿舍内使用大功率电器、乱拉接电线等违规用电行为。万一宿舍起火,要做到沉着冷静,宿舍里电器繁多,千万不能用水扑灭火灾,除使用灭火器外,也可以用枕头、被子或用厚衣服扑打火源。当火势不可控制时要果断撤离,切不可贪恋财物导致无法脱身而失去最宝贵的生命。

（三）防范对策

（1）用电要申请报装，线路设备装好后经过检验合格才可通电。临时线路要严格控制，需由专业人员负责管理，用后拆除。

（2）采用合格的线路器材和用电设备，不在宿舍使用超负荷的电气设备，如电炉、电热杯、热得快、电吹风等。

（3）发现绝缘层损坏的电线、灯头、开关、插座要及时报告，切勿乱动。线路的设备要请电工检修或安装，以保证符合有关安全规定。

（4）发现宿舍的电气设备损坏或失灵，不可擅自修理，要及时报告公寓管理中心派专人修理。

（5）不要用湿手、湿布触摸、擦拭电器外壳，更不能在电线上晾衣服。

（6）万一遇有电器设施引起的火灾，首先要迅速切断电源，然后再灭火。

第四节　增强大学生安全法律意识

一、大学生增强安全法律意识的重要性

法律意识，是人们的法律观点和法律情感的总和，其内容包括对法的本质、作用的看法，对现行法律的要求和态度，对法律的评价和解释，对自己权利和义务的认识，对某种行为是否合法的评价，关于法律现象的知识以及法制观念等。安全法律意识是法律意识的重要组成部分，它关系公私财产、人身安全及社会稳定问题。大学生法律意识是大学生群体对法规、法律或其现象的反应形式，即心理、知识、观点和思想，包括对法律的情感、认知、评价和信仰等的内心体验。大学生作为一个特殊的社会群体，也是未来社会的支撑主体，其法律意识如何，直接影响公民的法律素质和整个社会法治文明的程度。大学生增强安全法律意识的重要意义在于：一是做到自觉遵守安全法律法规，掌握各种安全防范技能，杜绝和减少安全事件的发生；二是一旦发生安全事故，人身或财产受到侵害，懂得依据什么法律法规、通过什么样的合法途径解决矛盾纠纷，从而最大限度地维护自身的合法权利；三是维护校园和社会的和谐稳定。

二、大学生安全法律的内容

大学生要意识到确立安全法制思想的重要性，了解遵纪守法是安全的前提，应确立安全的观念，逐步树立法制前提下的安全理念。大学生应当掌握的有关安全法律法规有以下几项。

（一）国家法律法规

案例回放 1

大学生梁某，在 2002 年 3—12 月，采用配匙入室、爬窗入室的方式共作案 10 余起，

盗窃的财物总价值3万余元。梁某的行为已经触犯了《中华人民共和国刑法》，构成了盗窃罪，受到了法律和校规的严厉惩处。

从这个案例中可以看出，大学生应该懂得刑法知识，知道哪些行为是违法犯罪的，在日常生活中依照法律规定严格约束自己，这样才能做一名遵纪守法的好公民。

1. 《中华人民共和国宪法》

宪法是国家的根本大法，具有最高的法律效力，全国各族人民、一切国家机关和武装力量、各政党和各社会团体、各企事业组织，都必须以宪法为根本的活动准则，并且负有维护宪法尊严、保证宪法实施的职责。作为一名大学生，首先应该懂得的应该是宪法，要明白国家的根本制度和根本任务、公民的基本权利和义务。

2. 《中华人民共和国刑法》

《中华人民共和国刑法》的任务，是用刑罚同一切犯罪行为作斗争，以保卫国家安全，保卫人民民主专政的政权和社会主义制度，保护国有财产和劳动群众集体所有的财产，保护公民私人所有的财产，保护公民的人身权利、民主权利和其他权利，维护社会秩序、经济秩序，保障社会主义建设事业的顺利进行。作为大学生，懂得《中华人民共和国刑法》是十分必要的，一旦触犯了刑法，必然遭到严惩。

3. 《中华人民共和国消防法》

火灾是无情的，它吞噬人们的宝贵生命，使大量的物质财富化为灰烬，给社会生产和人们的生活带来极大的危害。江泽民说过："隐患胜于明火，防范胜于救灾，责任重于泰山。"消防工作责任重大，我们每一位大学生都要充分认识到消防工作的重要意义，自觉遵守消防法，积极学习消防知识。

案例回放2

2009年8月8日，某高校一女生宿舍因放暑假回家忘记关电风扇，电风扇长时间运转导致起火，宿舍内的大部分物品被烧毁，房子被熏黑，直接经济损失达1万多元。此次火灾幸无人员伤亡，但教训是深刻的。

4. 《中华人民共和国道路交通安全法》（图1-30）

中华人民共和国境内的车辆驾驶人、行人、乘车人以及与道路交通活动有关的单位和个人，都应当遵守《中华人民共和国道路交通安全法》，大学生当然也不能例外。在交通高度发达的今天，我们一出门就涉及交通安全的问题，如果不懂得交通法规，违反交通法规，自身的生命、财产安全就得不到保证，所以《中华人民共和国道路交通安全法》是大学生必须懂得的基本法律之一。

5. 《中华人民共和国治安管理处罚条例》

《中华人民共和国治安管理处罚条例》是为了加强治安管理，维护社会秩序和公共安全，保护公民的合法权益、

图1-30

保障社会主义建设的顺利进行所制定的。而违反治安管理条例的将受到处罚。大学生应该懂得此条例的规定，在大学生日常生活行为中涉及较多，如赌博，故意殴打他人，扰乱公共秩序等，都与该条例有关。

案例回放3

大学生曾某在校外商业街因赌球输后不给钱一事，被校外人员打伤。派出所干警立案侦查后，对曾同学给予治安处罚。从以上案例可以看到，曾同学的赌博行为是违反《中华人民共和国治安管理处罚条例》的，所以最终受到了处罚。

6. 《中华人民共和国国家安全法》

大学生应该懂得哪些行为是危害国家安全的行为，应该懂得中华人民共和国公民有维护国家的安全、荣誉和利益的义务，不得有危害国家的安全、荣誉和利益的行为。特别是在邪教"法轮功"的问题上，立场要坚定，要同邪教"法轮功"作斗争，千万不能参与"法轮功"组织，不要以身试法。

7. 《中华人民共和国集会游行示威法》

大学生思想活跃，激情洋溢，集会、游行这些形式的活动可能会比较多，所以懂得《中华人民共和国集会游行示威法》，明白怎样的集会、游行活动是合法的，依法进行活动也是十分必要的。如果不懂得《中华人民共和国集会游行示威法》，扰乱了正常的社会秩序，触犯了法律，就会受到制裁。

8. 《中华人民共和国计算机信息网络国际联网管理暂行规定实施办法》

目前，计算机、互联网已经进入千家万户，大学生对计算机和互联网的接触是非常普遍的。所以，懂得《中华人民共和国计算机信息网络国际联网管理暂行规定实施办法》，知道哪些网络行为是违法的也是必需的。

9. 教育部关于《学生伤害事故处理办法》

目前，学生伤害事故时有发生，已经成为社会关注的热点问题，做好学生伤害事故的预防和处理工作，是事关维持学校正常的教育教学秩序、确保广大受教育者生命安全及家庭幸福的大事。大学生在学校期间，也可能会发生意外，所以懂得《学生伤害事故处理办法》有利于维护自身的权利，提高预防意识。

案例回放4

2002年11月5日，某大学学生罗某翻越足球场栏杆去训练时，被2001级黄某投出的标枪意外击中，造成右手肱骨中段开放性粉碎性骨折。学校经过调查，根据《学生伤害事故处理办法》做出了处理意见。根据罗某意外受伤事故第一次住院医疗费、家人陪床费、家人往返车费、住宿费共10 298.4元，罗某、学校、黄某应负责任比率按4.5:5:0.5来承担，罗某应付4 634元，学校应付5 149元，黄某应付514元。

（二）学校有关规章制度

下面以广西为例介绍学校的有关规章制度。

《大学生管理规定》《大学生违纪处分办法》《大学生网络行为管理规定》《大学生安全教育和管理办法》《大学治安管理办法》《大学生住宿管理规定》等。

作为大学生，必须关心、了解、参与我们学校的安全工作，自觉遵守有关安全的校纪校规，维护校园稳定和自身的合法权利，所以学习和领会上述校纪校规的相关内容是十分必要的。

三、提高安全法律意识的途径和方法

学校安全事故的发生往往与学生的法制观念淡薄、自我管理和自我防范能力较弱有关。加强学生安全教育的自我管理，提高安全法律意识是大学生自我完善的需要。要让学生对社会治安形势有正确的认识和理解，有针对性地学习必要的安全知识和法律法规，掌握必备的安全防范技能，增强遵纪守法观念和安全防范意识，提高自我保护能力，做到自我管理、自我防范、自我负责。

要坚持"教育在先，预防为主"的原则，从不同层面加强和提高大学生的安全法律意识。重点加强校纪校规、应急知识、公共安全、心理健康、防火、防盗、防抢、防诈骗、防交通事故、防自然灾害和食品安全卫生的安全法律教育力度，增强学生的安全意识和法制观念，提高学生防范安全事故的能力。

（一）学习安全法律知识，领会其精神实质

大学生要提高安全法律意识，首先就是要学习，学习各种有关安全的法律法规及校纪校规。只有知法才能谈得上守法和用法。大学生要克服偏科思想，以对社会负责和对自己负责的态度，投入到"大学生思想道德修养和法律基础知识"课程和学校各种安全法律教育教学中，而不要认为这是负担。学校统一组织的安全法律教育的内容毕竟是有限的，大学生可以利用课余时间学习相关法律法规，进一步充实自身的安全法律知识。在学习中不要满足于背得几个法律概念和法律条文，考试能及格就行，而要进一步领会其精神实质，否则学过、考过还是会还给老师时。有的大学生触犯了法律，受到法律的惩罚，但他们的法律课考试成绩却不错，这说明学习没有达到其真正的目的。

（二）关注各种安全典型案例

大学生可以通过多种途径关注各种安全典型案例，并展开讨论。广泛关注《今日说法》之类的法制节目，通过活生生的案例，不仅可以起到安全警示作用，也能促使学生积极主动地学习安全法律知识。

（三）多参加与法律有关的活动

只是通过开设法基课程进行普法教育，不足以使学生真正提高安全法律意识。普法教育毕竟过于抽象，要真正唤醒学生的安全法律意识，应采取一些更具体、更行之有效的办法，针对大学生年龄及性格特点，把安全法律意识的培养同组织活动相结合，达到事半功倍的效果。

（1）参与"模拟法庭"活动。学生通过自己扮演法官、律师、检察官、被告等角色，能更透彻地掌握我国一些诉讼法程序，也通过模拟对犯罪分子的审判，对旁听的学生起到震慑作用，提高他们守法的警惕性，从而自觉守法。

（2）参与一些有关安全法律方面的知识智力竞赛，通过参与以"某法"为主题展开知识智力竞赛，能主动去学习有关法的内容，提高学法兴趣，何乐而不为呢？

（3）去法院旁听、参观监狱。大学生在大学期间，很多是"课堂—宿舍—食堂"三点一线，大学生涯极为枯燥，通过去校外听法庭审理，能开阔视野，也能深入社会，了解社会的某方面，从而能更深切地体会到用法律保护自己的重要性。

（4）积极参加有关办案人员或著名法学专家来校进行的有关安全问题的讲座。既能让学生了解时事，也能更深切体会法律的权威，树立"法大于权"的观念，从另一层面提高大学生的案例法律意识。

（5）要彻底培养大学生的安全法律意识，转变某些错误观念，也要重视提高自身的文化思想道德水平，特别要同培养正确的价值观结合起来，一个人树立了正确的价值观、道德观，就为其法律意识的形成和发展提供了主观要件。《中共中央关于进一步加强和改进学校德育工作的若干意见》中明确指出要培养大学生法律素质，并把法律素质作为现代人素质的主要方面。大学生是未来社会主义现代化建设的骨干力量，不学法，不懂法，没有具备相应的安全法律知识，就不适应时代需要。因此，我们应努力成为具有全面安全法律意识的大学生。

（四）加强证据意识的培养

在我国，由于历史传统和法律文化的影响，大学生的证据意识非常淡薄，主要表现在以下几个方面。

（1）缺少收集证据的意识。人们在相互交往之中比较重视人情和关系，不太重视证据，对可能发生的纠纷缺乏证据准备。如同学之间相互借钱，碍于情面不收借条，结果一旦发生纠纷，便束手无策，后悔莫及。

（2）缺少保存证据的意识。人们在生活中对一些书面资料重视不够，不注意保管，一旦丢失，出现纠纷，便难以说明原委。如消费后索要的收据、经济来往中的信函一旦丢失或损坏便没有了证据。打官司其实就是打证据，没有证据就要承担败诉的风险。所以，大学生必须树立和培养证据意识。

证据意识是人们在社会生活和交往中对证据的作用和价值的一种觉醒和知晓的心理状态，是人们在面对纠纷或处理争议时重视证据的心理觉悟。这种心理觉悟的高低将直接影响当事人的诉讼效果，所以，要重视收取和保留证据。加强证据意识的培养是大学生安全法律意识培养的重要内容。大学生应当了解诉讼的证据主要有书证、物证、视听资料、证人证言、当事人陈诉、鉴定结论、勘验笔录等。同时，还要懂得证据的搜集方式要合法，不能损害他人的、集体的、国家的利益。加强大学生的证据意识还要通过一个个鲜活的案例使大学生对证据的认识、了解和使用的观念和能力进一步增强。

大学生是国家未来的高级建设者，其安全法律意识的强弱、安全法律认识水平的高低，直接影响着社会和校园的安全、稳定、和谐。大学生增强安全法律意识，预防和抑制安全问题导致的违法犯罪，同时提高运用法律进行自我保护的能力，是促进大学生自身素质完善的需要。

思考题：

1. 大学学习中要把握的主要环节有哪些？
2. 谈谈你是如何理解爱因斯坦"人们解决世上的所有问题是用大脑的思维能力和智慧，而不是搬书本"这句话的。
3. 大学生如何预防酗酒？
4. 如何使用室内消火栓？
5. 防范不法分子的袭击侵害有哪些方式？
6. 防止宿舍被盗的措施有哪些？
7. 如何处理在学生中的求爱滋扰？
8. 同学之间发生冲突后怎么办？
9. 日常防骗常识有哪些？

第二章

创建安全文明校园

第一节　创建安全文明校园的重要意义

安全文明校园创建是深入贯彻《中共中央、国务院关于进一步加强社会治安综合治理的意见》精神，按照中央社会治安综合治理委员会、教育部、公安部《关于深入开展安全文明校园创建活动的意见》及广西区党委关于建设"平安广西"的决策部署的重要举措。创建安全文明校园、扎实做好高等学校及周边治安综合治理工作、营造学校及其周边地区的良好治安秩序和文明的育人环境、深化学校及周边治安综合治理、维护学校安全稳定是各高等学校建设高水平大学的应有之举，对高等学校的发展有着不可低估的作用。

一、创建安全文明校园的指导思想和总体目标

（一）指导思想

安全文明校园创建工作要以邓小平理论、"三个代表"重要思想和科学发展观为指导，全面贯彻落实广西壮族自治区党委、政府关于建设"平安广西"、促进社会稳定发展的精神，在自治区高等学校教育工作委员会和学校党委的统一领导下，以服务师生为宗旨，紧密结合教育改革、发展和稳定的实际，认真研究校园安全文明建设的新情况、新问题，坚持教育与管理、治理与建设相结合，解放思想、实事求是、与时俱进、务求实效，切实维护学校师生正常教学、科研和生活秩序，保证师生生命财产安全，营造安全、稳定、文明、健康的育人环境，全面推进创建安全文明校园。

（二）总体目标

通过安全文明校园创建活动的开展，建立安全文明校园的有效工作机制，改善学校及周边治安状况，进一步健全校内安全防范机制，有效防止重大刑事治安案件的发生，减少违法犯罪案件和安全事故的发生；努力实现以师生公民道德、职业道德、文明修养和民主法制观念为主要内容的思想道德素质的显著提高，实现以内容健康、格调高雅、丰富多彩为基本要求的校园文化生活质量的显著提高，实现以良好的校园秩序和优美的校园环境为主要标志的校园文明程度的显著提高，使学校育人环境进一步改善，达到"广西安全文明校园"的创建标准，争取获得广西乃至全国"安全文明校园"的荣誉称号。

二、创建安全文明校园的重要意义

高校是培养人才、传承文明的场所，是创建和谐社会的重要阵地。创建安全文明校园，不仅有利于促进大学生的健康成长，培养德、智、体全面发展的社会主义事业合格建设者和可靠接班人，而且是办好人民满意教育的客观需要。近年来，校园各类伤害事件连续发生，严重影响了校园的安全稳定。据统计，我国每年均有数万名在校生因各种原因致伤、致残或致死，既给家庭带来了极大的伤痛，也给社会带来了无法挽回的损失。因此，创建安全文明校园迫在眉睫、刻不容缓，创建安全文明校园对和谐社会建设和学校教育事业的发展具有十分重要的现实意义。

（一）创建安全文明校园是落实以人为本的科学发展观的需要

以人为本，就是要关心人、尊重人，促进人的全面健康发展，是高等教育科学发展观的价值内核，是创建安全文明校园的本质要求。坚持以人为本，就是要以科学发展观为统领，要把人的全面健康发展作为根本出发点和落脚点，充分体现人文关怀，真正关心人、尊重人，坚持以学生为本、以教师为本，坚持师生利益高于一切，一切为了师生的全面发展，努力为师生建立一个身心愉悦的物质和精神环境。安全文明校园正是这种要求的根本和基础。由此可见，又有加强安全文明校园的创建，贯彻落实科学发展观，坚持以人为本，才能实现高校各项事业全面、协调、可持续发展。

（二）创建安全文明校园是建设和谐社会的需要

和谐是人类孜孜以求的一个理想社会状态，也是包括中国共产党在内的马克思主义政党的不懈追求。社会由众多单元组成，只有各单元平安和谐了，才能实现社会和谐。创建安全文明校园是构建和谐社会的组成部分，是促进学校和社会稳定的重大举措。学校安全工作是教育工作的头等大事，是办人民满意教育的基础和前提。高校集中了社会的精英群体，同时也是教书育人的场所，必须给师生提供一个安全健康的环境，为师生安全筑起坚实的防线。安全涉及千家万户，关系千家万户的利益。因此，高校在社会中处于一个特殊的位置，其安全稳定与否，直接影响社会的稳定。学校多一分管理，学生就多一分安全，社会就多一分和谐，社会和谐、人民安居乐业的宏伟目标才能从根本上得以实现。

（三）创建安全文明校园是实现学校发展目标的需要

高校持续、快速、健康地发展，既要加强硬件建设，也要加强软件建设。努力创建安全文明校园，切实维护师生的正常教学、科研和生活秩序，保证师生生命及财产安全，是全体师生员工的共同愿望，是维持正常教学秩序的重要保障，是做好各项工作的重要前提。只有创建安全文明校园，才能正确引导和处理各种矛盾，妥善解决发展中出现的各种问题，积极消除各种不利于学校稳定的因素，才能使全校教职工把主要精力都用在教学、科研和管理上，而且能不断促进硬件建设和软件建设协调发展，最终实现学校的全面发展和进步。

（四）创建安全文明校园是培养高素质人才的需要

和谐育君子，险恶育小人。平安和谐的环境培养美德，使人愉悦，给人以前进的动力，促进人的全面发展和健康成长，这正是培养合格的高素质人才的必要环境。只有建设安全文明的校园环境，才能使学校的组织效能得到充分发挥，才能为学校和学生的发展注入新的活力，才能最大限度地激发全体教职员工"教书育人、管理育人、服务育人"的热情，全面调动学生自主学习、创新思维的积极性和主动性，在努力学习、钻研科技文化、掌握知识技能的同时，更好地陶冶思想情操、培养良好的行为习惯，最终成为"有理想、有文化、守纪律"的社会主义现代化建设事业的高素质人才和可靠接班人。

（五）创建安全文明校园是深化学校安全保卫工作的现实需要

学校安全保卫工作的主要职能是维护学校正常的教学、科研工作和师生生活秩序。然而，随着学校办学规模扩大、办学形式多样化和办学水平的提高，学校安全保卫工作面临着更多新的挑战。随着高等教育事业发展的全面推进和改革的不断深入，需要解决的问题和化解的矛盾越来越突出，学校安全保卫的管理任务更加繁重，导致学校安全保卫工作出现诸多问题：一是学校安全保卫工作原有的工作机制、方式、方法难以适应新情况的要求；二是治安防范工作的手段与新形势下的防范要求不适应；三是师生的法制观念和安全防范意识与形势发展不相适应；四是部分保卫干部素质较低，导致发生在高校内部的事件得不到及时处理，学校整体工作受到影响。因此，开展安全文明校园创建有利于进一步深化学校安全保卫工作机制，明确安全保卫工作管理和责任目标。

第二节　创建安全文明校园的影响因素

大学校园不是世外桃源，而是人才聚集的地方，是情报信息的密集区，是时刻和周围的世界发生着信息、人员、物质等交流的开放系统。当前，大学校园的安全稳定问题依然十分突出，形势非常严峻，主要表现在政治安全、财物安全、消防安全、交通安全、食品卫生安全、心理健康安全、网络安全、大型活动安全、社交安全、重大突发事件等方面。单从大学生方面来看，影响大学安全文明校园创建的因素主要有以下几点。

一、国外敌对势力的渗透、颠覆和破坏活动

尽管冷战早已结束，但是国外敌对势力的亡我之心不死，不愿意看到一个强大、统一的社会主义中国存在，对我国的渗透、颠覆和破坏活动从未停止、放弃过。长期以来，他们坚持对我国实施"西化""分化"的战略图谋，深知我国高等学校的重要地位和作用，广泛利用大学生思想单纯的特点，他们坚信"掌握了中国的大学生，就掌握了中国的未来"。因此，国外敌对势力把高等学校作为渗透、颠覆、破坏活动的重要目标，把大学生作为争夺和利用的对象，使大学生成为他们从事渗透、颠覆、破坏活动的工具。他们通过投寄反动书籍、宣传品或借助国际互联网进行思想文化渗透，传播资产阶级的"民主""人道"观点，再加以一些别有用心的人在学生中间搞串联等活动，企图迷惑和鼓动不明真相的广大学生对社会和政府产生不满，从而造成社会的动乱。

案例回放 1

2003 年某高校一名计算机专业的学生，在西方某组织的鼓动下，通过计算机网络破译

密码，进入国家某职能部门的电脑，窃取国家机密文件，最终被国家安全部门抓获。

案例回放 2

2005 年 8 月中旬开始，来自美国各地经过精心选拔的 25 名大学生，将在美国堪萨斯州免费学习各种基本的情报工作与间谍技能。这只是各个美国特工机构加紧贯彻"情报机构与高等学府合作工程"计划，从大学里培养"优秀青年间谍后备队"的最新措施之一。《堪萨斯城市之星报》对此做了详细披露。这一工程计划主要针对学习外国文化的学生，他们在 12 个月学习期满后，必须根据合同无条件为 CIA 工作至少 18 个月；如果他们愿意，18 个月后，可以回国进修间谍业务，或在所在国政府不知情的情况下，留在海外学习当地文化，以准备接受新的间谍任务。

二、民族分裂分子的破坏活动

中国有 56 个民族，是一个多民族国家，自古以来，各个民族之间就是平等互助的关系。中华人民共和国成立后，国家政府非常重视少数民族工作，尊重各民族习俗、感情，根据少数民族"大杂居，小聚居"的特点，因地制宜，制定和实行民族自治区域政策，各少数民族获得了充分的民主权利。但是极少数的少数民族分裂分子诋毁民族区域自治政策，大搞破坏活动，企图分裂国家。"疆独""藏独"分子就是突出的反国家、反民族的分裂势力，他们往往与境外的敌对势力相互勾结，并得到了境外的敌对势力大量的支持和帮助。这些民族分裂分子往往是实施恐怖主义活动的人员，因而严重威胁到了社会和学校的安全稳定。另外，"台独"分子近年来也一直加紧分裂活动，他们利用我国大学改制中不可避免出现的一些矛盾和问题，比如大学收费后贫困生入学困难、大学生毕业后就业困难等，蛊惑大学生对国家、对社会产生不满情绪，寻衅滋事，不断制造事端，甚至引诱大学生攻击党和国家的体制。

三、非法宗教势力的破坏活动

我国是一个多民族聚居、多种宗教并存、信教群众较多的国家。长期以来，国家一贯实行宗教信仰自由政策，赋予了广大人民群众宗教信仰的权利。我国政府积极引导宗教活动服从和服务于国家的最高利益和民族的整体利益，努力挖掘和发扬宗教中的积极因素，为祖国统一、民族团结和社会发展多做贡献，宗教已经成为构建和谐社会的积极因素。但是，一些极端宗教势力与我们争夺青少年的斗争从未中断过，他们披着宗教外衣进行非法活动，具有很大的迷惑性，一些大学生很容易成为非法宗教势力利用和伤害的目标（图 2-1）。这些非法宗教势力的活动主要体现在干涉他人宗教信仰自由、干涉学校正常教学秩序上。在非法宗教活动的影响下，一些不谙世事的学生信教和参与非法宗教活动的现象时有发生，严重影响着社会稳定。

四、"法轮功"等邪教组织的非法活动

"法轮功"等邪教组织的蛊惑也不容忽视。"法轮功"是李洪志一手创建的反科学、反人类的邪教组织，他们就像幽灵一样渗透到社会的各个角落。"法轮功"反动组织以宗

图 2-1

教为幌子，大搞特搞迷信活动，他们宣传他们所谓的"真善忍""圆满"等这些极其容易迷惑人的东西，人们一旦陷进去，再加上他们严格的控制，就很难自拔。大量事实证明，李洪志及其"法轮功"邪教组织已经蜕变成了一个彻头彻尾的反华势力，沦为了国际反华势力颠覆我国政权和社会主义制度、破坏国家统一的走卒。他们与国际反华势力遥相呼应，做了大量的违法犯罪活动。特别是他们在教师和学生中散布谣言，挑拨是非，与我们争夺知识分子、争夺下一代，引诱大学生加入非法组织，鼓动大学生攻击政府、党和国家领导人，甚至组织大学生开展绝食、自残、自焚等反科学、反人道的活动，以达到搞乱学校、影响社会、颠覆政权的目的，也给大学生的身心造成了极大的伤害。

案例回放3

2001年1月23日14时41分，农历除夕，当中国人正准备迎接21世纪的第一个春节时，7名来自河南省开封市的"法轮功"痴迷者轻信李洪志"放下生死""升天""圆满"的蛊惑，在天安门广场集体自焚，造成了2人死亡、3人严重烧伤的后果，世界为之震惊。5名自焚者中，有一名来自某音乐学院年仅19岁的女大学生。据有关部门统计，我国近年来受"法轮功"等邪教组织毒害而影响学业的大学生有30 000多人。

五、校园暴力事件

随着社会的不断发展，一些社会歪风邪气充斥着校园，暴力、色情文化催生了校园暴力。在校园这块原本安静、和谐的净土上，现在也接二连三地发生校园暴力事件，因此校园安全已成为人们非常关注的焦点问题。导致校园暴力事件时有发生的很大一部分原因是一些青少年学生的法制观念淡薄、自控能力差、是非不分。

案例回放4

2011年9月某日，在某校的大门口外50米拐角处，詹某伙同本班5名同学对另一班李某进行群殴，致使李某门牙脱落2颗，身体多处受伤，不得不住院治疗。后经学校政教处调查，两位同学的矛盾源于当天中午在学校食堂打饭时，李某插队，詹某上前制止，李某不听劝告，两人在食堂发生了口角。詹某回到班上以后，将事情告诉班上的其他几位男生，大家商议之后，决定在下午放学的时候在校门口堵住李某，好好教训他一顿，从而导致詹某等5名学生群殴李某暴力事件的发生。事后，学校邀请詹某、李某及另外5名参与打架的学生家长到校，经过协商，最后达成一致意见：詹某应负主要责任，承担50%的医药费；其他五名学生负次要责任，共同承担50%的医药费（参与打架的学生经过学校和家长的教育，都表示承认错误，学校根据当事学生的责任大小和认错态度，给予相应的纪律处分）。

六、校园抢劫、诈骗、盗窃等违法行为

近几年，高校校园发生的抢劫、诈骗、盗窃等案件不断增多，呈上升趋势。据统计，校园案件中半数以上是盗窃案件，盗窃案件中60%是学生内部盗窃，抢劫、诈骗以外来作案者居多。但大学生盗窃、诈骗等案件逐年增多，原因在于一些大学生价值观念扭曲，为了满足个人的占有欲而不择手段，从而诱发了抢劫、诈骗、盗窃等违法行为的发生。

案例回放5

2010年春季开学之期，一名外来人员混进广西某高校女生宿舍，以家庭困难和做厂家文具直销代理为由，欺骗两名女学生，说可以提供比市场批发价还低的各种文具、洗发水等用品，最终骗走两名女学生5 000元。等骗子走了之后，两名女学生才发现购买来的物品质量低劣，甚至有假冒伪劣商品，这才意识到上当受骗，但人已离开，无法寻找。

七、不良网络信息的负面影响

当前，全球进入了一个信息高度发达的网络时代。网络文化不仅给大学生带来了前所未有的海量信息，同时网络也是一把"双刃剑"，网络文化中的一些不良信息也给大学生的价值观和行为方式带来了许多影响和冲击。这些不良信息主要包括色情、暴力、赌博等方面，这些发布不良信息的网站利用大学生涉世未深和青春期的生理、心理特点，发布大量充斥强烈感官刺激的图片、视频等，引诱青年大学生追求不良的生活方式。少数大学生罹患网络成瘾症，人生价值观变得虚无。一项调查显示，近两成的大学生存在不同程度的心理问题，其中4%~13%的大学生患有网络成瘾症。这严重影响了他们的学习生活，使其价值观变得虚无，个别大学生甚至走上了违法犯罪的道路。校园网络文化在给大学生提供展示个性舞台的同时，也使部分大学生自我膨胀，个人利益至上，罔顾国家集体和他人的利益，个别的甚至走上违法犯罪的道路。

案例回放6

2010年2月21日，全国"扫黄打非"工作小组办公室宣布，由该办挂牌督办的无锡"12·02"手机传播淫秽物品牟利案，由江苏省无锡市惠山区人民法院做出一审判决：作为在校大学生的被告人陈某因构成传播淫秽牟利罪，被判处有期徒刑11年，并处罚金两万元。24岁的年轻生命，将在铁窗中度过漫长岁月。

因此，大学生应当确当使用网络。使用网络工具的目的应当是学习、查询资料、适当放松、娱乐、通信等。杜绝利用网络工具做违法犯罪的事情，同时学会保护自己，自觉抵制网络上不良信息的侵害。

八、心理问题引发突发事件

大学生群体，一个看似轻松，事实上却承担巨大压力的群体，在学业、生活、情感、就业多重大山的压迫下，大学生的心理健康问题日益凸显。一个个血淋淋的事实在不断警示我们，要关注大学生心理健康。大学生心理健康已经渐渐成为社会关注的焦点，大学生因心理问题休学、退学的事件不断增多，自杀、凶杀等一些反常或恶性事件不时发生在大学校园。因此，大学生心理健康问题已逐渐上升为影响高校安全稳定的重要因素。

案例回放7

2002年，江西省高校共发生9起自杀事件，同时发生了数十起因心理障碍而引发的较为严重的事件。而在湖北武汉，自2005年开学以来3个多月时间就发生了学生自杀事件12起，发生在北京、沈阳等地的大学生自杀事件都在当地引起了不小的社会反响。从统计的数据看，大学生自杀事件有逐年增加的趋势。江西省一所高校曾对1 189名新生进行调查：有5.47%的学生思考过"死亡的事"，有2.1%的学生"想结束自己的生命"。一位从事多年心理教学的老师告诉记者，她每年要在学校挽救濒临精神崩溃的学生10多人。2010年，广西某高校的1名学生，因担心学习跟不上而产生严重的焦虑心理，导致吃不下饭、睡不好觉，也不跟同学、老师交流，焦虑的情绪甚至影响到身体健康，进而导致心绪无法打开，最后选择跳楼自杀。

九、安全防范意识不强而造成的事件

大学生中普遍存在安全防范意识不强、财产安全意识薄弱、轻信他人、财物保护观念较差的现象，这其中包括：有一些学生被不法分子诈骗钱财，有一些学生被骗参与非法传销活动，有一些女学生被骗财骗色，有一些学生用电不当引发火灾，有一些学生被骗参与黄、赌、毒等违法活动，有一些学生乘坐非法营运车辆而引发交通事故，等等。由于大学生安全防范意识不强而引发的诸如此类事件，已严重威胁到了学生的人身财产安全。

第三节 努力创建安全文明校园

开展高等学校安全文明校园创建活动，既是检查和测评高等学校安全文明工作成效的一项重要措施，又是衡量和考核高等学校办学综合实力，特别是高等学校软实力的一项重要指标。各高等学校都高度重视、动员全校各单位、各部门和广大师生员工积极参与安全文明校园创建活动，要将创建安全文明校园作为重要载体，进一步推进高校创先争优活动的深入开展。

一、创建安全文明校园的基本内容

（一）学校必须高度重视安全文明校园创建工作

学校应首先成立创建安全文明校园工作领导小组和创建工作办公室，制定规划，落实措施，并层层落实治安综合治理责任制；其次，形成以学校党委为中心，各有关职能部门和单位分工合作、积极参与，加强信息沟通与协调，密切配合的工作格局；最后，形成维稳和校园综合治理群防群治、齐抓共管的工作合力。

（二）建立健全校园安全文明建设的规章制度

校园门卫严格执行登记、查证验证制度，制订突发事件处置工作预警预案和落实应急反应机制，并建立畅通的信息传输渠道和严格的信息上报机制；制定重点部位管理制度，严格落实24小时治安巡逻和巡查制度，并做好巡查日志，各类文件、档案资料齐全；根据"谁主管、谁负责"的基本原则，建立健全校园安全文明建设工作责任追究制。

（三）构建现代化的安全技术防范体系

高校要建立和完善以校园110指挥中心为枢纽，集人防、物防和技防于一体的校园治安防控体系。校园及周边各类安全基础设施要完备，标识要清楚醒目。努力造就一支政治坚定、业务精通、作风优良，能吃苦、能战斗、能奉献的学校安全稳定工作队伍。

（四）维护校园安全稳定，增强师生安全感

在政治维稳上，及时掌握上报各种敌对势力、分裂势力、非法宗教、"法轮功"分子等在校园内的渗透破坏活动；维护师生切身利益，防止群体性事件的发生。在治安管理上，校园内不发生杀人、抢劫、强奸、纵火、爆炸和盗窃等重大、特大刑事案件，不发生集体中毒、校舍倒塌、火灾等重大治安灾害事故，没有违章违规的网吧、游戏厅、录像厅、歌舞厅等娱乐场所，没有违章建筑、不洁饮食摊点和其他非法经营摊点；保证校园内交通道路规划合理和交通车辆安全可靠，各类防火、防震设施齐备，校园的教学、生活和其他公共活动场所治安秩序良好，师生员工对校园治安的满意度高。

（五）创造健康向上的校园文化，提高师生文明程度

积极开展安全文明校园创建活动的宣传教育，使师生员工对安全文明校园创建活动有较高的知晓率和参与率。建立良好的教风、学风和校风，增强师生员工的法制观念。开展安全教育周活动，增强学生安全防范能力和自我保护意识。注重学生的心理健康教育，使学生因心理问题而自杀、出走等事件明显减少。开展职业道德和公民道德教育，不断提高师生员工道德素质，增强学生社会公德意识和文明素质。

（六）加强学校周边环境治理，造就良好治安秩序

学校加强与当地政府部门的联系和沟通，加大学校周边环境综合治理，清理整顿和取缔校园及周边地区非法经营的各类网吧、游戏厅、录像厅、歌舞厅、音像书刊点和各类流动摊点，校园周边实现无违章违法经营现象；加强学校及周边出租房屋的管理，加强校园流动人口管理；校园周边，尤其是校门出入口的交通秩序良好。

二、创建安全文明校园的主要措施

（一）加强学习，认清安全文明校园创建活动的重要性和紧迫性

学校大力宣传创建安全文明校园的重要意义和任务，提高全体教职工做好综合治理工作的主动性和责任感，做到安全工作时时讲、周周讲、月月讲，人人皆知，警钟长鸣，为构建和谐校园营造环境氛围。

（二）建立各级组织机构，明确职责权限

学校成立由主管领导任组长、各相关部门主要负责人为成员的学校社会治安综合治理暨安全文明校园创建工作领导小组，各二级单位应结合本部门的实际情况成立相应的组织机构。

（三）建立健全安全文明校园创建工作的档案资料

制定和完善安全文明校园建设与管理的各项规章制度，完善各项管理工作档案，各二级单位要建立健全各单位安全文明管理的各项规章制度和安全文明工作档案，要做到有文件、有会议纪要、有检查记录、有数据、有图片。

（四）进一步加大安全文明校园的硬件建设

学校应增加经费投入，建立健全校园"110"指挥服务系统、重点要害部位和公共场所电子、视频监控系统，改善办公条件，提高防范能力，同时加快对一些老化设施和管线进行改造，拆除破旧房屋和违章建筑，消除安全隐患。各二级单位应在行政办公经费中列支安全文明管理的专项经费，用于本单位安全文明建设。

（五）加大校园安全防范工作力度

在校园政治稳定和治安管理方面，学校保卫处和各学院、各职能部门要按照安全文明校园建设的标准，积极行动起来，安排专门人员抓安全文明建设，完善工作预案和应急处理机制，加强日常管理，提高管理效率和管理水平，确保校园安全。

（六）进一步整治校园及周边环境

充分发挥校园社会治安综合治理委员会的作用，对校园内摊点进行清理，对教工私人房屋出租给学生和外来人员居住进行检查；积极争取政府管理部门的支持，做好学校周边的社会治安综合治理工作，巩固整治效果，争取尽快达标。

（七）积极开展思想教育和校园文化建设

结合学校本科教学水平评估工作，大力开展思想教育和校园文化建设。由党委宣传部和团委负责在师生中大力开展公民道德、职业教育、文明修养教育，由学生工作部和教务部结合学校传统和校训精神，加强教风、学风和校风建设，使校园文化活动丰富多彩、格调高雅，校园文明礼貌蔚然成风。

（八）加强培训，提高保卫人员的政治素质和业务水平

要采取多种形式进行培训，提高队伍的战斗力。如请专业人员给保卫人员进行专业理论知识培训，组织人员到安全保卫工作做得好的单位进行考察，安排骨干人员外出学习等

方式，提高队伍的政治理论素质和专业知识水平，以利于更好地开展安全保卫工作。

三、大学生应积极主动参与安全文明校园创建

（一）创建安全文明校园是每个大学生应尽的义务

拥有一个"安全、文明、和谐"的学习、生活环境是生活在高校的每一个大学生的共同愿望，因为只有这样，才能有利于学校营造优良校风、学风氛围，才能有利于每个大学生实现自己的青春梦想。但是，安全文明校园环境不是天生的，而且创建安全文明校园是一个涉及方方面面的系统工程，需要包括政府部门、社会各方和学校在内的多方力量共同参与建设。然而，学生是学校的主体，是学校的重要组成部分，因此，创建安全文明校园不仅是每一个大学生的责任，更是每个新时代的青年应尽的义务。

（二）大学生是创建安全文明校园的主力军

1. 大学生参与安全文明校园创建的必要性

大学生既是校园安全事故的肇事者，又是安全事故的受害者，更是安全事故的保护者。然而，在学校校园里，大学生分布广，遍及校园的每一个角落。一旦发生校园险情，大学生往往是第一个发现者。如果他们掌握消防灭火、抢险救援的知识和技能，就能有效地及时排除险情，将损失控制在最低限度内。因此，学生是创建安全文明校园不可忽视的力量。有了大学生的参与，才能及时发现、排除险情，才能自觉遵守学校的规章制度，才能有可能将事故排除在萌芽状态之中。由此可见，让大学生参与到创建安全文明校园活动中，既是现实需要，也是一种实际和可能。

2. 大学生参与安全文明校园创建是法律、法规的要求

高校大学生绝大多数是年满 18 周岁的成年人，他们和其他社会公民一样，应当承担法律所赋予的社会责任，保护自身和社会的公共安全。《中华人民共和国消防法》《中华人民共和国突发事件应对法》以及教育部的有关规定等法律均对成年公民规定了相关的要求和责任。因此，高校必须组织大学生参与到必要的和力所能及的安全保卫工作中去。

3. 大学生参与安全文明校园创建是构筑"群防群治"安全屏障的需要

大学生在校园里既是被保护者，也是安全文明校园的创建者、守护者，他们参与创建安全文明校园活动是责无旁贷的。如果在校园里，人人都"事不关己，高高挂起"，那么校园里成千上万的大学生的安全由谁来保护呢？单靠学校的保卫部门、社会等有限的力量，显然是不够的。只有动员和组织起包括在校学生在内的各方力量进行"群防群治"，才能真正构建校园安全稳定保护体系，从而构筑起一道道无形的安全屏障。因此，只有学生的参与才能壮大保卫力量，才能直接有效地保护校园的安全与宁静。

4. 大学生参与安全文明校园创建能增强其安全保护意识

只有让大学生参与安全文明校园创建活动，才可以使他们在学习之余与社会声息相通，了解社会的复杂性，在实践中增强自身的安全防护意识和自觉维护校园安全稳定的责任感。

（三）大学生在创建安全文明校园过程中应发挥的作用

大学生是高等学校的主体，安全文明校园创建工作的受益主体也是学生。开展安全文明校园创建活动工作的好坏与每位大学生都息息相关。面对新形势，必须广泛动员大学生直接参与到安全文明校园创建工作中来。

1. 坚定理想、信念，树立正确的世界观、人生观和价值观

每一个大学生都应认真学习马克思主义哲学、科学社会主义和党的路线、方针、政策，提高自己的理论素养和政治素质，学会用辩证唯物主义和历史唯物主义的观点和方法分析问题、解决矛盾。自觉抵制西方敌对势力的渗透、颠覆和破坏活动，坚决与"疆独""藏独""台独"等民族分裂分子的破坏活动作斗争，坚决与"法轮功"等邪教组织的滋事、捣乱活动作斗争，明辨是非真伪，牢记为人民服务的宗旨，树立科学的世界观、人生观和价值观。

2. 身体力行，以主人翁姿态投身创建活动

倡导安全文明，共建和谐校园，是每个大学生义不容辞的责任和义务，全体学生要统一认识、携手同心，不断增强创建工作的责任感和自觉性，共同关心、支持、参与安全文明校园创建活动，积极开展安全教育、法制教育、文明教育等活动，积极美化、绿化校园，用自己的双手创造洁净优美的校园环境，用自己的实践支持创建活动，努力营造安全、文明、健康、和谐的育人环境。

3. 从我做起，争当创建活动先锋

创建"安全文明校园"任务艰巨、责任重大，需要全体师生大力支持和热情参与。因此，每一个大学生都要从我做起，从点滴小事做起，从现在做起。要进一步提高安全防范意识，切实履行职责，自觉把校园安全文明建设、维护学校稳定工作放在重要位置；要进一步倡导文明、革除陋习，自觉遵守学校各项规章制度，爱护学校的一草一木和公共设施，从日常生活小事入手，养成良好的生活习惯、文明习惯，管住自己的口，不随地吐痰；管住自己的手，不乱扔垃圾；管住自己的脚，不践踏花草；要反省克己，积善慎独；要尊重师长、关爱同学，做到交往得体、明礼诚信、谦虚谨慎、仪表端庄、语言文明；要争创文明班级；争当文明个人，积极参加创建安全文明校园的各项活动，争当创建活动的先锋，积极为建设和谐校园做贡献。

4. 齐心协力，塑造校园美好新形象

创建"安全文明校园"，全体学生既是参与者，又是受益者，让校园安全和谐、健康文明、美丽整洁，是每一个大学生的共同心愿。要摘取"安全文明校园"荣誉称号，全体师生必须通力合作、密切配合。要严格按照检查评比标准，按时、按质、按量完成各项创建工作。要做安全文明校园的义务监督员，劝阻和监督影响校园形象的不良行为，主动打扫影响校园形象的卫生死角，及时举报有损创建工作的行为，共同塑造学校新形象。

5. 勤奋向上，严谨求实，勇于创新

古今成大事者，无不勤奋。全体学生要以崇高的敬业精神和高度的责任心投入学习、工作当中，扎实开展学风建设，珍惜大学生活的分分秒秒，把最美好的青春时光用于学

习，用于提高自身素质，努力营造勤奋向上、严谨求实、勇于创新的优良学风。

思考题：

1. 简述创建安全文明校园的重要意义。
2. 影响创建安全文明校园的因素有哪些？
3. 怎样理解创建安全文明校园是每个大学生应尽的义务？
4. 作为一名大学生，应如何参与安全文明校园创建活动？

第二篇

公共安全

第三章

国家安全和保密知识

> **案例回放 1**
>
> 北京某重点大学国际政治系四年级学生李某在毕业前夕，被在校任教的美籍英语教师、美国中央情报局间谍约翰·德雷克斯策反，参加了美国情报组织，并为其收集我国的各类情报。约翰以帮助李某毕业后找工作、担保出国、物质引诱、个人感情（二人同居）等手段将其拉下水，李某被发展为情报人员。
>
> **思考：** 前程似锦的重点大学生为何被间谍策反？

第一节 国家安全教育

一、国家安全的内涵

（一）国家安全的定义

国家安全一般是指具有社会政治权利组织的国家及其所建立的社会制度生存和发展的保障。它包括国家独立主权和领土完整以及人民生命财产不被外来势力侵犯；国家政治制度、经济制度不被颠覆；经济发展、民族和睦、社会安定不受威胁；国家秘密不被窃取；国家工作人员不被策反；国家机构不被渗透等。任何境外机构、组织、个人实施或者指使他人实施的，或者境内组织、个人与境外机构组织、个人相勾结实施的危害中华人民共和国国家安全的行为均被视为危害国家安全的行为。国家安全的主要内容包括国民安全、领土安全、经济安全、主权安全、政治安全、军事安全、文化安全、科技安全、生态安全、信息安全10个方面。

（二）国家安全的重要意义

国家安全是国家的根本所在，国家利益高于一切，维护国家的利益和安全是每个公民的神圣义务，每个公民在任何情况下不得做有损国家安全的事情，并自觉与一切损害国家安全的行为作斗争。我国《宪法》第五十四条、《国家安全法》第三条中都明确规定："中华人民共和国公民有维护国家安全、荣誉和利益的义务，不得有危害祖国安全、荣誉和利益的行为。"

二、如何正确认识国家安全形势

（1）境外敌对势力亡我之心不死，他们相互勾结，利用我国政治、经济改革中出现的矛盾和面临的各种困难，伺机在我国进行渗透和破坏活动。

案例回放2

吉林省某高校教授赵某，出生于韩国金逻北道。1936年，由于战乱，赵某的一个姐姐流落到日本，一个堂兄留在了韩国，而他辗转来到了中国，成了中国公民，后为大学教授。我国改革开放以后，他与日本的姐姐及韩国的堂兄取得了联系，申请出国探亲，先后到日本和韩国。但赵某的活动一开始就被韩国间谍情报机关掌握。韩国间谍情报机关对他进行了精心的策反安排，运用各种手段，特别是通过煽动民族情感、讲述中国和朝鲜问题等方式将赵某策反。赵某回国后仍在原学校任教，但他利用教学、科研、出差等机会，在我国边境地区收集政治、经济、军事情报，然后报告给韩国间谍情报机关，给我国造成了极其恶劣的影响，后被我国司法机关法办。

案例分析

作为一名高等院校的教授，有机会接触到更多的国家秘密，也有更便利的身份掩护自己的非法活动。因此，国外一些敌对势力一直把高校作为他们重点发展的目标，赵某正是被间谍情报机关策反、利用的。如果赵某能时刻以国家利益、民族团结、祖国统一为重，就不会被间谍情报机关策反，走上一条不归路。

（2）高校人才荟萃、知识密集、信息资源丰富、涉外交往频繁，是意识形态领域中极为敏感、极为重要的地方。因此，境外敌对势力在反华策略中始终按照"以中国高校为目标，以中国高级知识分子为重点，盯着中国的高等院校做工作，可以收到事半功倍的效果"的准则，把高校作为其渗透、颠覆、演变的重要场所和目标。

案例回放3

某大学讲师郭某，在美国自费留学期间，被驻美的中国台湾当局间谍策反。间谍以交朋友为名，从生活入手，常给郭某买些物品，陪同他游山玩水，以座谈中国台湾和大陆生活为由给郭某看一些裸体黄色歌舞、淫秽电影等。最后郭某被完全腐蚀，完全听命于间谍人员的摆布。郭某后来被秘密带到台北，参加了台湾的间谍组织，并接受了三个月的间谍训练。受训后，郭某回到美国并被秘密派回中国大陆。回到学校后，继续以教师身份为掩护，利用各种机会和学到的间谍手段收集我国政治、经济、军事、科技情报，秘密报告给台湾间谍机关，并领取了活动经费。郭某后来被国家安全机关逮捕，判处十二年有期徒刑。

案例分析

随着改革开放的深入，西方的一些价值观念被一些中青年人所接受，他们在接受这些价值观念的同时，灵魂也变得丑陋，为达到自己理想的生活目的，不惜出卖国家和人民的利益，参加间谍组织，那么最终等待他的必定是铁窗生涯。

（3）境外敌对势力打着"民主""自由""人权"的旗号，宣扬西方的价值观念，动摇人们对社会主义的信念，对我国青年知识分子极力进行西化、分化和弱化。一方面，他们利用各种文化活动和学术交流，多层次、多渠道、多方式、多方位地接触、拉拢高校人员，进行思想文化渗透，培植亲西方势力。如一些西方国家驻华使馆和驻华机构，经常在多种节日举办宴会、报告会、专题讨论会等活动，广泛邀请我国各界人士参加，其间大肆散布"民主""自由""人权"等西方价值观念。他们利用学生、专家、学者，以探亲为名，诋毁社会主义制度，宣扬西方物质文明，对青年学生施加影响。另一方面，他们通过多种途径对我国进行心理战宣传。如向我国高校邮寄反动宣传材料，极尽污蔑、诽谤和挑拨离间，极力诋毁我国内部的政策，妄图在我国内部制造纠纷；西方一些国家电台不仅加大了对华的广播频率、延长了广播时间，还增加了广播内容，采取歪曲事实、挑拨煽动的手段，企图在我国制造思想混乱。

（4）隐蔽的间谍情报人员，采取公开掩护秘密、以合法掩护非法等方式，对我国高校进行煽动、窃密、策反等危害国家安全的活动。一是通过社会活动，广泛接触有关人员，套取我国政治、经济、科技、文化等秘密；二是利用办理出国手续的机会，向我国人员刺探内部秘密；三是利用一些人的不健康心理，以帮助出国定居、提供经济担保、奖励重金或施以小恩小惠等手段对我国人员进行收买利用；四是利用参观、旅游、观光等方式搜集情报；五是策反我国内部人员，然后派遣回来进行间谍情报活动；六是利用亲属关系窃取秘密；七是打着"科技没有国界"的口号，以先进的科研条件、优厚的物质待遇为诱饵，拉拢、腐蚀我国出国留学人员为其卖力。

（5）高校个别教师、学生丧失国格和人格与境外敌对势力有联系，受其唆使，反对中国共产党，反对中华人民共和国政府和中国社会主义制度。有的担任非法组织负责人，有的还进行一系列危害国家安全的活动。高校少数出国人员缺乏国家安全意识和保密观念，禁不起各种各样的诱惑，与国外敌对势力勾结，做出有损国格和人格的事，自觉或不自觉地为敌人帮了忙、服了务。

三、危害国家安全的五种行为

1）阴谋颠覆政府、分裂国家、推翻社会主义制度的行为

如"台独"分子一直没有放弃"两个中国"的幻想。

2）参加境外各种间谍组织，或者接受间谍组织或代理人的任务的行为（图3-1）

无论行为人是否接受了间谍组织的任务，是否进行了窃取、刺探、收买、非法提供情报或其他破坏活动，只要参加了间谍组织，即构成了间谍罪。未参加间谍组织，却接受了间谍组织或其代

图3-1

理人的任务,不管其任务实现与否,都不影响间谍罪的成立。

案例回放 4

1990年,吉林省某医学院学生金某被来校讲学的澳大利亚籍教师卡洛尔策反,加入了他们的情报组织,为其收集我国经济、军事、科技情报,后被我国国家安全机关抓获,受到了法律的制裁。

案例分析

金某参加间谍组织,并为其收集情报,对国家安全构成了威胁,触犯了《中华人民共和国国家安全法》。任何出卖国家利益的行为,都是法律所不容许的。金某意志薄弱,接受外籍人员的策反,并为其工作,损害了国家和人民的利益,最终得到可悲的下场。

3)窃取、刺探、收买、非法提供国家秘密的行为

一般指在未参加间谍组织,也没接受其代理人任务的情况下,主动为间谍机构窃取、刺探、收买、提供情报。不管情报是否到了间谍手中,都不影响间谍罪的成立,这属于危害国家安全的行为。

案例回放 5

海南省政府办公厅助理调研员席世国被境外情报机构看中,并被收买而走向堕落。自1996年7月首次作案至1997年3月案发,席世国在7个多月的时间里,多次利用省政府某些部门保密工作和内部管理存在的漏洞,获取近百份秘密文件和内部材料,提供给境外间谍分子,从中获得4 300美元、14万元新台币、6 600元人民币情报酬金及其他酬物。他的行为给国家的安全和利益造成极大危害,影响十分恶劣。

案例分析

席世国从一名共产党员、国家公务员堕落为替境外情报机构非法提供国家秘密的犯罪分子,被拉入罪恶的泥潭,是因为抵制不住利益的诱惑。

4)策动、勾引、收买国家工作人员叛变或者将防地设施、武器装备交付他国或敌方的行为

案例回放 6

某高校赴日研究生周某,在日本学习期间,被敌特组织策反。归国后,经常利用节假期间以旅游为名,对一些军事禁区进行拍照、收集资料,以密件的方式提供给敌特组织。后被国家安全机关逮捕。

案例分析

作为一名研究生,接受国家多年的培养,本应为国家做出贡献,但周某禁不住金钱、物质的诱惑,参加了敌特组织,并为其收集军事资料,出卖了自己的国格、人格,也让培养他多年的亲人、师长感到伤心。周某也为他的行为付出了惨重的代价。

5）进行危害国家安全的其他破坏活动的行为

（1）组织、策划或者实施危害国家安全的恐怖活动。

（2）捏造、歪曲事实，发表、散布文字或者言论，或者制作、传播音像制品，危害国家安全。

（3）利用设立社会团体或者企业、事业组织的手段，进行危害国家安全的活动。

（4）利用宗教进行危害国家安全的活动。

（5）制造民族纠纷，煽动民族分裂，危害国家安全。

（6）境外个人违反有关规定，不听劝阻，擅自会见境内有危害国家安全行为或者有危害国家安全行为重大嫌疑的人员。

四、大学生进行国家安全知识教育的重要性

作为中国 21 世纪的大学生，维护国家安全是义不容辞的责任，是党和国家对每个大学生的基本要求。随着对外开放步伐的不断加快，我国在政治、经济、科技、文化等领域都有了飞越式发展，境外一些间谍情报机关和各种敌对势力把中国作为他们颠覆、渗透和破坏的主要目标，从没有停止过危害我国安全的活动。他们一方面打着"人权""民主"等各种各样的旗号，继续对我国进行政治思想渗透；扶植、资助境内外敌对分子和"法轮功"等邪教组织，企图颠覆我国政权，甚至煽动其他民族分裂势力，破坏祖国统一；另一方面，他们正在并将继续利用我国扩大开放、加入 WTO 等时机，以公开的、合法的身份，通过各种渠道和途径，广泛收集、窃取、刺探我国经济、科技等情报，从事危害我国国家安全和利益的活动。与此同时，国内极少数敌视社会主义的分子，也极力寻求境外一些间谍情报机关和其他敌对势力的支持，与其相互勾结，进行破坏和捣乱。

五、大学生应怎样维护国家安全

（1）大学生要始终如一地树立国家安全高于一切的观念。增强国家安全意识，"没有永久不变的国家友谊，只有永久不变的国家利益"，克服麻痹思想，提高识别能力，不要被"和平""友好""交往"中的一些假象所迷惑，认为世界处处充满爱，认为改革开放的年代，没有那么多的间谍、特务，看不见隐蔽战线上尖锐复杂的斗争。

（2）学会善于识别各种伪装。大学生在对外交往中，不能只讲友情，不讲敌情，既要热情友好，又要内外有别，牢记国家利益高于一切，不能认为国家安全与己无关，对危害国家安全的行为视而不见，失去应有的警惕，或出于个人私利泄露国家机密，危害国家利益；不应接受西方的思想意识、价值观念和腐朽的生活方式，应自觉地抵制和斗争。

（3）发现外教或外籍人员在不恰当的场所宣扬西方的"自由""民主""人权"，散布极端的个人主义和无政府主义思想，宣传西方物质文明及拜金主义等，都要及时向有关部门报告。对于收到的反动宣传品要及时主动上交，防止扩散，产生不良影响。与外国人接触时要严守国家秘密。

（4）大学生到国外就读或学习、旅游，出行前要主动接受有关部门的国家安全教育，了解、掌握国家安全知识。不但要做好物资准备，还要做好充分的精神准备，提高国家安全和防范意识，自觉维护国家安全，抵制敌对势力的策反、拉拢、威胁、利诱活动，并定

时向学校汇报工作、学习情况。同时，要严格遵守外事纪律和有关规章制度，遵守前往国家的法律法规，尊重当地的社会公德和风俗习惯，避免产生误会或出现不应有的问题，绝不能做有损国格、人格的事情。

(5) 要克服妄自菲薄等不正确的思想。任何国家都有其自己的安全利益，在政治、经济、文化、军事、科技、资源等方面都不尽相同，我国更是地广物博，具有很多"中国特色"的秘密，如果缺乏正确的认识，就有可能产生错误的看法，甚至做出亲者痛、仇者快的事情。

第二节　大学生保密教育

一、国家秘密的几个要素

（一）国家秘密的定义

国家秘密是指关系国家安全和利益，依照法定程序确定，在一定时间内只限一定范围的人员知悉的事项。

国家秘密必须具备以下三个要素。

（1）"关系国家安全和利益"是构成国家秘密的实质要素，是指某一事项一旦泄露会使国家安全和利益受到损害。这是国家秘密的本质属性。

（2）"依照法定程序确定"是构成国家秘密的程序要素，是指根据定密权限，按照国家秘密及其密级具体范围的规定，确定国家秘密的密级、保密期限、知悉范围，并做出国家秘密标志，做到权限法定、依据法定、内容法定、标志法定。一项关系国家安全和利益的事项，只有依照法定程序确定为国家秘密，才具有国家秘密的法律地位，受到法律保护。

（3）"在一定时间内只限一定范围的人员知悉"是构成国家秘密的时空要素，是指国家安全和利益的秘密事项，在依照法定程序确定为国家秘密后，应当限定在一定的时间和空间范围内，即在保密期限内，不能超出限定的知悉范围。

（二）国家秘密的基本范围

根据《中华人民共和国保守国家秘密法》的规定，下列涉及国家安全和利益的事项，泄露后可能损害国家在政治、经济、国防、外交等领域的安全和利益，应当确定为国家秘密。

（1）国家事务重大决策中的秘密事项。

（2）国防建设和武装力量活动中的秘密事项。

（3）外交和外事活动中的秘密事项以及对外承担保密义务的秘密事项。

（4）国民经济和社会发展中的秘密事项。

（5）科学技术中的秘密事项。

（6）维护国家安全活动和追查刑事犯罪的秘密事项。

（7）经国家保密行政管理部门确定的其他秘密事项。

政党的秘密事项中符合上述规定的，属于国家秘密。

（三）国家秘密的分级

国家秘密的密级是按照国家秘密事项与国家安全和利益的关联程度，以泄密后可能造成的损害为标准,对国家秘密做出的等级划分。

国家秘密的密级分为绝密、机密和秘密三级。

(1) 绝密级国家秘密是最重要的国家秘密,泄露会使国家安全和利益遭受特别严重的损害。

(2) 机密级国家秘密是重要的国家秘密,泄露会使国家安全和利益遭受严重的损害。

(3) 秘密级国家秘密是一般的国家秘密,泄露会使国家安全和利益遭受损害。

二、在大学生中进行保密知识教育的必要性

(1) 有国家就有秘密,就需要保密工作。保密工作是国家一项十分重要的工作,上至国家机关,下至单位、个人都有不可推卸的责任。随着改革开放的深入和经济的飞速发展,国内各高校与国外组织或外籍人士的交流、合作更加广泛,这同时也意味着增加了更多的失密、泄密的机会,因此,保密工作显得更加重要。

(2) 高校是科研的集中地,许多重大科研项目都在高校中进行。因此,国外一些谍报组织和人员经常利用参观、旅游、讲学、合作研究等各种借口在高校内行走,伺机对一些科研技术、科学成果进行窃密、收买。一些意志薄弱的师生禁不住金钱和物质的诱惑,帮助谍报组织进行窃密活动,造成重大科研、科技泄密,经国家带来巨大损失。

三、造成失密、泄密的因素

(1) 新闻出版工作失误造成泄密。国内新闻泄密案件占整个新闻出版泄密案的一半以上,特别是在科技、经济方面,给国家造成了巨大的损失,同时也在政治上产生了严重影响。境外的一些中国问题专家在谈到搜集中国情报的方法时,认为主要手段就是分析研究中国的报刊和出版物。境外谍报组织广泛收集我国公开发表的报纸、杂志、刊物、官方报告、人名通信录、企业电话号码簿以及车船、飞机时刻表等,经过选择让专家分析研究。美国中央情报局把凡是能弄到手的每一份出版物都买下来,每月有20多万份,他们认为,所需要情报的80%可以从这些公开的材料中获得,这称为"白色"情报。

案例回放 7

20世纪60年代,当我国开发大庆油田,刚刚甩掉贫油国的帽子的时候,日本情报机关从《中国画报》上刊登的大庆油田照片中获得了大庆炼油能力、规模等情报。

案例回放 8

1981年9月20日,我国首次用一枚运载火箭成功地发射了三颗卫星。国家新闻机构在卫星发射后的第三天,刊登了某工程师写的几篇文章,其中全面、详细地介绍了三颗卫星的运行轨道、运行无线电遥控频率等技术,暴露了绝对秘密的空间技术细节。

案例回放 9

杂交水稻技术是我国1979—1985年的1 089项发明奖中唯一的特等奖,处于世界领先地位。但是由于此后在各种公开的报纸杂志上发表了50余篇有关这项成果的论文,造成

该项技术成果泄密，同时，使我国也失去了申请专利的条件。

案例分析

案例中，新闻出版工作的失误使秘密公开化，也就没有什么秘密可言了，等于拱手将秘密送给了需要的谍报组织。这种工作上的失误造成秘密泄露说明我们的防范意识不够强，在宣传报道的时候缺少必要的技术环节，没有隐去关键的资料和技术，从而造成不应有的损失。

（2）违反保密制度，在不合时宜的场所随意公开内部秘密。主要表现在接待外来人员的参观、访问、贸易洽谈之时，违反保密制度，轻易地将宝贵的内部秘密泄露出去。

案例回放 10

我国中成药"六神丸"本是治喉良药，但日本人通过贸易交往，将它带回去，进行研究，发现"六神丸"还能治疗冠心病。他们便把此药简单地加工改制，并改名为"救心丸"，这样该药一下子成了国际市场的畅销货，每年收入数千万美元。

案例回放 11

宣纸生产技术的严重泄密。1981年，某外商参观我国某造纸厂，详细地了解了原料种类、配比、选择和处理以及原料所用碱水浓度等，对生产的全过程进行录像，还要走了生产宣纸的原料，并以帮助化验为名装走了造纸用的井水。结果，我国具有悠久传统的宣纸生产技术的秘密顷刻间被轻易窃走。

案例回放 12

某日籍"爱国"华侨两次参观我国景泰蓝厂，我方代表毫无戒备，慷慨地允许其拍下全部工艺流程，热情"传经送宝"，唯恐"海外赤子"一知半解。这名华侨实际上是日本间谍，窃取了我国景泰蓝的全部秘密，开始自己生产。不到两年，我国的传统出口创汇产品直线贬值。

案例分析

案例中，改革开放、对外交流给我国带来了巨大的经济效益，但由于我方人员疏于防范，违反有关保密规定行事，人为地造成机密技术泄露，给他人可乘之机，说明我们在保密制度的建立、完善及宣传工作上还存在很多不足之处。"防人之心不可无"，鉴于此，我们要时刻警惕着。

（3）不正确使用手机、电话、传真或互联网技术造成泄密。一些谍报组织借助科学技术成果，利用先进的间谍工具通过窃听、窃照、截取电子信号、破获电子信件等获取机密。

案例回放 13

1980年，美国在中国台湾的台北市阳明山建立针对中国大陆的监听站，其主要任务为监听中国大陆军队动向和无线电通信，所获信号情报资料通过人造卫星直接传送到美国。

第三章 国家安全和保密知识

案例回放 14

南方某市科研所博士李某，承担一项重大高科技研究项目，在外出工作期间，经常在电话中与同事研讨科研项目进展情况，被境外谍报分子利用高科技手段监听。国家安全机关及时发现了这一情况，并立即与科研所取得联系，科研项目也不得不做重大修改。

案例分析

案例反映出随着电子通信技术的发展，沟通变得越来越便利，人们在享受先进科技带来的便利时，却疏忽了对它的防范。先进的技术能为人类造福，同样，不正当地使用先进的技术会给人类带来无尽的灾难，境外谍报组织利用其掌握的先进技术肆意窃听、截获他人的秘密，巧取豪夺。因此我们必须有充分的知识，学会利用先进的技术，更要防范他人利用先进的技术侵犯正当利益。

（4）保密观念不强，随身携带秘密载体造成泄密。有些保密观念不强的人，随意将一些秘密资料、文件、记录本、样品等携带出门，如果丢失、被盗、被抢、被骗，很快就会造成泄密事件。

案例回放 15

1998年5月下旬，卧龙区委办信息科一工作人员因编发关于"清官祠"问题的信息，从办公室档案室借阅了中央办公厅、省委对南阳"清官祠"事件的通报。在信息科存放期间，潦河坡乡副乡长苏某到该科打电话，趁室内无人，窃走上述两份秘密级文件，将文件进行技术处理后，拿到区委外个体复印部进行复制，而后乘人不备将原件放回。1998年6月，苏某亲自到北京将两份复印件送交李洪莲、樊沛二人手中，造成泄密事件。

案例回放 16

我国的沸腾熔烧技术在世界属领先地位，某外国情报机构就是从我国几个随身携带秘密载体的人员手中弄到这一技术的。

案例回放 17

原西安某科研工作人员袁某、孔某两人系夫妻，大学毕业后，两人在同一单位工作。在工作期间，他们私自将属于国家机密的某些国防电子产品的技术说明书、技术图纸、程序和图纸软盘等资料带回家中。2000年6月1日，二人被高薪聘请，跳槽到南京某通信研究所工作，并将非法获取的秘密图纸和资料藏匿于南京个人住所。案发后，在其住处查到存有国家机密的软盘、图纸、原始试验记录本和技术说明书等物。袁某和孔某采用非法手段窃取国家秘密，其行为已构成了非法获取国家秘密罪。为了维护国家的保密制度，根据我国《刑法》的有关规定，判决袁某和孔某犯非法获取国家秘密罪，分别判处有期徒刑一年，缓刑两年。

案例分析

案例中的工作人员都有违反保密工作制度的行为。秘密资料在使用、管理上都有严格的规定,携带、收藏秘密文件、资料都是违法行为,都应负法律责任。以上各案例中,都存在对国家机密管理不善的漏洞,造成机密外泄。

(5) 保密意识淡薄,或无保密意识,有意或无意把秘密泄露出去。有些保密意识淡薄、缺乏保密常识的人,不分场合,随意在言谈中或通信中涉及国家秘密或秘密事项,或炫耀自己的见识广博,不料"道者无意,听者有心",不经意造成泄密。

案例回放 18

某外国语学院大学生吕某,学习非常努力,经常与外教玛丽交流学习情况,玛丽外教也对她特别关照。在玛丽的引导下,吕某将父亲的科研资料拿来翻译,并交给外教评判,父亲知道后非常生气,严厉批评了吕某。在父亲的指导下,吕某向国家安全机关进行了反映,经过调查,证实了玛丽以外教身份收集我国科技情报的违法事实。

案例回放 19

某大学的几个研究生,在导师的指导下,经过几年的苦心钻研获得了一些学术研究成果。这时,有的想尽快得到国际上的认可,有的想拉关系出国,私自将研究资料寄出境外。结果寄出去的东西石沉大海,在时隔一年后被改头换面变成了他人的成果。

案例分析

案例中的涉案人员的保密意识淡薄,往往会导致意料不到的后果。大学生更加缺乏这方面的经验,不能很好地判断是非曲直,被他人利用,在无意识的状态下泄密。

(6) 极少数人禁不住金钱和物质的诱惑,被谍报组织拉拢、腐蚀出卖国家秘密。

案例回放 20

1992年,我党的十四大开幕前一周,江泽民同志在大会上做的报告(第八修改稿)被《香港快报》全文发表,一些国家报纸争相转载,使全世界都感到震惊,造成了极为恶劣的政治影响。后经追查,出卖情报者是新华通讯社国内新闻部记者吴士深(35岁,副处级干部)和他的妻子马涛(《中国健康教育通讯》杂志社编辑)。他们夫妻二人为了两万美元和几千元港币,将十四大报告卖给了《香港快报》驻北京女记者梁惠珉。

案例回放 21

1984年11月—1985年4月,原国家经济委员会进出口局副处长叶之枫利用职务之便,多次主动地将国家有关进口汽车的重要机密文件告知外商,并在与外商、港商谈判进口汽车的过程中,利用职权施加压力,要我国有关公司接受某外商提出的价格。原中国少数民族经济文化开发总公司职员张常胜则为外商出谋划策。在我国有关公司与某港商谈判进口汽车的过程中,得知国家关于进口商品谈判签约将有变动的情况后,即向港商先后索取贿赂1 988 000港元、2 000美元、日产录像机两台、照相机一架。张常胜从中分给了叶之枫25 000港元。叶之枫除了分得上述贿赂款项和实物外,还直接收受港商贿赂的一台冷暖风机及其他实物。此外,叶之枫于1984年11月—1985年11月,在为深圳中华汽车公司、重庆长安机器制造厂进口汽车散件审批手续的过程中，收受贿赂5 000港元和价值1 430元人民币的彩色电视机一台；在为四川华能公司购买北京"212"型吉普车的过程中，收受贿赂3 000元人民币。叶之枫收受的贿赂款及实物，总计折合人民币25 300余元。

北京市中级人民法院曾在1986年审理了张常胜、叶之枫相互勾结，向外商、港商泄露国家重要机密，收受贿赂的重大案件。张常胜被依法判处死刑，剥夺政治权利终身；叶之枫被判处有期徒刑十七年，剥夺政治权利三年。

案例分析

案例中的罪犯出卖国家秘密是一种有意识的犯罪行为，行为人明知会给国家造成严重的损害，但为达到私利，在金钱面前，他们背叛了祖国、背叛了党，不惜出卖灵魂，出卖国家和人民对他们的信任，用国家的机密换取他们的点滴私利。这是每一个中国人所痛恨和不齿的、肮脏的交易，也必定会受到应有的法律制裁，这种人也必将被永久地钉在历史的耻辱柱上。

四、防止失密、泄密的方法

（1）学习保密常识，接受保密知识教育，正确认识保密与窃密的斗争，增强保密意识，严格遵守保密制度。既要对外开放、扩大对外交流，又要确保国家机密不被泄露，正确处理两者的关系，克服那种有密难保、无密可保的糊涂认识。

（2）提高防范意识，在对外交往中坚持内外有别。在接触交往过程中，凡涉及国家机密的内容，要么回避，要么按对外口径回答，不要随便涉及内部的人事组织、社会治安状况、科技成果、技术诀窍和经济建设中各种未公开的数据资料（图3-2）。

接受采访，不得涉及国家秘密

图3-2

（3）在与境外人接触时，不带秘密文件、资料和记有秘密事项的记录本。对方直接索要科技成果、资料、样品或公开询问内部秘密时，要区别情况，灵活予以拒绝。

（4）不经主管部门批准，不带境外人员参观或进入非开放区。不准境外人员利用学术交流、讲课的机会进行系统的社会调查。不经有关部门批准，不得填写境外人员的各种调查表，或替他们写社会调查方面的文章。

（5）在新闻出版工作中，注意保密原则，不得随意刊载有关国防、科研等事关国家机密的事项。参加国际学术会议或在国外刊物上发表文章，要按规定办理审查手续。不得为境外人员提供或代购内部读物和资料。

（6）自觉遵守保密的有关规定，做到：不该说的机密，绝对不说；不该问的机密，绝对不问；不该看的机密，绝对不看；不该记录的机密，绝对不记录；不在普通电话、明码电报、普通邮局传达机密事项；不携带机密材料游览、参观、探亲、访友和出入公共场所；不在通信中谈及国家机密；不在普通邮件中夹带任何保密资料。

保密是公民的义务，也是大学生的社会责任。每个大学生都应该自觉贯彻保密法规，自觉履行保密义务，坚决同泄密行为和窃密行径作斗争。

五、发现国家秘密已经或可能泄露时应当采取的措施

（1）拾获属于国家秘密的文件、资料和其他物品，应当及时送交有关机关、单位或保密工作部门。

（2）发现有人买卖属于国家秘密的文件、资料和其他物品，应当及时报告保密工作部门或者公安、国家安全机关处理。

（3）发现有人盗窃、抢夺属于国家秘密的文件、资料和其他物品，公民有权制止，并应当立即报告保密工作部门或者公安、国家安全机关。

（4）发现泄露或可能泄露国家秘密的线索，应当及时向有关机关、单位或保密工作部门举报。

第四章

大学生网络信息安全

随着网络技术的普及和上网人数的增加,一个以网络为构架,以交易双方为主体,以银行在线支付和结算为手段,以客户数据为依托的全新商业模式——电子商务,正在成为21世纪的商业模式发展方向。大学生引领时尚的潮流,利用网络进行商品交易已经成为一种方便、快捷的购物手段。

第一节 大数据背景下的信息安全

案例回放 1

徐玉玉,女,住在山东临沂罗庄区高都街道中坦社区。徐玉玉生前身体健康,并无重大疾病,其家庭贫困,全家人只靠父亲在外打工挣钱。交学费的9 900元,也是一家人省吃俭用大半年才凑出来的。

2016年高考,徐玉玉以568分的成绩被南京邮电大学录取。8月19日下午4点30分左右,徐玉玉接到了一通陌生电话,对方声称有一笔2 600元助学金要发放给她。在接到这通陌生电话的前一天,也就是18号,徐玉玉确实接到了教育部门的电话,让她办理助学金的相关手续,说钱过几天就能发下来。由于前一天接到的教育部门电话是真的,所以当时她并没有怀疑这个电话的真伪,就按照对方要求,将准备交学费的9 900元打入了骗子提供的账号。发现被骗后,徐玉玉万分难过,当晚就和家人去派出所报了案。在回家的路上,徐玉玉突然晕厥,不省人事,虽经医院全力抢救,但仍没挽回她18岁的生命。

这个案件之所以发生,第一因素就是数据信息的泄露。从源头上看,数据泄露的途径主要有三方面:一是黑客发现教育部门系统漏洞而入侵获取信息;二是教育机构内部人员为谋求私利而主动贩卖信息;三是教育部门的服务商或合作方利用工作之便窃取信息。徐玉玉的信息没有被泄露,骗子了解不到情况,就没有办法实施诈骗行为,也不会导致悲剧的发生。

如此看来,信息泄露的途径多种多样,让人防不胜防。在这个大数据时代,我们的网络信息安全显得尤为重要,值得我们重视。

案例回放 2

2 000万条个人住店数据在网上曝光。2013年10月,国内安全漏洞监测平台"乌云网"披露，自称是中国最大的酒店数字客房服务商的浙江慧达驿站公司，因为安全漏洞而在网上泄露了与其有合作关系的大批酒店的开房记录。数天后，一个名为"2 000w开房数据"的文件出现在网上，其中包含2 000万条2010年下半年至2013年上半年在酒店开房的个人信息，容量达1.7GB。在开房数据中，包含姓名、性别、国籍、民族、身份证号、生日、地址、邮编、手机、固话、传真、邮箱、公司、住宿时间14个字段。

大数据（Big Data）是指涉及的资料规模大到无法在一定时间内，通过目前主流软件工具进行撷取、管理、处理，并整理成为帮助企业做出经营决策的资讯。在大数据时代，信息的安全性是信息传播与交互的首要问题。

一、信息传播与互动安全

由于网络信息都是在全球散布和接收的，因此在客观上使对网络传播机构表现的评判和对信息内容的解读，都有可能成为全球性的行为。

信息交互作为自然与社会各方面情报、资料、数据、技术知识的传递与交流活动，从信息论的角度看，信息交互实际就是一种有形的文字信息载体，也是汇集一定地域内各种信息资料的过程。从传播的过程看，安全性是其首要因素。

二、网络信息泄露的途径

就目前情况而言，互联网个人信息泄露问题突出，由此滋生出的"非法使用"个人信息的黑色产业链以其低成本、高回报的特点导致这一产业几乎呈爆发式增长态势，人们因此而蒙受的损失更是惊人。事实上，网络信息泄露的主要途径无非有以下两种方式：用户主动提供；网络服务商对用户浏览行为进行跟踪。

1. 用户主动提供

所谓用户主动提供，主要是指在社交媒体、线上支付、网络购物、游戏、求职、租房等互联网应用的过程中，用户在注册时都需登记相关个人信息，而且许多用户为了方便记忆，将许多密码都设置成一样的，或是直接利用纯数字设置密码。事实上，在之前出现的12306用户信息泄露事件中，犯罪嫌疑人正是通过收集互联网某游戏网站及相关其他网站用户名和密码信息，然后以撞库方式进行用户信息窃取的。

2. 网络服务商对用户浏览行为进行跟踪

网络服务商对用户浏览行为进行跟踪记录，其中包括对用户浏览网站和搜索引擎、玩网络游戏、进行网络社交或使用即时通信工具所产生的大量数据进行更新整理，以达到精准推送广告的商业目的。如许多APP在安装时都要求允许访问用户的通信录、通话记录、短信记录、位置信息等个人信息。因此，手机应用实际上已成为网络厂商收集用户个人信息最快捷、有效的途径。

专栏

关于提醒广大旅客使用12306官方网站购票的公告

针对互联网上出现"12306网站用户信息在互联网上疯传"的报道，经我网站认真核查，此泄露信息全部含有用户的明文密码。我网站数据库所有用户密码均为多次加密的非明文转换码，网上泄露的用户信息系经其他网站或渠道流出。目前，公安机关已经介入调查。

我网站郑重提醒广大旅客，为保障广大用户的信息安全，请您通过12306官方网站购票，不要使用第三方抢票软件购票，或委托第三方网站购票，以防止您的个人身份信息外泄。

同时，我网站提醒广大旅客，在部分第三方网站开发的抢票神器中，有捆绑式销售保险功能，请广大旅客注意。

中国铁路客户服务中心
2014 年 12 月 25 日

三、个人信息安全储存方式

在大数据时期，进行自我信息保护、预防个人信息泄露的核心是提高自我保护意识。为此，实现个人信息安全的十大黄金法则是：

1. 区分数据保密类别，将未加密数据看作公共数据

将储存在云中的未加密数据看作公共数据——即使你认为这些数据并非公共数据。要把自己认为重要的数据储存在封闭的硬盘、U盘中，或是通过纸质方式储存数据。在数据时代，最原始的储存方式，才是最安全的方式。

2. 数据加密应该由数据所有者来完成

数据加密不要过分依赖于外人。用户可以自己通过加密程序或利用开源工具实现加密。

3. 数据的加密手法应该尽量独特

在理想情况下，只有收到加密信息的用户，才了解加密方法。但在现实社会中，加密方法简单化是许多数据泄露事件的起源。

4. 定期更换安全模型或密码

当用户涉及银行钱财交付时，应该更换安全模型、密码，尽可能作出更多改变。

5. 不要轻信少于双重身份验证的站点

用户可以将下列属性/方法组合在一起，用于网站访问时的验证。使用的属性/方法越多，网站就越安全：

（1）设置安全度高的密码。切莫对多种注册信息都使用一样的用户名及密码，这只会增加信息泄露概率。据调查，12345或者password居然是用户使用率较高的密码！单纯的数字和字母密码比较简单，建议用户设置密码时采用"数字＋字母（大小写都有）＋符号"的方式。

（2）使用令牌/设备，如银行使用的动态密码或硬件U盾等。

（3）利用生物识别技术，如指纹识别。

（4）使用语音识别和地理定位技术。

（5）不要在网站提交个人信息，不要用自己的名字注册用户名，知名网站除外。需要求职的用户，不要在非核心的网站上乱发简历，这很可能导致自己的隐私被自己泄露。

(6)在发表文章时,要三思而后行,尽量不用真实姓名发表文章。

6. 不在线时关闭电脑

不在线时关闭电脑是因为,任何人都无法访问已关闭的电脑。从目前情况来看,关闭电脑足以保证用户信息安全。

7. 避免使用大众化、标准或免费的操作系统和软件

操作系统和软件越标准、越大众化(如 Windows、Adobe、Android、Apple 等),就越不安全。相反,越独特、越封闭的操作系统和软件,就越安全。独特封闭的软件就是企业内部研发的软件,以及极少数的外部软件,企业应熟知外部软件的操作和属性。

8. 易用性是安全的大敌

Radware 安全专家建议用户不要只使用简单的路由方式,应该尽量使用安全屏蔽措施。这些安全屏蔽措施虽然会给用户自身带来一些麻烦,但它可以抵御潜在的攻击者和数据窃取者。

9. 注意灰色地带

黑客们可以潜伏在灰色地带,伺机发起攻击。因此,如果用户没有对各类安全作出明确说明,那么用户安全就会受到很大影响。要及时关闭 QQ 远程访问程序,重要机密或隐私性信息操作,应该在断网情况下进行,以预防网络在线时重要信息被泄密。不要下载来历不明的软件(破解版)软件,用户可以使用正规软件,或者使用其他拥有相同功能的免费软件。

10. 即使信任,也要核查

(1)用户要装好杀毒软件以及最新的系统补丁,不要进一些不良网站或者使用任何不信任的软件,如外挂软件等。

(2)对于涉及钱款的网站要核实网址的正确性,并安装安全插件。

(3)定期使用搜索引擎查找自己的真实姓名,重点查看前三页的内容,看看是否有和自己相关的隐私信息。

(4)定期使用搜索引擎搜索"个人姓名+个人信息",如个人工作单位、学校、住址、电话号码等。通过这种组合查询,用户能较为准确地知道自己信息外泄的情况。

如果个人隐私已经泄露,那么该怎么办呢?

首先,如果是用户本人建立的网页或者填写的信息,那么直接登录网站进行删除操作即可。

其次,如果用户信息被发布在第三方网站,那么可以通过邮件或电话联系对方网站管理员,要求其删除个人隐私信息。

第二节 网络信息安全隐患分析及类型

一、电子商务安全隐患分析

目前,电子商务的发展前景十分诱人,但是由于网络的开放性和其他各种因素的影

响,安全问题日益突出。如何建立一个安全、便捷的电子商务应用环境,保证整个商务过程中信息的安全,使基于网络的电子交易方式与传统交易方式一样安全可靠,是目前电子商务最迫切需要研究和解决的问题。一般说来,电子商务中的安全隐患可分为以下几类。

1. 信息截获和窃取

在无加密措施或加密强度不够的情况下,攻击者可能利用互联网(图4-1)、公共电话网、搭线、电磁波辐射范围内安装截收装置等方式,在数据包通过的网关和路由器上截获数据,获取机密信息,也可通过对信息流量和流向、通信频度和长度等参数分析,推断出有用信息,如消费者银行账号、密码以及企业的商业机密等。

图4-1

2. 信息篡改

攻击者获悉网络信息格式以后,通过各种技术方法和手段,篡改、删除、插入信息、破坏信息的完整性。

3. 信息假冒

当攻击者掌握网络信息数据规律或解密商务信息以后,可以假冒合法用户或发送假冒信息来欺骗其他用户。主要有两种方式:一是伪造电子邮件;二是假冒他人身份。

4. 交易抵赖

交易抵赖包括多个方面,如发信者事后否认曾经发送过某条信息或内容;收信者事后否认曾经收到过某条消息或内容;购买者下了订单后不承认;卖出的商品由于价格差而不承认原有的交易。

二、电子商务安全问题的类型

当前,电子商务存在的安全隐患形式多样,概而言之,主要表现为"外在因素"和"内在因素"两个方面。

1. 安全隐患存在的外在因素

安全隐患存在的外在因素主要表现为电子商务存在的非技术性环境,涉及的是社会文化、制度规范等方面。电子商务近几年迅猛发展,但许多地方都缺乏足够的技术人才来处理所遇到的各种问题,不少电子商务的开发商对网络技术很熟悉,但是对安全技术了解甚少,因而难以开发出真正实用的、安全的产品。

2. 安全隐患存在的内在因素

安全隐患存在的内在因素主要涉及的是电子商务的科学技术层面，是电子技术的问题。网络犯罪分子可以利用电子商务存在的技术漏洞，通过非法手段盗用合法用户的身份信息，仿冒合法用户的身份与他人进行交易，从而获得非法利益。或者通过物理或逻辑的手段，在网络传输信号的过程中，对数据进行非法的截获与监听，从而得到通信中敏感的信息，并对截获后的信息进行篡改。

3. 电子商务中的不安全因素

电子商务中的不安全因素有以下几个。

（1）电子扒手。一些被称为"电子扒手"的银行偷窃者专门通过网上交易窃取别人的网络地址，在网络中针对银行、用户等实施偷盗行为，这类窃案近年呈迅速上升趋势。因为网络服务在给银行和用户提供共享资源的同时，也为窃取银行业、用户秘密数据的非法"侵入者"敞开了大门。一些窃贼盗取银行或将企业秘密卖给其竞争对手，或因商业利益，或因对所在银行或企业不满，甚至因好奇盗取银行和企业密码，浏览企业核心机密。

（2）网上诈骗。网上诈骗已成为世界上第二种最常见的网络风险。一些不法分子通过发送各种吸引人的免费资料、中奖（图4-2）等引诱互联网用户，不法分子编制的病毒随着用户点击网站而进入用户计算机（图4-3），并偷偷修改用户的软件；当用户使用这些软件进入银行的网址时，修改后的软件就会自动将用户账号上的钱转移到不法分子的账号上。

图4-2　　　　　　　　　　　图4-3

（3）黑客入侵。非法入侵计算机系统者被称为"黑客"。据美国参议院一个小组委员会的估计，全球企业界1995年损失在"黑客"手中的财富达8亿美元，其中美国企业损失4亿美元。全球政府对"黑客"闯入国家安全防务系统非常担忧。

（4）计算机病毒。由于计算机系统和网络存在缺陷和漏洞，不法分子可以针对这些缺陷和漏洞设计出各式各样的病毒。病毒的入侵导致计算机系统的瘫痪，程序和数据的严重破坏，使网络的效率和作用大大降低（图4-4），使许多功能无法使用或不敢被使用。目前层出不穷的各种各样的计算机病毒活跃在网络的各个角落，如近几年的"冲击波""震荡波""熊猫烧香病毒"曾给我们的正常工作造成过严重威胁。

（5）信息污染。正如在革命时期存在工业污染，信息也有信息污染和信息过剩的问题。大量无序的信息不是资源而是灾难。随着互联网用户数和网络业务量的急剧增加，也带来了新的，包括大量网上商品在内的广告"垃圾"。美国在线公司每天处理的3 000万份函件中，最多时有三分之一都是网上垃圾，网上垃圾占据了很多宝贵的网络资源，加重了互联网络的负担，降低了网络发送和接受信息的效率。

图 4-4

从国内外的情况来看，电子商务发展的速度太快，致使其安全技术和安全管理没有实现同步性，这是一个越来越突出和急需解决的问题。

第三节　网络信息安全案例

近些年来，网络的不断普及加速了电子商务的发展，网络购物作为一种新的交易方式以其简单、便捷、价格低廉、不受空间限制等优势逐渐被大众所接受，网购甚至成为时尚、潮流的象征。然而，事物都具有两面性，网络纠纷和网络诈骗也因此出现，并且手段不断翻新，防不胜防。网购者经常会对网络商品和服务进行评价，某网购者对淘宝网某商家的商品进行了"淘宝差评"（图4-5），引来店家上百个骚扰电话追身。在杭州，也发生过同样是由于"淘宝差评"而引发的法律纠纷。杭州某高校大二学生李某仅仅因为给淘宝网卖家的一个"差评"而惹来了官司。随后，店主林某以"侵犯名誉权"将李某告上法院，要求其删除"差评"及"不当评论"，恢复自己100%的信誉度，并索赔近5万元。

图 4-5

案例回放3

上海的李先生在某网站上看到一款售价800元的富士J150W相机,网店确保是行货并且全国联保,并搞活动额外送一个MP3;如果马上电话订购,就会另外送一个储蓄卡,总共860元。李先生于次日汇了款并通知了对方。过了两小时左右,对方称厂方已经发货,两天内到货。两日后的早上有人告诉李先生,说是货到了,通知李先生到附近一家宾馆见面,结果李先生被放了鸽子。他打手机联系,对方讲厂方一次发来5只,要求再汇3 200元才能验货。李先生很着急,要求见面,对方就是不见。李先生打电话给货主,对他讲如果这样就不买了。但对方说货送到了,如果不要,则构成违约,已经交的钱也不退了。后来李先生试图联系对方却无法联系上,对方手机停机,QQ等也不在线,李先生的损失最终未能挽回。

案例回放4

江苏苏州的林先生在某网站看中一款笔记本电脑,感觉比市场价要便宜,于是在2009年2月12日给网站的建行账号汇了30%的货款,数额900元。两天后,有人打电话给林先生说是给他送货的,不过要他把余下的70%的货款付清才能给货。于是林先生把余款1 900元打到网站的一个农行账户上。等钱打完了,那个送货的就给林先生打电话说他是新客户,要再打5 000元才能给货,如果不打就不能给货。当时林先生就觉得上当了,打给网站的客服400-7087-009,他们说可以给林先生退款,不过要到2010年3月底才行。最后林先生也未能联系上对方,更未能挽回损失。

电子商务欺诈形式多样,最典型的包括:网络购物诈骗、拍卖诈骗、网络信用卡诈骗、中奖诈骗、网络传销诈骗等。其特点主要是隐蔽性强、形式多样、实施欺诈的成本较低、渗透性强、对象广泛、社会危害性极大。电子商务欺诈的治理和防范是多层次、多方位的,是监管者、买方、卖方之间的博弈。博弈是为了达成均衡,并维持一种平稳持续的状态,在电子商务交易中发生欺诈行为,必须有相应的机制来保证和驱使市场参与者进行合作,这种机制离不开技术发展的推动,也离不开国家的法律规范和有效的管理,还离不开良好有序的行业环境和消费者健全的自我防范意识。

第四节 抵制校园不良网络信贷

就读于河南某高校的郑同学喜欢足球,却误入歧途开始买足球彩票。由2元起步,慢慢尝到甜头的他加大投注,虽然也侥幸地中过7 000元的大奖,但他并没有停止赌球,反而越陷越深。在把赢的钱和生活费都输光后,他想到了贷款。输得越多,他就越想把钱捞回来。郑同学凭借班里同学对他的信任,以28位同学之名向14家网络分期、小额贷款平台借贷,以购买彩票。他收入不多的父亲听说儿子赌球后,帮儿子还了两笔钱:一次还了7万元,一次还了3万元。尽管如此,借贷的雪球还是越滚越大,郑同学被自己逼上绝路,无力偿还近60万元的债务。2017年3月9日,他在班级微信群里发了一条语音,告诉同学们可以过些日子联合起来告他诈骗;他给父母发了最后一条短信后,从青岛一家宾馆的八楼跳下,结束了年仅21岁的生命。

随着越来越多的大学生使用网络贷款,教师和家长成了"隐性担保人",为了还款,有的学生陷入"拆东墙补西墙"的恶性循环。近年来,校园网络贷款的不规范发展,诱导学生过度消费,甚至掉进"高利贷"陷阱。

作为互联网时代的一种金融创新,校园网络贷款的初衷无可指摘。当前,高校里确实有些大学生存在创业、消费等现实的金融服务需求。但是,校园网络贷款平台若无序发展,就必然会埋下相关隐患。目前,一些校园网络贷款平台就存在以下问题:

其一,缺乏必要的风险控制意识和机制。校园网络贷款平台大多宣传"1分钟申请,10分钟审核,快至1天放款,0抵押0担保",申贷门槛低,手续非常简单,甚至不需要贷款者本人亲自办理。类似无偿还能力的贷款一旦积聚起来,就可能给校园网络贷款平台带来风险。

其二,缺乏监管主体和必要监管。校园网络贷款属于互联网金融,而当前我国实行的是金融分业监管,对于互联网金融监管,有些地方并没有做到位。虽然知道许多大学生并不具备偿还能力,但某些校园网络信贷机构仍将大学生作为"摇钱树"客户群来发展,刺激学生非理性借贷和消费。

其三,缺乏必要的金融知识和正确的消费观。根据此前的一些报道,校园网络贷款很少被用于大学生创新创业,大部分被用于个人消费,尤其对手机、电脑等相对昂贵的电子产品的消费。由于不少大学生缺乏基本的金融知识,对贷款利息、违约金、滞纳金等收费项目的计算方式和额度并不知晓,因此极有可能背上沉重的债务,甚至掉进"拆东墙补西墙"的连环债务之中,最终还是要父母替他们偿还债务,或酿成其他苦果。

一、校园网络借贷的风险

1. 虚假、片面宣传忽视风险

目前的校园网络借贷平台,出于抢占市场和竞争的需要,普遍存在虚假、片面宣传的现象。比如,隐瞒或模糊实际资费标准、逾期滞纳金、违约金等,学生只有到真正签约借钱或产生了逾期后,才会意识到问题的严重性。

2. 借款实际费率普遍很高

以某分期平台的产品"某白条"为例,借款3 000元,借款期限为1个月、3个月、6个月、12个月对应的年利率分别为24.0%、17.5%、15.4%、13.5%。

据银率网数据库不完全统计,目前涉及校园网络借贷的平台,借款利率普遍较高,甚至达到了20%,借款学生要付的年利率至少在25%以上。

3. 诱导学生过度借款

"凭学生证即可在线办理",诸如此类,很多平台根本不考虑学生的还款能力、还款来源,是一种极不负责任的行为。河南某大学学生小郑以同学的名义就能轻易获得几十万元的贷款,可见很多平台的审核和风控几乎形同虚设。

此外,各校园网络贷款平台之间对同一借款人的借款信息没有进行数据共享,同一借款人可能在多家平台同时借款,导致其负债额度过大,一旦出现问题,就会比较严重。

4. 采用不文明催收手段

一旦借钱变得容易了，就会难以自控，但当还不起钱的时候，校园网络贷款平台就没那么好说话了。很多校园网络贷款平台普遍存在不文明的催收手段，比如"关系催收"，学生借款时被要求填写数名同学、朋友或亲属的真实联系方式，如果不能按时还款，平台就会把逾期信息告诉给该学生关系圈内的人，这严重干扰和伤害了借款学生。这些方式，是对学生权利的一种侵害，但已成为很多平台的常态。

与正规金融机构发放的信用贷款相比，校园网络贷款有两个突出特点：一是对申请者信用、还款能力等的审核过度宽松，甚至完全形同虚设，大学生只需提交学生证、身份证、联系人信息等材料，就可以轻易获得贷款，即使有人冒用其他同学的证件，也能轻松获得贷款；二是采用"轰炸式提醒"、威胁通知家长或老师，以及暴力恐吓、株连亲朋等手段催债、逼债，给大学生施加巨大的压力。如果是正规的金融机构，必定要对申请贷款者进行严格的资格信用审核，绝不会像校园网络贷款那样故意滥发贷款于前，以暴力、株连手段恶意追债于后。

在校大学生大多数没有稳定、丰厚的收入，学费、生活费和其他开销都主要依靠父母提供，他们原本不应成为金融机构竞相放贷的对象。而各网络平台之所以满校园"追"着大学生放贷，接着又满世界"追"着他们还债，就是因为他们认为拿住了大学生的"软肋"——如果大学生无力偿还贷款，他们的父母必定要"出手相救"，绝不会坐视不管。所以，校园网络贷款平台尽管从一开始就知道大学生很可能无力还贷，却还是大张旗鼓蛊惑大学生。"花明天的钱，圆今天的梦。"当大学生不能按时还款时，校园网络贷款平台就会使出各种催债、逼债手段，将大学生作为"人质"，迫使他们的父母替他们还钱。校园网络贷款平台的这些手段虽然屡屡奏效，但也难免碰到像河南某高校小郑同学那样的普通学生。当欠款学生不敢找父母要钱来还债，或者父母也的确无力替他们还债时，校园贷就会把欠款学生逼上绝路，从而酿成恶性事件或惨痛的悲剧。

二、大学生如何防范校园贷风险

校园网络贷款的市场乱象最终还是引起了监管部门的注意。日前，教育部、银监会联合印发了《关于加强校园不良网络借贷风险防范和教育引导工作的通知》（以下简称《通知》），《通知》指出：要加大校园不良网络借贷监管力度，这对规范校园贷市场、引导学生形成正确的消费观和健康发展，会起到积极的影响。面对疯狂的校园网络贷款，大学生也要正确地认识和把控自己，提高风险防范意识，避免上当受骗或误入歧途。

首先，要建立文明、理性、科学的消费观，拒绝过度消费、超前消费。

如今，社会浮躁，攀比之风盛行，这些都会影响大学生。如果大学生不能建立正确的消费观，可能就会误入歧途。大学生的首要任务，还是努力学习知识、掌握技能、提高能力，只有这样，踏入社会之后才能有所成就。大学生过早地吃喝玩乐、享受生活，只会适得其反，君不闻："少不学，老何为？"

其次，要积极学习金融知识，提高金融理财实践能力、风险识别能力、风险防范意识。

每个人都会和金融打交道，无论学什么专业，多掌握一些金融知识，提高自己的金融理财实践能力，对未来生活大有裨益。有金融，就会有风险，特别是在投资理财、借贷等领域，会有很多陷阱和骗局，因此，提高风险识别能力、风险防范意识也非常重要。

再次，结合自身需要，选择最恰当、对自己最有利的借款方式。

对于保障性需求，国家有助学金等各项资助政策，有困难的大学生不必碍于面子而让自己陷入困境。对于一些临时性的需求，大学生可通过校园社区银行等机构解决。

最后，从校园网络贷款平台借款，一定要了解清楚相关细节，并签署正规合同。如果一定要通过校园网络贷款平台借款，有如下几点需要注意：其一，选择有资质、合规的平台；其二，详细了解利率、还款期限、逾期后果等细节，避免掉进高利贷陷阱；其三，评估并制订合理的还款计划。

第五章

消防安全

第一节　火灾的基本知识

案例回放 1

"8·12"天津滨海新区爆炸事故

2015年8月12日23:30左右，位于天津市滨海新区天津港的瑞海公司危险品仓库发生火灾爆炸事故，造成165人遇难（其中参与救援处置的公安现役消防人员24人、天津港消防人员75人、公安民警11人，事故企业、周边企业员工和居民55人），8人失踪（其中天津港消防人员5人，周边企业员工、天津港消防人员家属3人），798人受伤（伤情重及较重的伤员58人、轻伤员740人），304幢建筑物、12 428辆商品汽车、7 533个集装箱受损。

截至2015年12月10日，依据《企业职工伤亡事故经济损失统计标准》等标准和规定统计，已核定的直接经济损失达68.66亿元。经国务院调查组认定，天津港"8·12"瑞海公司危险品仓库火灾爆炸事故是一起特别重大生产安全责任事故。

2016年11月7—9日，天津港"8·12"特大火灾爆炸事故所涉27件刑事案件一审分别由天津市第二中级人民法院和9家基层法院公开开庭进行了审理，并于9日对上述案件涉及的被告单位及24名直接责任人员和25名相关职务犯罪被告人进行了公开宣判。宣判后，各案被告人均表示认罪、悔罪。天津交通运输委员会主任武岱等25名国家机关工作人员分别因玩忽职守罪或滥用职权罪被判处三年到七年不等的有期徒刑，其中李志刚等8人同时犯受贿罪，予以数罪并罚。

驯服的火是人类的朋友，它给人们带来光明和温暖，推动了人类的文明和社会的进步。但火如果失去控制，酿成火灾，就会给人们生命财产造成巨大损失。例如，据公安部消防局公布的2011年全国火灾情况，2011年，全国共接报火灾125 402起，死亡1 106人，受伤572人，直接财产损失18.8亿元。可见，了解掌握一些消防知识，减少和预防火灾的发生，对每个人来说是多么重要。

一、火灾的特点

1. 室内火灾的特点

不论是民用建筑火灾，还是工矿企业火灾，一般都具有火灾发生的突发性，火情发展的多变性，人员处理火情的瞬时性。

（1）突发性。一般情况下火灾隐患都有较长时间的潜伏性，往往是小患不除，酿成大灾。火灾的发生大多是随机和难以预料的，造成的危害给人的刺激是突然袭击式的、多方面的（图5-1），人们要保护自身安全，就必须在没有任何精神准备的条件下，对眼前所发生的火灾做出相应的反应。一旦反应迟缓或判断失误，生命财产就会遭受重大损失。

图 5-1

案例回放2

2012年1月16日，距离龙年新春仅有短短五天。福建省建瓯市迪口镇店村上店自然村的村民们正欢天喜地准备过大年，一场突如其来的特大火灾事故却打破了这个小山村的祥和与欢乐。2栋砖混结构民房几近夷为平地，10位村民死亡，另有1人重伤，12户农户受灾。本来是欢天喜庆迎春节，不想瞬间转变成悲剧。

火灾的突发性是火灾中引起惊慌的重要原因。千变万化的灾害给遇难者的刺激是非常强烈的（图5-2）。

图 5-2

（2）多变性。火灾的多变性特点包含两个方面：一是指火灾之间的千差万别，引起火灾的原因多种多样，每次火灾的形成和发展过程都各不相同；二是指火灾在发展过程中瞬息万变，不易掌握。火灾的蔓延发展受到各种外界条件的影响和制约，与可燃物的种类、数量、起火单位的布局、通风状况、初期火灾的处置措施等有关。火灾的多变性，既有人们扑救的因素，又有火场可燃物的因素，同时与天气条件有着密切的联系。

火灾的多变性特点，要求人们更多地学习和了解消防常识，懂得火灾发展过程和燃烧特点，掌握自救逃生知识。一旦发生火灾，能运用所学知识，做到临危不乱、处险不惊，根据火灾的发展变化采取正确的逃生措施。

（3）瞬时性。大火来势迅猛，这是尽人皆知的浅显道理，由此，我们可以联想到火灾瞬时性特点。实践证明，火灾中受害者所表现出的行为多属于被动的反应性行为。这是因为火灾的突发刺激，迫使受灾者瞬时作出反应。瞬时性的行为反应，包括逃生手段与个体的应变能力，与每个人的知识素养是分不开的。行为结果反映了行为个体的文化素养和应变能力上的差距。往往瞬间的错误反应会铸成大错，造成终生的遗憾。

2. 室外火灾的特点

室外火灾与室内火灾相比，主要有以下不同的特点。

（1）室外火灾受空间的限制小，燃烧时处于完全敞露状态，供氧充分，空气对流快，火势蔓延速度快，燃烧面积大。

（2）室外火灾受气温影响大。气温越高，可燃物的温度随之升高，与着火点的温差就越小，更容易被引燃，造成火势发展迅猛。气温越低，火源与环境温度的差异越大，火场周围可燃物质所蒸发出的气体相对减少，火势蔓延速度会相对减慢。但是，随着火场上空气对流速度加快，火场周围温度迅速升高，燃烧速度会加快。

（3）风对室外火灾的发展起决定性影响。风助火势，风会给燃烧区带来大量新鲜空气，随着空气当中的氧气成分的不断增多，燃烧会更加猛烈。火势蔓延方向随着风向改变而改变，在大风中发生火灾，会造成飞火随风飘扬，形成多处火场，致使燃烧范围迅速扩大。

（4）由于室内火灾火势多变，经常出现不规则燃烧，火势难控制，用水量大，扑救难度大，一旦发展成室外火灾，往往形成立体、多层次燃烧，扑救更加困难，火灾危害和损失也更为严重。

3. 高校火灾的特点

（1）具有火灾事故突发、起火原因复杂的特点。学校具有内部单位点多面广，设备、物资存储较为分散，生产、生活火源多，用电量大，可燃物特别是易燃物种类繁多，工作人员的管理水平不一等特点。造成起火，有人为的原因，也有自然的作用，任何环节的疏忽，都有可能造成火灾。从时间上看，火灾大都发生在节假日、工余时间和晚间；从发生的部位上看，多发生在实验室、仓库、图书馆、学生宿舍及其他人员往来频繁的公共场所等存在隐患的部位及生产、后勤部门及其出租场所，这些部位一旦发生火灾，往往具有突发性。

（2）高层建筑增多，给火灾预防和扑救工作带来巨大困难。高校因受扩招、大办各类成人高等教育等教育产业化的驱动，及高校之间教学、科研的竞争，各个学校的建设规模都在不同程度地迅速扩大，校园的发展较快，校内高层建筑增多，形成了火灾难防、难救、人员难以疏散的新特点。有的高层建筑还存在消防设备落后、消防投资不足等弊端，这些都给消防安全管理工作带来了一定难度。

（3）火灾容易造成巨大的财产损失。高校教学、科研、实验仪器设备多，中外文图书资料多,一旦发生火灾,损失惨重。精密、贵重的仪器设备,往往是国家筹集资金购置的,发生火灾损失后,很难立即补充,所以既有较大的有形资产损失,直接影响教学、科研与实验的正常进行,又有无形资产损失。珍贵的图书资料是一个学校深厚文化积淀的重要标志,须经过几十年的积累和保存,如果因火灾造成损失,则不可复得。所以,这类火灾损失极为惨重,影响极大。

(4) 人员集中,疏散困难,火灾往往造成人员伤亡,社会影响极大。高校人口密度大,集中居住的宿舍公寓多,宿舍公寓内违章生活用电、用火较多,吸烟现象普遍,因用电、用火不慎而发生火灾后,火势得不到控制能很快蔓延,火烧连营,又因人员密度大,影响顺利疏散逃生,难免会造成人身伤亡。高校是社会稳定的晴雨表,是各类信息的集散地,一旦发生火灾,会迅速传遍社会,特别是出现人身伤亡时,会造成极为严重的社会影响。

二、火灾的类型

1. 火灾的常规分类

火的形成需要三个条件,即可燃物、空气和火源,三者缺一火都无法形成。我国国家标准(CB 4968)规定火灾的种类按可燃物类型可分为以下四类。

A 类火灾:是指固体物质火灾,这种物质往往具有有机物质,一般在燃烧时能产生灼热的灰烬,如木材、棉、毛、麻、纸张火灾等。

B 类火灾:是指液体火灾和可熔化的固体物质火灾,如汽油、煤油、柴油、原油、甲醇、乙醇、沥青、石蜡火灾等。

C 类火灾:是指气体火灾,如煤气、天然气、甲烷、乙烷、丙烷、氢气火灾。

D 类火灾:是指金属火灾,如钾、钠、镁、钛、锆、锂、铝镁合金火灾等。

2. 校园常见的火灾类型

校园火灾从发生的原因上可分为以下类型。

(1) 生活火灾。生活用火一般是指人们的炊事用火、取暖用火、照明用火、点蚊香、吸烟、烧荒、燃放烟花爆竹等,由生活用火造成的火灾称为生活火灾。学生生活用火造成火灾的现象屡见不鲜,原因也多种多样,主要有:在宿舍内违章乱拉电源线路,电线穿梭于可燃物中间(图 5-3);违反规定存放易燃易爆物品;使用大功率照明设备,用纸张、可燃布料做灯罩;躺在床上吸烟、乱扔烟头等。

> **案例回放 3**
>
> 2010 年,某大学的一名大一男生,酒醉后躺在床上吸烟,但他很快就睡着了,烟头掉落在床上,引燃了床上铺盖及宿舍内的其他可燃物,造成重大火灾事故,教训极为深刻。

> **案例回放 4**
>
> 2011 年,某大学一名学生的一台悬于床头的台灯长时间未关闭,灯泡热能烤着纸做的灯罩,引起火灾,烧毁整个宿舍。

由于多数大学生缺乏必要的消防安全知识,违章生活用火严重,酿成火灾已成必然。

有统计表明，生活火灾已占校园火灾事故总数的70%以上。安全使用生活火源必须引起大学生的高度重视，大学生必须学会自防自救。

（2）电气火灾。目前大学生拥有大量的电气设备，大到电脑，小到台灯、充电器、电吹风，还有违规购置的热得快、电磁炉等电热器具。学生宿舍由于所设电源插座较少，大学生违章乱拉电源线路现象普遍（图5-3），不合安全规范的安装操作致使电源短路、断路、接点接触电阻过大、负荷增大等引起电气火灾的隐患增多。电气设备如果是不合格产品，也是致灾因素。尤其是电热器的大量不规范使用，极易引发火灾。

（3）自然现象火灾。自然现象火灾不常见，这类火灾基本有两种：一种是雷电；一种是物质的自燃。雷电是常见的自然现象，它是大气层运动产生高压静电再行放电，放电电压有时达到几万伏，释放能量巨大。当作用于地球表面时，它具有相当大的破坏性。它产生的电弧可为引起火灾的直接火源，摧毁建筑物或窜入其他设备可引起多种形式的火灾。要预防雷电火灾，就必须合理安装避雷设施。自燃是物质自行燃烧的现象。如黄磷、锌粉、铝粉等燃点低的一类物质在自然环境下就可燃烧；钾、钠等碱金属遇水即剧烈燃烧；不干的柴草、煤泥、沾油的化纤、棉纱等大量堆积，经生物作用或氧化作用积聚大量热量，使物质达到自燃点而自行燃烧发生火灾。

图5-3

（4）人为纵火。纵火都带有目的性，一般多发生在晚间夜深人静的时候，有加大的危害性。有旨在毁灭证据、逃避罪责或破坏经济建设等多种形式的刑事犯罪分子纵火，还有旨在烧毁他人财物或危害他人生命的私仇纵火等。这类纵火都是国家严厉打击的犯罪行为。另外，还有精神病人纵火，是由于病人对自己的行为无法控制而产生的，所以，精神病人的监护人一定要履行好自己的监护职责。

案例回放5

2004年2月8日凌晨5时40分左右，成都市某学校一仓库忽然起火，大火窜上3米外的学生宿舍大楼窗户。因措施得当，鏖战近20多分钟后，火势被有效控制。早晨7时10分，大火被彻底扑灭。300余名学生被成功疏散至安全区域，无一人伤亡。事后，经勘察，得出的结果是有人纵火。

三、火灾的危害

1. 毁坏物质财富

在我国有这样一句广为流传的谚语：贼偷三次不穷，火烧一把精光。它形象、生动地刻画了火灾的残酷无情。一把火可使人们数十载辛勤劳动创造的物质财富在顷刻之间化为灰烬，它也会刹那间就吞噬整个村寨、街道、工厂和城市。史载公元前207年12月，项羽攻入咸阳，火烧阿房宫，大火持续了三个月。气势磅礴、富丽堂皇、凝聚着广大劳动人民血汗的雄伟建筑群付之一炬。南宋嘉泰元年（1201年）3月戊寅，杭州发生大火，烧至

4月辛巳。连烧58 097家,城内外10余里①,死者伤者不可计数。

2. 残害人类生命

在社会发展、时代进步的同时,火灾带来的后果更为严重,每一起火灾都直接或间接危害着人类的安全,给人们造成伤亡甚至夺去生命。2009年6月5日8时许,车牌号为川A49567的9路公交车,在成都北三环川陕立交桥处发生燃烧事故,27人遇难,72人受伤。悲恸的亲人们流干了眼泪。惨痛的教训,火有情亦无情。图5-4所示是2009年成都公交大火事故现场。

图5-4

3. 破坏生态平衡

森林、草原、山川、江河湖海是大自然赋予人类的宝贵财富。它们不仅是人类进行生产、生活的自然资源,而且是人类进行水土保持、调节气候、净化空气、维持生态平衡等的忠诚卫士。人与自然只有和谐统一的发展,才能保证人类社会稳定、健康地发展。我国是一个森林资源十分匮乏的国家,森林覆盖率只有13.92%,而火灾却时刻威胁着森林(图5-5)。据统计1950—1997年全国共发生森林火灾67.5万次,平均每年1.4万次。平均森林受害率千分之六点三。1987年大兴安岭特大森林火灾,10万军民经过近一个月的奋战才将大火扑灭。这场大火使1 000多万亩②森林变成焦土,经济损失几十亿元,被破坏的生态平衡需80年才能恢复。

图5-5

4. 造成的间接经济损失

现代社会的运转恰如一台大机器,各行业、各单位是组成它的零部件,它们是密切联

---

① 1里=500米。
② 1亩=666.67平方米。

系着的。发生火灾，特别是重、特大火灾，其影响之大往往是人们始料不及的，远远超出了四邻遭殃或殃及池鱼的范围。其造成的间接经济损失则更为严重。

> **案例回放 6**
>
> 1994年11月15日，吉林市博物馆、图书馆发生大火，烧毁建筑近7 000平方米，直接经济损失671万元，这还不包括一具7 000万年前恐龙化石及大批珍贵文物等无价之宝，这些损失难以估价。类似的事情不少，2004年9月2日晚，一场大火使被列为"世界文化遗产"的德国魏玛"安娜·阿玛丽娅图书馆"遭受灭顶之灾，3万卷古籍善本被付之一炬，损失高达几千万欧元，被称为"德国文化的灾难"，诸如此类的教训数不胜数，文物损失无法估算。

5. 造成不良的社会影响

火灾，尤其是恶性火灾，每次都使人们受到极大的心理震撼和精神刺激（图5-6），轻者心有余悸，谈火色变，严重者造成精神上的损害。火灾如果发生在首脑机关、指挥系统、通信枢纽、涉外单位、名古建筑、风景区等，都会造成不良的社会影响。而一些伤亡惨重、影响巨大的火灾，往往牵动着亿万人民群众的心，并引发一系列的社会问题。使群众人心惶惶，人们正常的生活、生产、工作秩序被打乱，引起人民不满，甚至发生骚乱，损害国家声誉。

图 5-6

四、火灾致人伤亡的原因

火灾致人伤亡的两个主要方面：一是浓烟毒气窒息；二是火焰的烧伤和强大的热辐射。火灾造成人类死亡的原因是火焰烟雾中毒窒息。因为大火烟雾中含有大量的一氧化碳及塑料化纤燃烧产生的氯、苯等有害气体，火焰又可造成呼吸道灼伤及喉头水肿，这些因素足可使浓烟中的人在3~5分钟内中毒窒息身亡；另外，还有火灾逃生时的拥挤窒息、踩踏伤亡、跳楼伤亡。只要能避开或降低这两种危害，就可以保护自身安全，减轻伤害。因此，多掌握一些火场自救的要诀，困境中也许就能获得第二次生命。

第二节 火灾的防治与救护

火灾是残酷的，但它又是可以预防的，只要我们在思想上高度重视，在行动上落到实处，就可以有效地预防火灾。在做好防火工作的同时，加强对火灾扑救知识的学习，就能够在发生火灾时有效地予以扑灭，最大限度地减少因火灾造成的人身伤亡和财产损失。

一、火灾预防的主要措施

1. 增强消防安全意识

只有提高了防火安全意识，才会时刻留意身边的火患，控制一切火源；才会把预防火灾放在首位，时刻保持高度警惕；才会主动学习消防知识，掌握防范措施，控制火灾事故的发生。

2. 遵守学校防火制度

为了保障同学们的安全，学校制定有关防火安全管理规定，诸如不得私拉乱接电源，不得未经批准随意增加用电设备，禁止使用"电炉""热得快"；禁止在教学楼、实验楼、宿舍楼、图书馆等公共场所吸烟；禁止在宿舍使用蜡烛等。绝大多数同学均能规范遵守，但也有极少数同学因为缺乏认识，常常违规而行，导致火灾发生。根据北京市消防局统计，1999年，北京发生在校园里的火灾共70起，其中，由电器引起的有27起；2000年，77起火灾中有28起是由电器引起的；2001年，63起火灾中由电器引起的有24起。而上述电器火灾中，因违规造成的占95%。为此，同学们要从中吸取教训，严守校纪。

3. 加强消防法规学习

火灾防范管理要依法进行，这是由火的破坏性所决定的。为有效控制火灾的发生，我国以法律的形式进行了强制性规范。《中华人民共和国消防法》第五条规定：任何单位、个人都有维护消防安全，保护消防设施，预防火灾，报告火警的义务。同时，《中华人民共和国刑法》第一百一十四条及第一百一十五条，对防火及过失引起火灾的法律责任也进行了明确规定，其中故意纵火最高刑罚是死刑。

二、火灾扑救的主要方法

如果是初起火灾，一般为火灾早期发现火势不大、可控阶段，发现人可以使用简易的灭火工具进行灭火，如黄沙、泥土、水泥粉、炉渣、石灰粉、铁板、锅盖、湿棉被、湿麻袋以及盛装水的简易容器，如水桶、水壳、水盆、水缸等。除了上述提到的这些东西以外，在初起火灾发生时凡是能够用于扑灭火灾的所有工具，如扫把、拖把、衣服、拖鞋、手套等都可进行初起火灾的扑救，在有灭火器和消防栓的情况下可直接使用灭火。如果火情呈现蔓延扩张趋势，应迅速拨打"119"火警电话。在拨打火警电话时要沉着冷静，讲清发生火灾的单位、地点及自己所用的电话号码，并尽可能讲清楚着火对象、类型和范围以便消防队"对症下药"。同时派人在校门口和必经的交叉路等候，为消防车迅速到达火场赢得时间，减少火灾损失；与此同时，还应迅速拨打学校值班室电话，以便及时组织人员扑救。

及时扑救初起火灾。灭火的方法有：隔离空气灭火法、冷却降温灭火法、可燃物隔离灭火法。及时、正确运用各种方法扑灭初起火灾，是减少火灾损失、杜绝火场致人死亡的最重要一环。

（1）隔绝空气灭火法。使燃烧物隔绝空气，因缺氧而熄灭。如点燃的蜡烛烧燃了课桌上的纸张、书本等时，不能挥舞拍打，用一条湿润的毛巾覆盖在上面，火就能熄灭；食堂炒菜时，油锅内的油着火，盖上锅盖，就可使火熄灭；电器、煤气着火都可用毛毯、棉被覆盖灭火。使用二氧化碳灭火应用的就是这个道理，二氧化碳比空气重，本身不燃烧也不支持燃烧，可覆盖在可燃物上隔绝空气，使火熄灭。对于赤磷、硫黄、电石、镁粉等化学易燃物的燃烧，常用干粉、干沙、干土灭火。

（2）冷却降温灭火法。用水、干冰等直接喷洒在燃烧物上，水、干冰汽化吸收热量降温，且形成水汽、二氧化碳隔绝空气，一般说来水是很好的灭火剂。但对于某些物品的失火则不能用水扑救，只能使用专门的灭火器材和设备。如金属钠、钾、钙、碳化钙等遇水会发生反应，产生氢气和热量，引起剧烈燃烧或爆炸。轻于水的油类等物质着火，用水扑救会扩大燃烧范围。高压电气设备未断电时，若用水扑救，可能引起导电。其他如纸制品仓库、精密仪器、高温生产装置失火都不宜用水扑救。储备有浓硫酸、浓硝酸等物品的仓库失火也不宜用水扑救。

（3）可燃物隔离灭火法。把燃烧火源与周围可燃物分离开来。如森林灭火，常常开辟隔离带，使火势不再蔓延而得以控制；把失火处附近的液化气罐和其他可燃物移开；或把不大、不重的着火物移至空旷处等，都是有效的办法。

火灾扑救过程中的注意事项如下。

（1）一边报警，一边接应，一边组织人员扑救。
（2）沉着冷静，听从指挥，积极配合，遵守秩序。
（3）控制火势，救人在先，尽量减少火灾损失。
（4）相邻居室，切勿开门，防止浓烟烈火侵入。
（5）呼吸慢浅，匍匐前行，呼吸近地新鲜空气。
（6）谨慎上楼，屏住呼吸，避免浓烟上升窒息。
（7）湿润毛巾（图5-7为湿毛巾的折法与使用图示），掩住口鼻，低头弯腰抓地慢行。
（8）关紧房门，探头呼叫，等待紧急求援脱险。

三、火灾逃生与自救方法

火魔无情，被困在火场内生命受到威胁时，在等待消防员救助的时间里，如果能够利用地形和身边的物体采取积极有效的自救措施，就可以让自己命运由"被动"转化为"主动"，为生命赢得更多的"生机"。火场逃生不能寄希望于"急中生智"，只有靠平时对消防常识的学习、掌握和储备，危难关头才能应对自如，从容逃离险境。

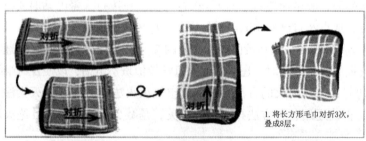

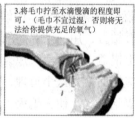

图5-7

1. 平房起火时的脱险方法

（1）睡觉时被烟呛醒，应迅速下床俯身冲出房间。不要等穿好了衣服才往外跑，此刻时间就是生命。

（2）如果整个房屋起火，要匍匐爬到门口，最好找一块湿毛巾捂住口鼻（图5-7）。如果烟火封门，千万别出去，应改走其他出口，并随手把你通过的门窗关闭，以延缓火势向其他房间蔓延。

（3）如果你被烟火围困在屋内，应用水浸湿毯子或被褥，将其披在身上（图5-8），尤其要包好头部，用湿毛巾蒙住口鼻（图5-9），做好防护措施后再向外冲，这样受伤的可能性要小得多。

受到火势威胁时，要当机立断披上浸湿的衣物、被褥等向安全出口方向冲出去

图5-8

穿过浓烟逃生时，要尽量使身体贴近地面，并用湿毛巾捂住口鼻

图5-9

（4）千万不要趴在床下、桌下或钻到壁橱里躲藏。也不要为抢救家中的贵重物品而冒险返回正在燃烧的房间。

2. 教学楼起火时的脱险方法

现代教学楼由于楼层逐渐增高，结构越来越复杂，学生密度大，加上课桌、课椅等可燃物较多，当发生火灾时，逃离比较困难。一旦楼房着火，应当按以下方法逃生。

（1）当发现楼内失火时，切忌慌张、乱跑，要冷静地探清着火方位，确定风向，并在火势蔓延前，朝逆风方向快速离开火灾区域。

（2）起火时，如果楼道被烟火封死，应该立即关闭房门和室内通风孔，防止进烟。随后用湿毛巾堵住口鼻，防止吸入热烟和有毒气体，并将衣服浇湿，以免引火烧身。如果楼道中只有烟没有火，可在头上套一个较大的透明塑料袋，防止烟气刺激眼睛和吸入呼吸道，并采用弯腰的姿势逃离烟火区。

（3）千万不要从窗口往下跳。如果楼层不高，可以在老师的保护和组织下，用绳子从窗口降到安全地区。

（4）发生火灾时，若逃生路线被封锁，应立即返回未着火的室内，关闭门窗，扯下窗帘，用床单、棉被等堵住门窗缝隙，有条件的可不断向靠火场一面的门窗上洒水降温（图 5-10）。不能乘电梯，因为电梯随时可能发生故障或被火烧坏；应沿防火安全疏散楼梯朝底楼跑；如果中途防火楼梯被堵死，应立即返回到屋顶平台，并呼救求援。也可以将楼梯间的窗户玻璃打破，向外高声呼救，让救援人员知道你的确切位置，以便营救。

图 5-10

3. 楼梯被火封锁后的脱险方法

楼梯一旦被烧断，似乎陷入"山穷水尽"的绝境，其实不然。

（1）可以从窗户旁边安装的落水管道往下爬，但要注意察看管道是否牢固，防止人体攀附上去后断裂脱落造成伤亡。

（2）将床单撕开连接成绳索，一头牢固地系在窗框上，然后顺绳索滑下去（图 5-11）。

（3）楼房的平屋顶是比较安全的处所，也可以到那里暂时避难。

（4）从凸出的墙边、墙裙和相连接的阳台等部位转移到安全区域。

（5）到未着火的房间内躲避并呼救求援。

（6）跳楼往往凶多吉少，是最不可取的逃生方式。但如果你被困在二层楼上，迫不得已则可采用双手扒住窗户或阳台边缘，将两脚慢慢下放，双膝微曲往下跳的方法。但要选择较高的地面作为落脚点，并先将席梦思床垫、沙发垫、厚棉被等抛下做缓冲物。

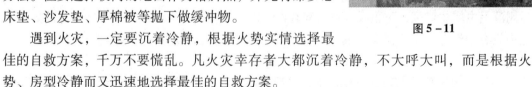

图 5-11

遇到火灾，一定要沉着冷静，根据火势实情选择最佳的自救方案，千万不要慌乱。凡火灾幸存者大都沉着冷静，不大呼大叫，而是根据火势、房型冷静而又迅速地选择最佳的自救方案。

火灾逃生自救九大要诀。

第一诀：不入险地，不贪财物。　　第二诀：简易防护，不可缺少。

第三诀：缓降逃生，滑绳自救。　　第四诀：当机立断，快速撤离。

第五诀：善用通道，莫入电梯。　　第六诀：大火袭来，固守待援。
第七诀：火已烧身，切勿惊跑。　　第八诀：发出信号，寻求救援。
第九诀：熟悉环境，暗记出口。

案例回放 7

巴西夜总会大火

2013 年 1 月 27 日凌晨，巴西圣玛利亚市一家酒吧发生火灾。在火灾事故中死亡的大多是当地的大学生。火灾造成的死亡人数为 231 人，数百人被烧伤。这是巴西自 1961 年以来死亡人数最多的一次火灾事故。

当时，圣玛利亚市的联邦大学在 KISS 酒吧举办派对，有超过 500 人参加了派对。乐队在表演中，燃放了焰火，打到天花板，引燃了屋顶的隔声材料，从而引起了火灾。

据幸存者回忆，火灾发生之后，现场浓烟滚滚，人们惊慌失措，肆意踩踏。酒吧的正门紧锁，出口却只有一个单扇小门，门窄人多是造成死亡人数众多的原因之一。这些死者多是因为吸入浓烟窒息和踩踏而死亡的。

从警方通过对现场的勘察和分析以及从幸存者的叙述中可以找出以下几个原因。

第一，违法在室内燃放烟花。巴西法律明确禁止在室内活动中燃放烟花等引燃物品，但一名歌手演唱时为了加强舞台效果，在舞台上燃放烟花弹，正是烟花弹引燃了屋顶的隔声材料。

第二，缺少紧急出口。这家可容纳约 2 000 人的夜店只有一个进出口和一个紧急出口，而且没有醒目的指示灯引导逃生。救援人员不得不在墙上凿洞救人，大大延缓了救人时间。

第三，场内人数过多。还没有场内人数的官方统计，但是警方认为很可能超过规定人数。因为幸存者都说场内十分拥挤，逃生时非常困难，不少人摔倒后被踩死踩伤。

第四，保安人员缺乏安全培训。火灾苗头出现后，保安人员不但没有正确引导大众迅速逃生，还拦住大门，他们以为里面发生了打斗，让顾客必须交完费才能走。最后人群把保安挤倒才跑出去。

第五，最关键的一点是，政府有关部门监管不严。该夜店的营业执照 2012 年 8 月已经到期，但仍在经营。夜店内的灭火器、灯光设备和紧急出口等安全设施没有经过年检。据当地媒体引用专家的说法，巴西约 90% 的夜店存在这样的安全隐患。

另外，此次事故显示，发生火灾时躲进没有防火设施的洗手间并不安全。在这场火灾中，很多人在找不到出口的情况下躲进了洗手间。但是，洗手间的门不能密封，挡不住有毒的黑烟。率先进入夜店救人的消防队长加西亚在接受电视采访时说，他们从几个洗手间里抬出了 180 多具遗体。他说："那个场面令人感到恐怖和伤心！"

案例回放 8

俄罗斯人民友谊大学火灾

2003 年 11 月 24 日凌晨，位于莫斯科城区西南部的俄罗斯人民友谊大学 6 号学生宿舍楼发生火灾，造成 41 名外国留学生死亡，近 200 人受伤。该校代校长比利宾 27 日因对火灾变乱"负有个人责任引咎辞职"。此中有中国留学生46人烧伤，11人死亡。有几个中国学生就是在火灾时想乘电梯下楼逃生，结果被困在内活活呛死。在发生火灾时是不能使用电梯的。假如在入口处有这样的显著标识，他们是不是就可以避免一死呢？在发达国家都见到有这样的标识。检察机关查询拜访人员在查询拜访中发现，俄罗斯人民友谊大学在治理上存在违反消防安全规定的许多问题。他同时还指出，消防部门的工作也存在很多不足，消防部门这几年来多次发现有许多违反消防安全规定的处所，但这些火灾隐患问题一直没有得到解决。

案例回放9

中央民族大学——上千女生疏散

2008年5月5日中央民族大学28号楼6层S0601女生宿舍发生火灾，着火后楼内处处弥漫着浓烟，6层的能见度更是不足10米。着火的宿舍楼可容纳学生3 000余人。火灾发生时大部分学生都在楼内，所幸消防员及时赶到，将上千学生紧急疏散，才没有造成人员伤亡。宿舍最初起火部位为物品摆放架上的接线板部位，当时该接线板插着两台可充电台灯，以及引出的另一接线板。该接线板部位因用电器插头连接不规范，且长时间充电造成电器线路发生短路，火花引燃该接线板周围的布帘等可燃物，向上蔓延造成火灾。事发后校方在该宿舍楼进行检查，发现1 300余件违规使用的电器，此中最易引发火灾的"热得快"有30件。

四、启示与思考

火灾无情，警醒世人，防火安全，牢记心中，历次大火给我们提出了以下警示。

（1）要加强人们的消防安全意识。从上面案例中，少数大学生思想上无视学校的防火规章制度，法律意识淡薄，造成火灾事故，危害公共安全。同时，部分大学生防火自护能力令人担忧，防火避险技能缺失，当面对火情时，往往慌乱无措，甚至采用错误的方法逃险，导致丧失宝贵生命。

（2）加强防火巡查和防火检查，及时消除火灾隐患。巴西火灾事件以及中央民族大学在事发后对该宿舍楼进行查抄，发现1 300余件违规使用的电器等一系列问题，让我们深刻感到有关部门在事前监督的缺位。因此职能部门应按照国家消防法律法规的有关要求，认真履行消防工作职责，扎实开展防火巡查和防火检查。

（3）在欢庆的环境中往往危机四伏。在重大喜庆活动和节日时，人们往往沉醉于欢乐之中，忽略了火灾的隐患，一不注意就会酿成大祸。越是在欢乐喜庆时，就越要提高安全意识，特别是防火安全意识，加强火灾逃生应急自救知识的普及和宣传。在人员密集场所要加强消防安全管理，保持安全出口畅通。大家在外出购物、娱乐和聚会时，要留心观察安全出口、疏散通道位置，遇有火情迅速从安全通道逃生。

思考题：

1. 宿舍里如何做好火灾的防范？
2. 如何判断火灾的类型、火势的大小以及应对措施？
3. 火灾发生时如何帮助更多的人逃生？

第三篇

人身财产安全

第六章

大学生财产安全

案例回放 1

2015年3月9日18时30分,某高校大学生王某报警,称在学校宿舍内约1 000元的现金、数台笔记本电脑、数张银行卡被盗。

经民警现场了解,王某离开宿舍时,随手将装有1 000元现金的钱包放在床上,忘记锁宿舍门就匆匆离开了,回来时发现财物被盗。警方经过调查,于3月12日抓获犯罪嫌疑人李某。经审查,李某利用下午学生上课时间偷偷溜进校园,发现王某所在的宿舍门未关,就潜入宿舍并盗走现金1 000元、数台笔记本电脑以及数张银行卡。

案例回放 2

广西某高校相思湖校区是个启用还不久的新校区。2012年10月晚,男生小张与女生小黄在学校附近公路旁的辅道上散步。不经意间,黑暗中旁边上来几个社会青年,有的手里还把玩着刀具,其中一人嬉皮笑脸地提出向二位学生"借钱"。小张前后看看,只是偶尔有汽车在主干道上快速地开过去……结果可想而知,只能破财消灾了。

第一节 如何认识盗骗抢

一、盗骗抢的定义

盗窃(图6-1),是指以非法占有为目的,窃取他人占有的数额较大的公私财物或者多次窃取公私财物的行为。盗窃的特征是瞒天过海,掩人耳目,于神不知鬼不觉中非法取得公私财物。

诈骗,是指以非法占有为目的,用虚构事实或者隐瞒真相的方法,骗取款额较大的公私财物的行为。由于这种行为完全不使用暴力,而是在一派平静甚至"愉快"的气氛下进行的,加之受害人一般防范意识较差,较易上当受骗。

抢劫,是指以非法占有为目的,以暴力、胁迫或者其他方法,强行劫取公私财物的行为。抢劫是明目张胆的夺

图6-1

取，具有一定的对抗性，事态发展的不确定性较大，容易由牟财演变成为伤害等更为恶性的事件。

盗骗抢的主要目的是通过非法手段牟财，但由于在盗骗抢的过程中不确定、不可控的因素太多，所以由牟财演变成为害命等恶性案件的情况亦不少见。盗骗抢的案件有许多属于"传统套路"，只要我们提高警惕，加强防范就行；也有些盗骗抢的案件属于花样翻新的，如网络诈骗，利用黑客手段偷取密码等，应该引起我们的充分重视，密切关注，加强学习宣传的力度，方能防患于未然。盗骗抢是和谐社会的大敌，防止盗骗抢是安全文明校园建设的主要内容。所以大学生应该努力加强对盗骗抢的应对能力，积极防范，减少乃至杜绝大学校园盗骗抢的发生。

二、盗骗抢的作案主体

盗骗抢者，有小集团作案，也有单独作案的情况。他们年龄跨越较大，上至七旬老翁，下至懵懂孩童，多为吸食毒品不能自拔者、学无所成游手好闲者、思想不端缺乏修养者、好逸恶劳妄想不劳而获者。此外，也有黑社会性质的同乡会、邪教组织等从事盗骗抢犯罪的情况。

三、大学生对盗骗抢防不胜防的原因

（一）不加选择地结交朋友

当今的大学生大多是从学校走进学校，学校的人员相对社会而言并不复杂，大多数学生喜欢结交朋友，但防范意识差，警惕性不高，易交杂友，从而导致上当受骗。

（二）缺乏社会生活经验和辨别能力

在大学校园里，每个学生都可能遇到一些来访的老乡、熟人、同学，或同学的同学、老乡的老乡、朋友的朋友之类的人。然而，这其中有的是真，有的是假，可许多学生又缺乏刨根问底的习惯，在不辨真伪的情况下宁可信其有而不可信其无，而且有些学生常常把他人来访看作自己的一种荣耀，这就给骗子以可乘之机。

（三）疏于防范是大学生上当受骗的主要原因

据资料显示，在校大学生被骗取钱物，绝大多数是疏于防范。事实上，很多大学生（特别是新生）热情奔放、性格直率，经历的事情又少，没有处世经验，防范能力也比较差，思想过于单纯，大多数人被骗后才后悔莫及。

（四）求人办事，成事心切，从而导致上当受骗

一个人生活在社会之中，难免求人相助。在校大学生涉世不深，有时为了办事而轻率交友，不分青红皂白，弄不好就要被骗。据了解，当前大学生容易被利用的心态一般为：急于求成，爱慕虚荣而无戒备之心；想经商助学而缺乏资金和经验；想找到理想的工作单位而又没有门路；想不经过自己劳动而摇身一变为富翁等。这些都是导致上当受骗的诱发心理因素。

第二节　花样繁多的盗骗抢案例评析

一、乘虚而入

利用这种盗窃手段而实施盗窃的案发地大多在学生宿舍，作案分子利用学生宿舍门未锁的机会溜进寝室内进行盗窃。在遇到室内有人的情况下，作案分子如果是陌生人，则会以找人或推销商品等借口来掩盖自己的真实目的，作案分子如果是熟人，则会以找同学或"串门"为由，稍作攀谈后离开。

案例回放 3

2013 年 1—3 月，某高校保卫处陆续接到同学手机在寝室内被盗的报案十余起。保卫部门经过布控和蹲守，终于将正在实施盗窃的嫌疑人于某抓获。经审讯，于某交代其均是利用早晨 6—7 点这个时间段溜入学生宿舍，看准有人去洗漱、其他人正睡觉而门未锁的时机溜门入室，将放在明处的手机迅速盗走，作案屡屡得手。

案例回放 4

2012 年 4 月，某高校保卫处通过调查，将盗取同学存折后取走现金的关某抓获。在审讯时，关某还交代了曾五次到附近寝室"串门"，趁门未锁而室内无人之机，共盗走手机四部、现金 1 300 元、随身听一部的犯罪事实。另外，关某还交代了一次在寝室正欲实施盗窃时，该寝室回来人而盗窃未遂，便借口"串门"稍作交谈后溜走。

案例分析

以上两个案例，作案分子都是采取溜门的手段作案。如果这些寝室门已上锁，案件便不会发生。大学生宿舍，几个人同住一室，相互间有很大的依赖性，在安全防范上大多数有麻痹的心理。同学们为了避免自己和他人的财产不受损失，要养成随手拿钥匙、随手锁门的好习惯，也要有一份责任感，对自己负责、对舍友负责，不能为了图一时的方便而忽视宿舍安全隐患问题。

二、顺手牵羊

利用这种作案手段而实施的盗窃案件多发生在教室、图书馆、食堂、球馆等公共场所。作案分子利用物品在、人不在，或物品在、人睡觉而伺机实施盗窃，作案分子除了一些惯偷之外，还有一些人见财起意而实施盗窃，所以往往还带有随机性。

案例回放 5

2011 年 11 月至 2012 年 6 月初，某高校食堂在中午学生就餐时间陆续发生丢失书包的案件达 50 余起。该校保卫处经过调查和蹲守，于 2012 年 6 月某日将正在食堂实施盗窃的某院学生田某当场抓获。经审问，其承认 2011 年 11 月份的一天，在食堂看见有人用书包占座位，书包内有200元现金，便见财起意，将书包顺手偷走，过一段时间未见东窗事发，尝到了甜头的他便使用同样手段在食堂、教室、图书馆屡屡作案达50余起，共盗得现金数千元、手提电脑1台、手机15部、MP3和MP4等多个。

案例回放6

2009年12月，某高校保卫处接到学生报案称其放在书包里的现金、存折及其他物品刚刚在教室内丢失。保卫处迅速派人赶往银行守候，将准备取钱的犯罪嫌疑人廖某抓获。廖某交代了盗窃该同学现金、存折和其他物品的事实，又供出了在浴池、教室、图书馆、食堂等处偷窃他人的钱包、书包、手机、随身听、钢笔、书籍等物品，作案达数十起的事实。

案例解析

构成犯罪的基本要素是犯罪主体、犯罪客体，犯罪的主观方面和客观方面，如果同学们都能做好安全防范，保管好自己的钱物，对于犯罪分子来说，犯罪客体便不存在，犯罪分子也就做不成案件，或因犯罪成本过高，犯罪分子也就自动放弃作案。犯罪嫌疑人作案地点选在食堂、教室、图书馆，作案时机选在同学去打饭和教室内的同学只顾自己，不管其他与己无关的事情时下手，由于没人注意，在给同学们造成财产损失的同时，也给公安保卫部门破案造成了一定的难度。以上两个案例足以说明这一点。同学们在生活中应时刻提高防范意识，在各类公共场所，不要将自己的东西放在某处就离开或睡觉，书包及物品要随身携带，也可请同学看管，不给犯罪分子以可乘之机。

三、窗外"钓鱼"（图6-2）

窗外"钓鱼"是指犯罪分子用竹竿或长棍把学生晾在窗外或窗户附近的衣物钩走，或把纱窗弄开，钩走学生放在室内的衣服和背包等物品。天气变暖，学生寝室的窗户打开，极易发生此类被盗案件。

图6-2

案例回放7

2010年6月，住在长春某高校第三学生公寓一楼的几个寝室的学生同时到学校保卫处报案，有4名学生的衣服、书包等物品在夜间不翼而飞。保卫处接到报案后，经过确认为"钓鱼"方式盗窃，于是迅速组织人员在学校的学生公寓附近设伏守候，结果将盗窃分子刘某抓获。经审讯，刘某承认前几次类似案件都是他一人所为。截止到被抓获时，他已经连续用竹竿"钓鱼"这种方式在学生宿舍作案5起，盗得财物折合人民币近2 000元。结果，刘某被公安机关处以劳动教养一年。

案例分析

案件中的盗窃分子刘某选择在夜间趁学生开窗熟睡之机盗窃学生衣物（有的学生衣服或包内放有现金），而且屡屡得手，这足以说明学生的警惕性之差。由于夏季室内温度较高,开窗睡觉是正常的,但不可将衣物置于离窗户较近的地方,否则,盗窃分子站在窗外钓衣物可要比在水边钓鱼容易得多。

四、翻窗入室

案例回放 8

2010年秋季学期,南宁市某高校的女生宿舍接连发生失窃案件,经查,丢东西的宿舍门窗均已锁好,没有被撬动的痕迹。破案之时人们才恍然大悟,原来作案者是邻校的学生吴某,他在有一次串门找老乡的时候偶然发现有的女生宿舍窗户可以爬进去,于是想办法弄到了该校的部分课程表,趁学生上课宿舍无人之际翻窗作案五次,共盗得手提电脑、MP4以及现金等财物一批,价值4 800元。至于门窗锁好的情况,则是吴某做的掩饰之举,他将窗扇的插销对准下面的插孔,依靠从外面关上窗户时的震动使插销落入插孔之中。

案例分析

案发的原因依然是那些女生宿舍的同学疏于防范,人离开的时候窗户打开或没有插好插销,给了"有心人"吴某以可乘之机。学生宿舍是集体生活的场所,安全检查方面容易出现"三个和尚没水吃"的防范疏漏。所以,强调人人提高安全防范意识并落实到日常学习生活的细节当中去是十分必要的。

五、钥匙开锁(图6-3)

作案分子主要利用以前作案时盗得的钥匙或事先配好的钥匙开门入室盗窃。有的门锁结构过于老旧,也给犯罪分子使用万能钥匙作案提供了可能。

图6-3

案例回放 9

2009年5月,一名同学报案称:发现宿舍走廊有一刚从女同学寝室出来的形迹可疑的男子。保卫部门将此人抓获并进行盘问，经查，此人系某杂志社记者，因有恋物癖，经常到男女混住楼的宿舍盗窃女同学内衣等物品，有时也溜门入室盗窃现金等其他物品。这次是利用上次在该寝室作案盗得的钥匙再次到该寝室作案，共盗得现金120元、手机一部。

案例回放10

2012年9月初，孟某报案称寝室门和其柜子被撬，共丢失现金150元、掌上电脑一部。保卫部门经过现场勘察，确认门上和柜子上的撬痕均系伪造。此案最终查明系隔壁班的郑某所为。有一次，郑某偶然发现孟某宿舍的同学为了方便，习惯把钥匙放在门框上沿的一个地方。这一次，郑某趁着孟某所在的班级上课之际偷偷溜回寝室实施了盗窃并伪造了假现场。

案例分析

上述两个案例说明，钥匙一定要随身携带，切不要随便借与他人。在许多已被查获的案件中，据犯罪嫌疑人交代，偷拿、偷配被害人的钥匙，许多天后才把钥匙送回去，被害人也没有察觉。这说明在同学中，随处乱放钥匙、对自己的钥匙保管不力的现象还是相当普遍的。所以，妥善保管自己的钥匙是非常重要的。另外，一旦发生案件，应尽快报警，给公安部门提供最有价值的线索，力争早日破案，避免助长犯罪分子的嚣张气焰。

六、浑水摸鱼

犯罪分子主要是趁着社团联欢、新生入学、宿舍搬迁等时机，参与活动的大学生互相之间并不是十分熟悉，活动现场有一定程度的混乱的机会，混迹其间，伺机作案。

案例回放11

2012年9月，某高校新生入学报到，学校保卫处连续接到报案，共有四名新生行李丢失，一间大三学生宿舍的手提电脑和手机被盗。虽然保卫处全力破案，现场抓获了一名扮成志愿者盗窃行李的蒋某，追回价值8 000多元的财物，但有两位新生的行李却一直没能找回，相应的录取通知书等报到的材料也只能事后补办。

案例分析

对于犯罪分子而言，浑水摸鱼无疑是可以乱中取胜、事半功倍的。应对之策首先是尽量做好事先的人员场所安排，比如在新生入学前安排好佩戴标志的接待人员，划分行李存放和转运的功能区域，发放临时行李保管凭证等。其次，随录取通知书一起给新生及家长寄发入学须知，明确办事程序，提示防范要领。最后，加强对在校老生的安全教育，安排学生宿舍的安全值班岗。

七、谎报危难

人遇到急难，不管是自身的还是他人的，本能地就会想办法去补救。犯罪分子正是利用了人们这种解除危机的善良心理，虚构并活灵活现地把一种危难的情况摆在受害者面前，进而骗取钱财（图6-4）。

图6-4

案例回放 12

2011年3月的一个上午，一男子给大学生张某打电话，自称是中国移动的员工，因系统升级的需要，请张某将手机关机两个小时，以免造成不必要的紊乱。张某觉得反正上课时间也用不到手机，就把手机关闭了。中午，当张某重新开机时，接连收到十余条来自家里的"来电提醒"短信，于是连忙往家里打电话，这才知道自己上当受骗了！原来，那男子骗张某关机之后，即给张某的母亲打电话，自称是张某的同学小孙，说张某在校外遭遇车祸，现昏迷中，正在医院抢救，急需15 000元，并给了张某母亲一个账号，让她往这个账号汇款。张母听后非常着急，打电话给张某，张某手机却一直处于关机状态。因那男子提供的张某自然情况和地址与实际情况完全一致，张母救子心切，便往那人提供的账号上汇了15 000元。

案例回放 13

2012年11月的一天，衣着光鲜的一男一女在学生宿舍附近与大学生小芳搭讪，告诉小芳说钱包搞丢了，问能不能借几十元钱使用。小芳给了钱之后，彼此更是像好朋友一样继续攀谈起来。那女的猛然想起他们的汽车还没钱加油，于是问小芳能不能好人做到底，再借几百元钱，并信誓旦旦地承诺回去后一定连本带利地奉还。好心的小芳坐上了那对男女的车，到银行去取了一千多元给了那对男女。回到学校越想越不对头，小芳终于找老师报了案。

案例分析

有人不禁要问：为什么犯罪嫌疑人对张某及其家里的情况了如指掌呢？原来，"泄密者"正是张某自己——有一次张某在班车上曾遇到一男子，两人谈得很投机，大有一见如故、相见恨晚的感觉。言谈中，张某便毫无防备地说了自己的具体情况，并给那人留下家里和学校的联系方式，以备以后联系。张某放松了自己的警惕，向萍水相逢一面之交的人告知了自己的基本资料，违反了"防人之心不可无"的训诫。同时，此类案件还提示我们一个安全要领：同学们不仅应把自己的手机号码留给家人，而且要将学院办公室或辅导员的手机号告诉家里人，并告诉家里人，一旦接到类似电话，应首先与学校联系确认。而小芳的受骗一是因为只顾帮助别人，无暇多想；二是不善拒绝，越陷越深；三是遇到情况不懂求助。如果当时小芳不是去银行取钱，而是找老师或同学帮忙，那对骗子就会做贼心虚，逃之犹恐不及。

八、利益相诱

大学生都希望获得更多的经济收入，都希望自己的生活更出彩，同时，大学生社会经验又相对不足，这就导致大学生更容易成为犯罪分子牟利的对象。

案例回放 14

2013年1月，在南宁市某高校上学的小陈收到一条手机短信（图6-5）："尊敬的手机用户，恭喜！您的号码已被湖南电视台《我是歌手》节目组后台随机抽选为场外幸运观众号，您将获得惊喜奖金98 000元（创业基金）以及苹果公司赞助提供的苹果MacBookPro笔记本电脑一台……"后面给了一个查看并领奖的网址。小陈好奇心陡起，将信将疑地打开那个网页，精彩的网页设计，自己喜爱的歌手图片使小陈越来越兴致勃勃。于是按照提示一路操作下去，将邮寄费及税金共计2 650元存入了那个《我是歌手》的指定账户中。小陈计算好邮程所需的时间，每天查看汇款及邮件的信息。一个月后，从盼望到失望直至绝望的小陈再次打开那个曾经令自己兴奋和心跳的网址，看到的是"这个网页打不开"的提示！小陈这才垂头丧气地到保卫处报了案。

图6-5

案例分析

涉世未深、追星的兴奋和中大奖的向往是小陈上当受骗的根源。假如汇款前小陈心态再谨慎一点，或与家长、老师、同学先做个"分享"，就可以避免犯错。有许多现实发生的窘事，说出来多数人都会觉得上当的人"小儿科""弱智"，可实际上此类事件却仍然不时地发生，造成财物的损失。这难道不值得我们认真反思一下吗？

九、虚假招聘

大学生参加社会兼职或就业都会经过应聘关。有的学生求职心切，加上社会经验不足，容易成为犯罪分子的侵害对象。

第六章　大学生财产安全

案例回放 15

小伍和小吕是南宁市某高校会展专业的大四女生，眼看同宿舍的同学纷纷地找到了实习或试用的单位，有的同学还拿到了工资，轮流请大家吃饭，她们俩不由得心里面暗暗着急。有一天，小伍看到网上的一则招聘信息，有一家单位招聘会计，待遇不错，于是约小吕一起在网上填报了应聘信息。几天后，小伍和小吕都接到了面试的通知。面试时，负责接待的一位阿姨要求她们各预交体检费100元，风险保证金300元，培训费200元。小伍和小吕按要求交纳了600元后，就回校静候佳音了。时间过去了半个月，依然无消息，当小伍再打电话询问情况的时候，招聘单位的联系电话居然变成了空号！小伍和小吕连忙跑到单位去察看，原先面试的地点挂着的是另外一个公司的牌子，招聘的那家公司已经杳如黄鹤。

案例分析

诸如此类案件在每年的大学毕业生就业应聘季节、大一新生尤其是新生中的贫困生在学校里刚安定下来、很想找兼职的时候发生较多。大学生在应聘的时候往往有一个错觉，那就是应聘就是求人，因而不敢对招聘单位了解太多、询问太多，担心给对方造成什么不好的印象，导致应聘失败。树立正确的双向选择观念、索阅招聘单位的营业执照、了解单位员工的工作情况等都可以有效地避免此类诈骗事件的发生。

十、网络技术盗窃

在高校学生中，利用这种手段而实施的盗窃案件主要体现在网络中，作案分子主要利用自己的计算机知识，破译他人的网络账户及密码，或偷记他人的网络账户名及密码，之后盗用他人的网络账户进行上网。

案例回放 16

2011年5月某同学报案称其网络账户被人盗用，共损失5 000余元。保卫部门经过调查查明：此案系一计算机专业学生张某利用自己的专业知识，非法破译同学账户名及密码后，用自己的计算机上网消费时又被其他同学看见并记下账户密码，之后又在其他计算机浏览黄色网站并作下载，结果发生高额费用。

案例分析

现在大学生使用计算机已经很普遍，除了网络账户被人盗用外，还有自己的电脑被黑客攻击而无法正常使用的事件发生。要避免类似的案件发生，同学们应该首先完善自己的计算机软件系统，加装防火墙；另外，注意不要让别人知道自己的网络账户及密码，保证人身财产安全。

十一、兔子专吃窝边草

这类盗窃案件的作案分子大多是利用同学、朋友的特殊关系而得到被害人的信用卡

（存折）及其密码，伺机进行盗窃。因为有关系好这层假象，利用"灯下黑"的效应；这类案件还有着一定的隐蔽性。

案例回放 17

2011年5月，秦某陪其同学王某到学校保卫部门报案，王某带密码的存折无端被人取走了3 000元。校保卫处经过大量的调查和取证，最终将此案破获，犯罪嫌疑人原来就是和王某一起报案的秦某。通过审讯，秦某交代他和王某是很好的同学和朋友，曾两次陪王某到银行取钱，在王某输入密码时，秦某暗自记下，平时又知道王某的存折放在寝室的书桌内。过了几天，秦某趁王某寝室无人之际，将存折盗走后到银行将3 000元现金提出，又把存折放回原处。

案例分析

以上这个案例中的犯罪嫌疑人是利用同学、朋友的关系进行作案，外人很难得手，被害人本人也很难想到，所以此案例有一定的隐蔽性。案例中，王某在输入密码时对秦某没有丝毫戒心，在秦某已被拘留后，王某还不相信这个事实。学生应提高自己的防范意识，不给作案分子提供方便，在生活中应该注意保护自己的密码，不要用他人熟知的如自己的生日等作为密码，同时陪同取款时也要自觉站在黄线以外，尊重他人的隐私。

十二、网络诈骗之"无形手"

利用网络这个无形的传播工具，通过QQ交流、网友见面，让相互不熟悉的大学生陷入骗子预设的陷阱。犯罪分子通常以家里人病危，或建房、升职等为由借钱，最后造成被害人人财两失，教训惨痛。

案例回放 18

2010年4月，学校保卫处将一名涉嫌诈骗的男青年姜某抓获。经过审查，该男子交代其是社会上的无业人员，曾在某职校读过一年书。他经常上网聊天，网名很多，在网上自称自己是某高校的学生，父母都是公安局的，家庭条件较好，骗得女性网友的好感，然后约女性网友见面。见面后，再以花言巧语、小恩小惠进一步骗取女性网友的信任后，便谎称自己最近有病或有其他事急等用钱，没时间回家取钱等向网友借钱。姜某以这样的欺骗手段分几次骗取某高校两名女同学共计7 750元人民币，诈骗另一高校女同学牟某480元人民币。

案例分析

此案说明对不是真正了解的人，在没有经过调查核实的情况下不可盲目相信对方的自我介绍而与之发生钱物的交往，在根本不了解对方的情况下，对对方设下的陷阱不易察觉，通常他们会说遍甜言蜜语让人迷失判断，最终导致受害者上当受骗。

第三节　盗骗抢的防范

一、防盗

（一）宿舍防盗

（1）出入宿舍要养成随手锁门、关窗的习惯，尤其是最后一个离开的同学。

（2）夜间入睡前要检查门窗是否锁好，防止进贼或"隔窗钓鱼"。

（3）对形迹可疑的陌生人应提高警惕，防止以"走错门""找老乡""推销商品"为借口实施盗窃，对陌生人要大胆上前主动询问。态度要和蔼，问得要细致，并记住其相貌特征，必要时向宿管员报告。

（4）房间换人换锁，要养成钥匙不离身、不外借钥匙的习惯。

（5）不在宿舍存放大量现金，贵重物品要妥善保管，如及时锁入箱柜里。

（6）不要随便留宿外来人员。

（二）公共场所防盗

（1）在教室、图书馆、餐厅等公共场所，尽量少带现金和贵重物品，必备的手机、钱包、校园卡要随身携带，不要用书包占座，短暂离开时不要把贵重物品留在座位上，或置于无人看管的境地。

（2）在图书馆、游泳场、体育馆等公共活动场所不要将贵重物品放在存包处。

（3）在餐厅、汽车、火车、车站、网吧等人群聚集拥挤场所，要把手机、钱包等贵重物品贴身存放，不要放在衣服外兜，所带物品要注意看管，背包要背在胸前，防止有人趁你不注意或以分散你的注意力为手段进行盗窃。

（三）银行卡防盗

（1）平时对自己个人信息和银行密码要"守口如瓶"，以防外人"见财起意"盗支现金。

（2）在人群拥挤的 ATM 机上取钱或 POS 机上刷卡消费时，要用手或身体挡住他人视线，谨防密码被偷窥。对于过于靠近机器的人，可礼貌地提醒其站在一米线外。

（3）在 ATM 机上操作之前，请留意机身是否有异常及周围是否有可疑附加物。如卡门附加物、张贴的可疑告示、微型摄像头等。一旦发现，请马上不动声色地拨打 110 报警。

（4）切勿采用生日、电话号码、手机号码等单一的容易被人破译的数字作银行卡密码。

（5）身份证和银行卡、存折应分开放置，以防同时丢失后给别人盗取提供方便。

（6）如果卡被吞吃，要马上与银行联系处理；如果发现人为迹象，要立即报警。

（7）不要轻信张贴在机器上的手写或打印的"告示"。不管与谁联系（包括银行），都不要告诉对方自己的银行卡密码。

（8）在 ATM 或 POS 机上操作，完毕后千万不要忘了将银行卡收回，切勿随手丢弃交易流水单。

（9）若机器提示提款成功或有交易流水单打出或听到机器已有异声，但没有现金吐出，则要及时向银行工作人员或保安求助；也可利用手机等向警方求援。

（10）要养成定期对账的良好习惯，一旦发现问题，应及时与银行联系。

二、防骗

（一）提高防范意识，学会自我保护

社会环境千变万化，青年大学生必须尽快适应环境，学会自我保护。要积极参加学校组织的法制和安全防范教育活动，多知道、多了解、多掌握一些防范知识对于自己有百利而无一害。在日常生活中，要做到不贪图便宜、不牟取私利；在提倡助人为乐、奉献爱心的同时，要提高警惕性，不能轻信花言巧语；不要把自己的家庭地址等情况随便告诉陌生人，以免上当受骗；不能用不正当的手段谋求择业和出国；发现可疑人员要及时报告，上当受骗后更要及时报案、大胆揭发，使犯罪分子受到应有的法律制裁。

（二）谨慎交友，避免以感情代替理智

大学生一般是20岁左右的年轻人，离开家乡求学和感情丰富的年龄使大学生对于"出门靠朋友"更为推崇与追求。可是，如果只凭感情用事，对拓展人脉操之过急，一味"跟着感觉走"，往往容易上当受骗。交友最基本的原则有两条。一是择其善者而从之。真正的朋友应该建立在志同道合、高尚的道德情操基础之上，是真诚的感情交流而不是简单的利益关系，要学会了解、理解和谅解。二是严格做到"四戒"，即戒交低级下流之辈，戒交挥金如土之流，戒交吃喝嫖赌之徒，戒交游手好闲之人。谨记"近朱者赤，近墨者黑"，方能顺利成为社会所需的人才。

与人交往要区别对待，保持应有的理智。对于熟人或朋友介绍的人，要学会"听其言，察其色，辨其行"，而不能"一是朋友，都是朋友"。对于初相识的朋友，不要轻易"掏心窝子"，更不能言听计从、受其摆布利用。对于那些"来如风雨，去如微尘"的上门客，态度要热情、处置要小心，尽量不为他们提供单独行动的时间和空间，以避免给犯罪分子创造作案条件。

（三）加强沟通，互相帮助

在大学里，无论哪个学院、哪个专业，班集体总是校园中一个最基本的组织形式。在这个集体中，大家向往着同一个学习目标，生活和学习是统一的、同步的。同学间的友谊比什么都珍贵，因此相互间应该加强沟通、互相帮助。有些同学习惯于把个人之间的交往看作个人隐私，但必须了解，既然是交往就不存在绝对保密。有些交往关系，在自己认为适合的范围内适当透露或公开，更适合安全需要，特别是在自己觉得可能会吃亏上当时，与同学有所沟通或许就会得到一些帮助并避免受害。

师生间的关系是一种需要大学生重新认识与定位的人际关系。从小学到高中，老师主要是发挥指挥者与管理者的作用：老师是大人，学生是小孩。大学则不同，大学实行的是一种松散型管理模式，老师将学生当作成年人对待。大学里的辅导员也不可能像高中以下的班主任那样事无巨细地提供保姆式的管理服务。所以大学生不一定要仰视老师，而应该

把老师尤其是辅导员作为自己的良师益友,有事情要跟老师说,要把辅导员的联系电话告诉家长。有效的家校联系是防范诈骗案件的必要措施。

(四)服从校园管理,自觉遵守校纪校规

"没有规矩不能成方圆",为了加强校园管理,学校制定了一系列管理制度和规定。制度,总是用来约束人们行为的,在执行过程中可能会给同学们带来一些不便;但是制度却是必不可缺的,况且,大多数校园管理制度都是为控制闲杂人员和犯罪分子混入校园作案,以维护学生正当权益和校园秩序而制定的。因此,同学们一定要认真执行有关规定,自觉遵守校纪校规,积极支持有关部门履行管理职能,并努力发挥自己的应有作用。

三、防抢劫

(一)预防抢劫

(1)走路要走人行横道,并将提包背在靠墙或商店一侧,以防飞车夺包。

(2)准备好零钱,不要在公共场所翻弄钱款,也不要把钱放在外衣口袋和裤子后面的口袋内。

(3)骑自行车时,应将手提包带缠在车把上,以防被拎包,还要注意有歹徒故意用铁丝、绳子缠住自行车后轮,趁车主下车查看时盗取放在车筐里的物品。

(4)乘公交车时,应将钱款放在内口袋或包内,并扣好纽扣,拉好拉链。

(5)不要在光线不好的僻静处行走或逗留。即使是在光线好的地方,如路面已无人,也不要逗留。如果必经偏僻路段,要三人以上结伴同行。

(6)手机不要挂在胸前或腰间。尽量不要边走路边打手机,特别是路过地下通道和过街天桥时更不要打手机。如在地下通道遇到劫匪时要大声呼叫。

(7)去不熟悉的地方要尽量自己找或向路旁的商家店员询问,切勿让陌生人带路。

(8)有陌生人主动凑近搭话应保持一定的安全距离,感觉有异常要马上离开。

(二)应对抢劫

(1)如遇暴力抢劫,一定要保持镇静,拖延时间,巧妙周旋,不到危及生命安全的时候,不要硬拼。冷静判断与评估双方实力,作为确定此后策略的依据。

(2)切不可一味地求饶,应当尽力保持镇定,与作案人说笑斗嘴,采取默认方式表明自己已交出全部财物并无反抗的意图,使作案人放松警惕,以便自己看准时机进行反抗或逃脱。

(3)在遭遇持械抢劫时,同学们尽量不要抵抗,避免人身受到伤害。此过程中不要过于惊慌,但要装作很害怕的样子快速将少量的钱物交出,尽量减少损失。

采用间接反抗法,是指趁其不注意时在作案人身上留下记号,如在其衣服上擦点泥土、血迹,在其口袋中装点有标记的小物件,在作案人得逞后悄悄尾随其后注意逃跑去向等。

(4)判断己方无力抵抗劫匪的,要伺机迅速逃离现场,但应侧身变向跑,以防背后袭击,并大声呼救。如果是晚上,要向有人、有灯光的地方跑。

(5)在己方身体条件或人数优势明显的情况下,可以借故拖延,确认周围没有作案同

伙时，用语言分散其注意力，之后乘其不备将其制伏或逃跑，然后就近扭送保卫部门、公安机关或报案。

（6）注意观察作案人，尽量准确记下其特征，如身高、年龄、体态、发型、衣着、胡须、语言、行为等。

（7）不论在什么情况下，只要有可能，就要大声呼救或故意与作案人高声说话。

（8）在案发后，以最快的速度报警，以便为公安机关提供时间和线索。

思考题：

1. 为何高智商的大学生还那么容易陷入盗骗抢的窘境呢？
2. 什么情况下最容易遭遇盗骗抢？请各列举三种情况。
3. 有效预防和杜绝盗骗抢，你认为学校应该加强哪些措施？大学生又应该做好哪些方面的准备？
4. 一旦遭遇盗骗抢，你认为大学生的最佳反应是怎么样的？
5. 大学生亟待走向社会，拓展人脉资源，但这样无疑会提高遭遇盗骗抢的可能性。其中需要把握的要领与尺度是什么？

第七章

大学生交通旅行安全

第一节 大学生交通安全

案例回放 1

2013年5月4日下午,在南宁市大学路相思湖大桥附近,一辆公共汽车与自行车发生碰撞,导致骑车的某大学在校大学生当场死亡,引来不少围观群众叹息。

事发时间是当日中午12时30分左右,这名大学生骑车经过这里时,两手放空,没有抓车把手。公交车从旁边经过时,这名大学生没有把控好车头,发生了碰撞。

据了解,这名大学生当时骑的是一辆名为"死飞"的自行车。这种自行车属于场地特技车辆,根据相关规定,不能被骑上路,但监管有难度。"死飞"整车由19个零件组成,没有变速器,没有挡泥板,甚至连传统意义上的刹车装置也没有。购买这种车的多为在校学生,所以安全隐患很大。有人曾用"死飞"及相同的普通自行车做刹车模拟测试,在达到较高时速时,普通自行车急刹后约滑行20米,"死飞"则因制动性差,滑行距离远比普通自行车远,所以存在重大的安全隐患。

案例回放 2

某高校6名学生相约一起外出郊游,沿途嬉笑打闹、互相追逐。途中马某(男,19岁)加速骑车超越前方骑车的同学,由于骑驶不当,在超车过程中自行车后轮挂住了被超自行车的左侧脚架,自行车当即失去平衡,发生摇晃,偏向路中。此时恰巧一辆拖拉机迎面驶来,自行车前轮与拖拉机前端碰撞,马某被撞倒,被拖拉机左前轮碾压,当场死亡。

一、交通安全概述

衣食住行是人的基本需要,行是其中的重要方面。当今社会,随着海、陆、空交通事业的大建设、大发展,交通十分便捷。出行已成为人们的一种常态活动。面对便捷的交通,畅通和安全是出行要注意的两大要素。

交通安全,指的是人们要在出行过程中,按照有关交通法规(图7-1)的规定,安全地乘坐或驾驶交通工具或行走,避免发生人身伤亡或财物损失。从交通安全涉及的主体看，包括行人、乘客和驾驶者三个方面。

以道路为例，据公安部网站发布的统计结果，2012年，全国共查处超速行驶9 000多万起，超速行驶肇事导致7 000多人死亡，超速行驶是导致交通事故最多的交通违法行为。公安部有关部门负责人表示，我国正加快步入汽车社会，但全社会交通安全观念、交通文明意识明显滞后，不规范驾驶行为和道路交通陋习多，超速、超员、路口违反交通信号和不按规定让行等严重交通违法行为多发，私家车肇事问题突出，安全行车、文明礼让理念亟待强化。

统计数据显示，2012年，全国共查处不按交通信号灯指示通行的交通违法行为2 649万起，平均每天7万多起。全国接报涉及人员伤亡的路口交通事故4.6万起，造成1.1万人死亡、5万人受伤，分别上升17.7%、16.5%和12.3%。其中，路口违反交通信号灯导致的事故起数上升17.9%。全国私家车导致的事故起数、死亡人数上升5.5%和6.5%，分别占机动车肇事总数的68.7%和58.8%，比2011年上升6.4和6.2个百分点。

图7-1

2012年，驾龄不满1年的驾驶人交通肇事导致事故起数、死亡人数同比分别上升22.6%和25.7%，死亡人数占机动车驾驶人肇事总数的15.4%，比2011年高出3.7个百分点。特别是在超速行驶、酒后驾驶、违法会车、违法占道行驶等违法导致的事故中，驾龄不满1年的驾驶人肇事起数明显居高。

据了解，目前，全国驾龄不满1年的实习驾驶人近3 000万人，占机动车驾驶人总量的11.3%。

公安部有关部门负责人表示，全国道路交通呈现交通流量高位增长、交通工具日趋多元化、群众出行需求日益旺盛、新情况和新问题不断涌现等特点，新驾驶人安全驾驶意识和技能不适应等问题逐渐显现。进一步严格和规范驾驶培训考试，加强对新驾驶人的教育管理，用严格的安全法则推动汽车时代文明建设，已成为社会共识。

同时，近年来，雨雪雾冰等恶劣天气呈现频次多、涉及范围大、持续时间长等特点，对道路交通安全的不利影响日趋突出，恶劣天气条件下车辆翻坠、正面相撞、连环相撞事故增多，重特大事故集中。据统计，2012年恶劣天气条件下道路交通事故死亡人数上升12.7%，一次死亡5人以上的事故中有60起发生在恶劣天气条件下，占24.3%，同比上升4个百分点。其中，在雨雪雾冰等恶劣天气发生重特大道路交通事故9起，同比增加3起。

从上述的数据统计看，交通安全，特别是道路交通安全是当前交通安全最需要引起人们重视的问题。交通事故的影响也十分巨大。交通事故不仅造成了无数家庭的破碎，还会给国家、本人造成严重的经济损失。从统计资料看，世界上每年大约因道路交通事故造成50万人死亡、1 000万人受伤，造成的经济损失相当于国民经济生产总值的1%～2.5%。我国的情况更是不容乐观，近几年发生交通事故在23万起左右/每年，因交通事故死亡的人数超过7万人，相当于一个小型县城的人口数；平均每天死亡200多人，相当于每天坠毁一架大型客机。

从导致交通事故的工具来看，可以分为几种类型：车辆交通安全（含汽车和火车等车辆）、渡船交通安全、飞机交通安全三大类。

二、交通安全引发的原因

引发交通事故的原因多种多样，既有客观因素的影响，又有作为交通行为主体的人的主观原因。

（一）客观原因

就车辆交通而言，全国大中城市普遍存在着道路拥挤、车辆堵塞的现象，道路交通运输压力增大，加之部分地段路况不佳，尤其遇到如暴雨、大雪、寒冷等天气变化，汽车的运行性能降低，机械故障频出，影响了道路交通的安全有序运行，增添了交通事故的隐患。而气候原因导致的渡船事故、飞机事故也并不鲜见，如2010年4月10日，波兰总统卡钦斯基乘坐的飞机主要就是因为遭遇大雾天气，再加上操作失误，在斯摩棱斯克失事，波兰总统卡钦斯基和机上132名乘客无一生还。

（二）主观原因

1. 行人原因

在道路交通中，公众交通安全意识低也是引发交通事故的重要原因。我国每年因交通事故死亡的人数均居世界前列，最主要原因在于公众交通安全意识低。近年来，还有网友专门拍摄了一组照片，美其名曰"中国式过马路"（图7-2），反映了我国行人在通过马路时的一些不良习惯，也因此引起了有关部门的高度重视，采取了一系列规范人们过马路的行动。

图7-2

2. 驾驶原因

随着我国经济社会发展，汽车已进入千家万户，而汽车驾驶员的水平也千差万别、参差不齐。少部分驾驶员在并未完全掌握驾驶技术的情况下即获得驾驶证，"马路杀手"也越来越多，这些驾驶员因为是新手，驾驶经验不足，一旦出现紧急情况，往往手忙脚乱，这都为道路交通事故埋下了隐患。虽然未导致人员伤亡，但也足以引起人们的重视。

3. 乘客原因

良好的乘坐习惯也是确保交通安全的重要方面。由于管理的严格，乘客在乘坐飞机、轮船等交通工具时，还是比较规范的，但在乘坐车辆的过程中对安全措施的重视不够，突出表现在不系安全带、小孩坐在前排等，在刹车等情况出现时很容易出现交通事故。

三、交通安全的预防

预防交通事故的发生，首先要知道交通法规对行为、驾驶员和乘客的要求，做到安全出行。

（一）行人的安全注意事项

1. 交通法规对行人的要求

（1）必须遵守《道路交通管理条例》《高速公路交通管理办法》和各省、市、自治区制定的实施办法等交通管理法规和规章的规定。

（2）必须遵守车辆、人各行其道的规定。借道通行时，应当让在其本道内行驶的车辆或行人优先通行。

（3）必须遵守指挥灯信号、人行横道灯信号的规定，即"红灯停、绿灯行、黄灯闪烁多注意"。

（4）必须遵守交通标志和交通标线的规定。

（5）服从交通警察的指挥与管理。

（6）不准在道路上扒车、追车、强行拦车、抛物击车，或在道路上躺卧、纳凉、聚众围观等。

（7）不准迫使、纵容他人违反交通法规，同时对任何人违反交通法规都有劝阻和控告的权利。

2. 行人怎样行走最安全

"中国式过马路"反映了我国行人在通过马路时的一些不良习惯，也因此引起了有关部门的高度重视，采取了一系列规范人们过马路的措施。行人是道路交通中的弱者，只有严格遵守交通法规规定，增强自我保护意识，才能保证自身安全。具体讲，行人在道路上行走必须走人行道。没有人行道的，必须靠路边行走，即在从道路边缘线算起1米内行走。不要穿越、倚坐人行道、车行道和铁路道口的护栏。遇到红灯或禁止通行的交通标志时，不要强行通过，应等绿灯放行后通行。学龄前儿童在道路上行走，必须有成年人带领；残疾人或精神病患者，应当由监护人陪同照料。列队行走时，每横列不得超过两人。成年人的队列可以紧靠车行道右边行进；儿童的队列须在人行道上行走。

行人在任何情况下，均不得进入高速公路行走。

3. 行人如何安全横过城市道路

行人横过城市街道或公路时，属于借道通行，应当让在其本道内行驶的车辆或行人优先通过。为确保自身安全和取得横过道路的优先权，行人横过城市道路时应注意以下几点。

（1）应当选择离自己最近的人行过街天桥或地道通过，或者选择离自己最近的人行横道通过。

（2）通过人行横道时，有信号灯控制的应当遵守信号灯的规定。绿灯亮时，要迅速通过；没有信号灯控制的，应看清来往车辆，直行通过，千万不要与车辆抢道，或相互追逐、猛跑。

（3）在没有人行横道的地方横过道路，应该先向左看、后向右看，确认安全后直行通过；横过多条车行道，或者车行道的车流量比较大时，可以采取"左右左"看、一条一条车道通过。

（4）横过道路时，不要突然改变行走路线、突然猛跑、突然往后退，更不能在车辆临近时突然横穿。

（5）行人列队横过道路时，须从人行横道迅速通过；没有人行横道的，应直行通过，不要斜穿。行人横过公路时，通常都是没有人行横道的地方，应当按照上述第3点至第5点的要求横过公路，以确保安全。

4. 行人如何安全通过铁路道口

行人通过铁路道口时，一是在道口栏杆（栏门）关闭、音响器发出报警、红灯亮时，或看守人员示意停止行进时，应站在停止线以外，或在最外股铁轨5米以外等候放行。二是在遇道口信号两个红灯交替闪烁或红灯亮时，不能通过；白灯亮时，才能通过。三是通过无人看守的道口时，应先站在道口外左右看看，两边均没有火车驶来时，才能通过。

5. 行人违反交通法规将受到何种处罚

虽然在交通法规中，要侧重保护弱势方——行人的权益，但行人在违反交通规则时，仍需承担相应的责任或接受处罚。根据各地交通法规实施细则，对行人在道路上行走，不走人行道或不靠边行走；横过道路时不走人行横道、人行过街天桥或地道；在没有人行横道、人行过街天桥或地道的地方，不按规定横过车行道；行人不遵守交通信号、交通标志和交通标线的规定，或者钻跨人行道、车行道和铁路道口护栏的，将处以一定金额的罚款或者警告。对行人擅自进入高速公路行走，在道路上扒车、追车、无理拦截车辆或强行登车影响车辆正常运行且不听劝阻的，也将处以罚款或警告，严重的甚至要承担相应的法律责任。不满14周岁的儿童或者未满18周岁的青少年、生理缺陷的残疾人、精神病人在精神病发作期间违反交通法规规定，免予处罚，或者给予从轻处罚。

（二）搭乘交通工具注意事项

1. 乘坐车辆时的注意事项

（1）乘坐前的注意事项。乘坐合法营运车辆，不携带非法物品上车等；遵守规章，上车排队，按顺序就座，千万不要抢车、扒车；注意文明礼貌，谦和文雅，自觉购票，不失风度，避免因上下车拥挤等事与人争吵。

（2）乘坐中的注意事项。谨防扒手，轻装简行，不要带大量钱物，如有钱物在手，注意贴身放妥；在车上尽量避免与陌生人交流，即使与陌生人交流，也应注意避免泄露过多的个人隐私；无座位时，要离开车门，抓紧扶手站好。

2. 乘坐飞机时的注意事项

（1）乘坐前的注意事项。登机前，旅客及其随身携带的一切行李物品必须接受机场安全部门的安全检查，否则不准登机。这是为了防止枪支、弹药、凶器、易燃、易爆、腐蚀、放射性物品以及其他危害民航安全的危险品被带入机场和机舱，以便维护飞机和乘客的安全；乘坐前注意关闭通信工具。

（2）乘坐中的注意事项。乘坐国内班机，一律不允许吸烟；乘坐国际班机，旅客只能在指定的吸烟区内吸烟，烟头必须掐灭后放进烟灰盒内。禁止在机内的厕所里吸烟。飞机最容易发生危险的时候是起飞和降落的时候，这时要系好安全带，仔细听乘务员讲解怎样应付紧急事故。

3. 乘坐船只的注意事项

乘船时要注意安全，不要把危险物品、禁运物品带上船。不要乘坐无证船、人货混装船以及其他简陋船只。遇到大风大雨等恶劣天气，最好不要冒险乘坐渡船或其他小型船只。集体乘船时，要听从指挥。上下船时，要排队有序地进行，不要争先恐后，以免落水、挤伤、压伤或造成船舶倾斜，甚至引起翻船。船舶浮于水面靠的是水的浮力，其受载有一定的限度，如果超过了限度，船行驶就会有沉没的危险。所以，乘船时一定注意，不要坐超载船只。船靠、离码头或驶过风景区时，不要聚集在船的一侧，以防船倾斜翻沉。遇到紧急情况，要听从船上工作人员的指挥，不要自作主张跳船。上船后要留心通往甲板的最近通道和摆放救生衣的位置。这样，如果发生意外事故，就可以争取时间。在船上要保持安静，不要吵闹，要仔细听取服务员的要求。在联运线上旅行的人要注意按指定日期、时间到中转港、站、码头办理换乘手续，以免漏乘。乘船时，不要自己到甲板上去，以免掉入水中。船上的许多设备直接影响船舶的安全行驶，特别是一些救生消防措施，它们存放的位置有一定的规范，不能随意挪动。

（三）驾驶交通工具的安全须知

1. 驾驶机动车安全须知

驾驶汽车、摩托车均属于驾驶机动车的范畴，驾驶机动车辆要经过严格的培训考试和检验，要严格执行有关的专门规章，主要包括国家和地方公安部门颁布的《车辆管理规定》《驾驶员管理规定》《城市交通规则》等。

2. 驾驶电动车安全须知

目前，我国大部分地区未出台对电动车的管理办法，因此，驾驶电动车（图7-3）必须严格遵守交通法规和各项交通规则，服从交通管理人员和交通信号灯的指挥。在通过交通繁华路段时，要提前降低车速，做到"礼让三先，文明行车"。行车时，要注意观察前方路况、行人和车辆动态，正确操纵

图7-3

电动车,沉着驾驶。控制行车速度,不要开快车。因为电动车制动的稳定性、有效性均不如汽车,且开快车既不易于观察前方路况,也不易于被对方发现,甚至还容易使驾驶人疲劳。不要强行超车,超车前应观察四方的车辆动态,打开转向灯。超车后须在不妨碍其他车辆正常行驶的情况下,打开转向灯,靠右行驶;否则,易发生交通事故。

3. 骑自行车安全须知

自行车是人力驱动、人力操纵和控制的交通工具,它的快慢、停走、转向等状况完全由人来调节和控制。不能将特技车用作日常交通工具。要经常检修自行车,保持车况完好。车闸、车铃是否灵敏、正常,尤其重要。在与机动车平行骑行时,要尽量与机动车保持一定的安全距离。自行车应该在非机动车道内行驶,在没有划分车辆分道线的道路上,应紧靠道路右侧行驶。转弯时不抢行猛拐,要提前减慢速度,看清四周情况,以明确的手势示意后再转弯。经过交叉路口,要减速慢行,注意来往的行人、车辆;不闯红灯,遇到红灯要停车等候,待绿灯亮后再继续前行。

4. 驾驶船只安全须知

尽可能避免在浅水区域会遇和追越,浅水区域舵效差,操纵困难,两船相距较近还会出现船吸现象;驾驶船只时须注意海上或江上天气的变化,注意船只的速度。

(四) 交通标志

交通标志是用文字或符号传递引导、限制、警告或指示信息的道路设施。设置醒目、清晰、明亮的交通标志是实施交通管理,保证道路交通安全、顺畅的重要措施。

交通标志将向符号化、统一化、高亮化、节能化、轻型化发展,新材料、新结构、省能源的新型标志,如太阳能标志、激光标志和全息标志的研究正受到重视。

四、交通安全应急处置措施

(一) 车辆交通事故处理的基本原则及基本方法

1. 车辆交通事故处理的基本原则

车辆交通事故发生以后,总体上,要遵循自2009年1月1日起施行的《道路交通事故处理程序规定》的要求进行处置。

2. 车辆交通事故处理的基本方法

(1) 及时报案。无论是在校外还是在校内,一旦发生交通事故,首先要及时报案,千万不能与肇事者"私了"。若在校外发生交通事故,除及时报案外,还应该及时与学校保卫部门取得联系,由学校出面处理有关事宜。

(2) 保护现场(图7-4)。事故现场的勘查结论是划分事故责任的重要依据之一,所以,发生交通事故后要保护好事故现场。

(3) 控制肇事者。一定要设法控制肇事者的逃脱行为,自己不能控制可以发动周围的人帮忙控制,并要记住肇事车辆的车辆牌号等特征。

(二) 车辆遇险的应急处理与救护

行车中,各种险情大都是突然发生的,只有在瞬间做出正确判断,并采取相应的技术

图 7-4

措施，才能阻止事故发生或减少事故损失、人员伤亡等。

1. 呼救

一旦发生交通事故，要及时向周边的人群呼救，及时寻求帮助；交通事故造成人员伤亡时，应立即拨打 120 急救求助电话，同时不要破坏现场和随意移动伤员。

2. 自救

首先要冷静沉着，千万不能慌张，采取措施将自己的损伤降到最低程度。头部受伤可以包扎，四肢出血可以使用止血带，在四肢出血的肢体近端用带子绑紧，如在胸腹部可用衣物等压迫止血。如被车卡住或被车压着，应尽量避免暴力硬拉等方法，应等待专业人员到达现场后使用合理的方法处理。

3. 救人

首先要根据伤员的伤情做出早期判断，对意识状态、有无伤口、受伤部位、肢体活动情况、出血情况等有一个全面掌握；对有开放性伤口、出血、穿刺伤和伤及重要器官或闭合性内脏破裂以及骨折往往需要手术治疗；对需手术止血、防止休克的要立即手术，对闭合性内脏损伤需手术探查的也要立即进行手术探查。

（三）校园交通事故预防及处理

1. 遵守交通规则

（1）提高交通安全意识。不管是在校内还是在校外，发生交通事故最主要的原因是思想麻痹、安全意识淡薄。作为一名在校大学生，遵守交通法规是最起码的要求。若没有交通安全意识，很容易带来生命之忧。

（2）自觉遵守交通法规。在道路上行走，应走人行道，无人行道时应靠右边行走。走路时要集中精力；不与机动车抢道；不突然横穿马路、翻越护栏；过街走人行横道，有过街天桥的一定要走天桥；不闯红灯。

2. 文明行走

行走时要遵守交通规则；行人出行靠右侧通行，要走人行道；横穿马路要注意信号灯，等绿灯亮了再从人行横道斑马线穿行。

3. 文明驾驶

驾驶车辆时，要安全行车，文明礼让，友好驾驶。集中注意力，仔细观察，提前预防。驾驶人在道路上行驶时，按车速表控制车速，在规定的范围内安全行车。

（四）渡船交通事故处置措施

1. 翻船后的自救方法

当遇到风浪袭击时，不要慌乱，要保持镇静，不要站起来或倾向船的一侧，要在船舱内分散坐好，使船保持平衡。若水进入船内，要全力以赴将水排出去。如果发生翻船事故，要懂得木制船只一般是不会下沉的。人被抛入水中，应该立即抓住船舷并设法爬到翻扣的船底上。在离岸边较远时，最好的办法是等待救助。玻璃纤维增强塑料制成的船翻了以后会下沉。但有时船翻后，因船舱中有大量空气，能使船漂浮在水面上，这时不要再将船正过来，要尽量使其保持平衡，避免空气跑掉，并设法抓住翻扣的船只，以等待救助，这也是一种自救的办法。

海上遇到事故需弃船避难时，首先要对浮船进行检查，清点好带到浮船上的备用品，将火柴、打火机、指南针、手表等装入塑料袋中，避免被海水打湿。根据一般原则，在最初 24 小时内应该避免喝水、吃饭，培养自己节食的耐力。长期在海上随风漂流时，容易生水疱、皮炎和眼球炎症等，此时，不要将水疱弄破，最好消毒后待其自然干燥。对于皮炎和眼球炎症，要避免阳光直射。坐在浮船上时间过长，会感到不舒服，所以坐久时要活动活动手脚，使臂部和肩膀的关节、腿部的肌肉得以放松。同时，应注意保暖，不要被海水打湿身体。

2. 救生衣的使用方法

救生衣的使用方法是：两手穿进去，将其披在肩上——将胸部的带子扎紧——将腰部的带子绕一圈后再扎紧——将领子上的带子系在脖子上。

3. 救生衣的自制

在水中漂浮时，如果没有现成的浮袋或救生衣，应该利用穿在身上的衣服做浮袋或救生衣。可以使用的有：大帽子、塑料包袱皮、雨衣、衬衣、化纤或棉麻的带筒袖的上衣等，甚至可以将高筒靴倒过来使用。但应注意不要将衣服全部脱掉，以保持正常的体温，具体方法为（要在踩水的状态下，进行如下活动）：用皮带、领带或手帕将衣服的两个手腕部分或裤子的裤脚部分紧紧扎住，然后将衣服从后往前猛地一甩，使其充气。为了不让空气漏掉，用手抓住衣服下部，或者用腿夹住，然后将它连接在皮带上，使它朝上漂浮。如果用裤子做浮袋，将身子卧在浮袋上，采用蛙泳是比较省力的；如果穿着裙子，不要把它脱下来，要使裙子下摆漂到水面上，并尽力使其内侧充气。

4. 水上遇难时信号工具的作用

在江河或海上遇险后，有效地利用各种信号工具，发出求救信号，会加大得救的可能性。

（1）反射光。利用铁或闪光的金属物，将阳光反射到目标物上去。如果阳光强烈，反射光可达 15 千米左右，而且从高处更容易发现。

(2) 信号筒。信号筒有白天用和晚上用两种。白天用的信号筒会发出红色烟雾，晚上用的会发出红色的光柱，燃烧时间为 60～90 秒。夜间在 20 千米外都能看到，白天在 10 千米内才能看到。

(3) 防水电筒。这是一种小型的手电筒，可以在夜间发出信号，但最多只能照射 2 000 米左右。

(4) 自制信号旗。将布绕在长棒的顶端作为信号旗使用。

(5) 海上救生灯。海上救生灯点着后靠海水来发光，将其浸入海水可连续发光 15 小时，在 2 000 米远的地方就可以发现，该工具寿命为 3 年。

(6) 铝制尼龙布。铝制尼龙布的反光性强，不仅从远处就能发现，而且容易被雷达发现。

5. 不会游泳者落水后的自救

遇到这种情况时，下沉前拼命吸一口气是极其重要的，也是能否生存的关键。往下沉时，要保持镇静，紧闭嘴唇、咬紧牙齿憋住气，不要在水中拼命挣扎，应仰起头，使身体倾斜，保持这种姿态，就可以慢慢浮上水面。浮上水面后，不要将手举出水面，要放在水面下划水，使头部保持在水面以上，以便呼吸空气。如有可能，应脱掉鞋子和重衣服，寻找漂浮物并牢牢抓住。这时，应向岸边的行人呼救，并自行有规律地划水，慢慢向岸边游动。

6. 游船遇险安全撤离的方法

如果乘船时遇险了，要在短时间内奔到通向甲板的最近出口，尽快跑到甲板上。不得不离船时，一定要穿好救生衣，跳水时尽量选择较低的位置，同时要避开水面上的漂浮物，从船的上风舷跳下。如果船左右倾斜，则应从船首或船尾跳下。跳到水中应采取最好的姿势，双脚并拢屈到胸前，两手紧贴身旁，交叉放在救生衣上，使头颈露出水面。这样做对保持体温很重要。

(五) 飞机事故的自救措施

当飞机遇到紧急情况时，首先要沉着冷静，并详细了解飞机发生事故时可以利用的工具：安全带、氧气罩、二氧化碳灭火瓶、药粉灭火瓶、水灭火器、湿毛巾、救生衣。美国波音公司的一名航空分析人士指出，有时候，乘客以为自己没有生还的希望，因此坐以待毙。但实际上，如果他们知道该怎么做的话，在飞机起飞和着陆意外中生还的概率相当高。因此，美国广播公司给出了以下几个建议。

(1) 乘客在登机以后应该数一数自己的座位与出口之间隔着几排。这样，如果机舱内充满了烟雾，乘客仍然可以摸着椅背找到出口。

(2) 阅读前排椅背上的安全须知。即使乘客已经对这些程序了如指掌，但再看一遍也没有坏处。

(3) 在着陆时做好适当的准备。这时候，不应该坐靠在位置上，而是应该双手交叉放在前排座位上，然后把头部放在手上，并在飞机着陆之前一直保持这个姿势。

(4) 飞机着陆之后，尽快走向出口，同时尽量保证安全，因为大火和有毒气体可能很快充满整个机舱。

(5) 尽快离开出事地点。因为那里的环境对乘客的健康不利。

(6) 乘飞机旅行时着装应该得体。尽量避免穿T恤和短裤，应该穿长袖衬衫和长裤，因为一旦起火，长衣长裤可以提供更好的保护。最好不要穿凉鞋，以免脚部受到玻璃、金属等的伤害。

下面是几种飞机遇到紧急情况时的自救方法。

1. 飞机发生颠簸时

飞机发生颠簸时乘客应立即系好安全带。遇到紧急情况时，还应双手用力抓住前排座椅，身体紧紧压坐在椅子上，尽量弯下身体、低下头，防止摔伤。飞机在遭遇强气流或发生机械故障以及其他问题时会发生颠簸，飞机在正常巡航状态也会发生颠簸，甚至会发生掉高度等不正常飞行，旅客在这时一定要系好安全带，保持镇定，关上茶水板，抱住前排座椅。

2. 缺氧时

高空飞行飞机应对座舱增压。如果飞机座舱失压，就会造成缺氧，乘客会因此而头晕，甚至失去知觉，乃至危及生命。在不同的高度上发生座舱失密的情况下，人所能承受的缺氧时间是不同的，分别为6 100米10分钟，7 800米2分钟，9 140米30秒，10 700米20秒，12 200米15秒，19 800米12秒。氧气面罩是为旅客提供氧气的应急救生装置。在飞机座舱发生失密的情况下，氧气罩会自动从舱顶掉落下来，旅客应该带上氧气罩，甚至飞机下降到可以呼吸的安全高度时才能将其摘下。每个航班上都准备了足够的氧气面罩，即每位乘客都有配备，而且每排座位还会多配装一副备用面罩，以防意外。

3. 失火时

如果机舱内失火，可用二氧化碳灭火瓶和药粉灭火瓶（驾驶舱禁用）灭火；非电器和非油类失火，应用水灭火器。乘客要听从指挥，尽快蹲下，处于低水平位，屏住呼吸，或用湿毛巾堵住口鼻，防止吸入一氧化碳等有毒气体。

4. 迫降时

飞机在空中发生故障时不得不采取迫降的办法，迫降一般尽可能在海上进行（这是飞机尽可能沿海岸线飞行的原因），在迫不得已的情况下，飞机也只得在撒满消防剂的跑道上迫降。

为了安全起见，客机不配备降落伞。对乘客来说，迫降时最为重要的是保持头脑的冷静，坚决服从机组人员的命令。一般来说，此时机长和乘务长会简明地向乘客宣布紧急迫降的决定，并指导乘客采取应急措施。水上迫降时，空中小姐会讲解救生衣的用法。飞机着陆前乘客要做到以下几点。

(1) 严格按照规定竖直座椅靠背，尽可能束紧安全带，屈伸向前，脸趴在枕头和毛毯上，双臂护住头部。

(2) 熄灭香烟。

(3) 脱下鞋袜，摘下眼镜和假牙，身上不能带有任何尖刺、坚硬的东西。

(4) 不要在走出机舱前穿起救生衣，以免造成出舱门的困难。

(5) 在机组人员的指挥下，尽可能坐在前舱，因为机尾跌落的可能性较大。

5. 发生意外时的求生要点

据有关统计表明，发生意外时飞机的尾部受损最轻。一般来说，飞机在坠毁不可避免时，机组人员都会将人员集中在飞机的尾部。

在这时系好安全带（注意记住如何迅速解开安全带）是十分必要的，座椅可能将重力作用大部分有效释放，减轻人体损伤。

在飞机落地后，应立即观察所处的环境和弄清所受的外伤，以及自己的活动能力。如果机舱内正在燃烧，应迅速用湿毛巾掩住口鼻，防止吸入毒烟，并立即解开安全带，脱离火源，从紧急脱离通道离开飞机（在乘机时应认真阅读飞机上的有关手册，记住如何使用紧急脱离通道）。如果已离开飞机，则应向飞机残骸的上风处跑。如果在水中（通常飞机迫降在水面时都要让乘客穿好救生衣，注意救生筏的到达口与紧急脱离道有所不同），应抓住救生物品，抬高下颌，并努力吸气、积极游泳；如不会游泳，就应该堵住鼻孔，防止呛水。

第二节　大学生旅行安全

案例回放 3

2009年10月14日上午9时，桂林市阳朔县一供游客游玩的热气球升空后失控，热气球飘至邻县荔浦县马岭镇上空爆炸，导致4人死亡、3人受伤。热气球上共有7人，除2名中国籍驾驶员外，其余5名游客均为荷兰籍。在这5名荷兰籍游客中，4人死亡，1人受伤。

案例回放 4

2010年12月12日，黄山风景区下着雨，18名来自上海复旦大学的学生选择了一条没有安全措施的路线。他们没有向导，装备不齐全，在GPS进水后迷失在大山中。凌晨2时37分，当地公共安全专家、民警、消防官兵等救援人员找到18名大学生并将他们全部救出。民警张宁海为了解救学生，连夜带路，不幸摔下30多米高的悬崖，英勇牺牲，年仅23岁。

案例回放 5

2012年4月4日下午1点左右，24名上海的大学生在清明小长假集体到苏州春游。在苏州太湖三山岛附近水域，一艘快艇从太湖三山岛返回西山岛的途中，撞上了两艘货船间的拖曳缆绳，快艇顶棚被整个掀开，导致2人死亡、2人落水失踪、4人受伤。一位正在苏州木渎医院治疗的上海交通大学受伤学生称，出事快艇上的人员未穿救生衣。经确认，2名死亡者分别为上海交通大学和华东政法大学的学生，其中1人为女领队；2名落水失踪者均为上海交通大学学生；在4名受伤者中，3人为上海交通大学学生，1人为快艇驾驶员。

一、大学生旅行概述

随着我们的生活水平不断提高，出外旅行已成为我们生活中必不可少的部分。在旅行群体当中，大学生是整个旅行市场的一个重要而又独立的组成部分。大学生作为社会的一个特殊群体，具有一定的经济独立能力和自我生活能力，有相对自由的时间，具有更多冒险的精神和追梦遐想，这些促进了大学生旅行热。大学生旅行可以开阔视野、强身健体、放松心情、增进友谊。

据一份调查表明，在旅行意向上，有接近95%的大学生表示非常喜欢旅游。在当今全国高校数量已达2 000多所，在校生人数超过2 000万人的情况下，95%的大学生有旅行意向，是一个巨大的市场。当然，旅行在根本上是一种主要以获得心理快感为目的的审美过程和自娱过程，是人类社会发展到一定阶段时最基本的活动之一，它是一种审美活动，是综合性的审美实践；是人类一种积极且健康的社会交往活动；是人类生活的基本需要和高层次的消费活动。

大学生以往出游时，选择与同学结伴而游方式的占大多数，大学生大多数喜欢跟同年龄段的人一起外出旅行。在旅伴的选择上，部分人选择跟男（女）友一起去旅行，这可能是大学生旅行的一大特点。大学生正处于感情萌发的时期，与情侣同游一方面可以体验生活、增加旅行乐趣、共同解决旅途中的困难，另一方面又可以促进双方的了解、培养共同兴趣、增加双方的感情。相反，选择与父母、亲人同游的人很少。

在大学生旅行中，亲朋好友介绍的旅游景点可信度相当高；其次是网络搜索、报刊广告、旅行社咨询。而在出游信息收集中，费用是最受关注的；其次是景点的吸引力，住宿条件、安全问题、交通便利与否也受到一定程度的关注。

大学生旅行具有几个方面的典型特征。①出行时间固定。大学生的空闲时间都以学校的课程安排为准，所以出行时间很固定，主要集中在五一和国庆黄金周。②消费水平较低。大学生大都还没有自己独立的经济收入，旅行的钱都是从自己的生活费或是辛苦打工的所得中省出来的，所以"穷大学生"基本都选择最便宜、最划算的旅行路线和方案，同时在旅游中的购买力比较弱。③旅行出行目的明确。大学生旅行主要是欣赏景观、增长见识，所以选择的景点主要是自然风景区。④旅行制约因素明显。大学生经济上还没有完全独立，因此大学生旅行一定会考虑资金方面的问题。

从类型上看，大学生旅行的方式主要有自助游、半自助游、团体旅行、聚会等。大学生对新鲜事物比较感兴趣，喜欢自己探索事物的真谛，喜欢冒险，大学生最大的特点之一就是向往自由，喜欢无拘无束，而自助游和半自助游的方式能满足大学生出游的目的。也正因为如此，大学生的旅行安全往往成为要重点考虑的因素，因为只有在保障安全的前提下，才能真正让人感受到旅行的快乐。

旅行安全事故是指在旅行过程中，涉及旅游者人身、财物安全的事故。旅行事故从危害的等级划分，可分为轻微事故、一般事故、重大事故和特大事故。轻微事故是指一次事故造成旅游者轻伤，或经济损失在1万元以下者；一般事故是指一次事故造成旅游者轻伤，或经济损失在1万~10万元（含1万元）者。重大事故是指一次事故造成旅游者死亡或旅游者重伤致残，或经济损失在10万~100万元（含10万元）者；特大事故是指一次事故造成旅游者死伤多名，或者经济损失在100万元以上者，或者性质特别严重产生重大影响者。

二、大学生旅行常见事故的防范与应对

（一）自然灾害的防范与应对

1. 洪水

（1）洪水来临时，要迅速到附近的山坡、高地、屋顶、楼房高层、大树上等高的地方暂避。

（2）要设法尽快发出求救信号和信息，报告自己的方位和险情，积极寻求救援。

（3）落水时要寻找并抓住漂浮物，如门板、桌椅、木床、大块的泡沫塑料等。

（4）汽车进入水淹地区时，要注意水位不能超过驾驶室，要迎着洪水驶向高地，不能让洪水从侧面冲击车体。

（5）不要惊慌失措、大喊大叫；不要接近或攀爬电线杆、高压线铁塔；不要爬到泥坯房房顶上。

2. 地震

（1）地震发生后，在室内要选择易形成三角空间的地方躲避，可躲到内墙角或管道多、整体性好的卫生间、储藏室和厨房等处。不要躲到外墙窗下、电梯间，更不要跳楼。

（2）在公共场馆里，应迅速就近"蹲下、掩护、抓牢"或就近躲在柱子、大型物品旁；身处门口时可迅速跑到门外至空旷场地；在楼上时，要找准机会逐步向底层转移。

（3）在室外，要尽量远离狭窄街道、高大建筑、高烟囱、变压器、玻璃幕墙建筑、高架桥以及存有危险品和易燃品的场所。

（4）在行驶的汽车、电车或火车内，乘客应抓牢扶手避免摔倒，降低重心，躲在座位附近，不要跳车，地震过后再下车。

（5）用湿毛巾、衣物或其他布料捂住口、鼻和头部，防止灰尘呛闷窒息。

（6）寻找和开辟通道，朝着有光亮、宽敞的地方移动，不要乘电梯逃生。

（7）若一时无法脱险，则要节省气力，静卧保持体力；不要盲目大声呼救；多活动手、脚，清除脸上的灰土和压在身上的物件。

（8）无论在何处躲避，如有可能，应尽量用棉被、枕头、书包或其他软物体保护好头部。

3. 海啸

（1）地震是海啸发生的最早信号，从地震到海啸的发生有一个时间差，要利用时间差避险和逃生。

（2）如发现潮汐突然反常涨落、海平面显著下降或者有巨浪袭来，都应快速撤离。

（3）海啸发生前海水异常退去时往往会把鱼虾等许多海洋生物留在浅滩，场面蔚为壮观，但此时千万不要去捡鱼虾或看热闹，应迅速离开海岸，向陆地高处转移。

（4）海啸发生不幸落水时应注意以下几点：①要尽量抓住大的漂浮物，注意避免与其他硬物碰撞；②在水中不要举手，也不要乱挣扎，应尽量减少动作，能浮在水面随波漂流即可；③海水温度偏低，不要脱衣服；④尽量不要游泳，以防体内热量过快散失；⑤不要喝海水，海水不能解渴，反而会让人出现幻觉，导致精神失常甚至死亡；⑥要尽可能向其他落水者靠拢，以扩大目标，让救援人员发现。

4. 泥石流、山体滑坡

（1）发生泥石流、山体滑坡时，要迅速向两边的稳定区逃离，不要沿着山体向上方或下方奔跑。

（2）不要躲在有滚石和大量堆积物的山坡下面。

（3）不要停留在低洼处，也不要攀爬到树上躲避。

（4）一定要设法从房屋里跑至开阔地带。

（5）应选择平整的高地作为营地，不要在山谷和山沟底部扎营。

5. 台风

（1）尽快转移到坚固的建筑物或底层躲避风雨。

（2）避免外出，必须外出时应穿较为鲜艳的衣服，并在随时能抓住固定物的地方行走。

（3）在外行走时，要尽量弯腰将身体缩成团，扣好衣扣，必要时应爬行前进。

（4）不要在受台风影响的海滩游泳或驾船。

6. 龙卷风

1）在室内时的应对方法

（1）要远离门、窗和房屋的外围墙壁，躲到与龙卷风前进方向相反的墙壁或小房间内抱头蹲下，尽量避免使用电话。

（2）将床垫或毯子罩在身上，以免被砸伤。

（3）地下室或半地下室是最安全的躲藏地点。

2）在室外时的应对方法

（1）不要待在露天楼顶，就近进入混凝土建筑底层。

（2）远离大树、电线杆或简易房屋等。

（3）朝与龙卷风前进路线垂直的方向快跑。

（4）来不及逃离的，要迅速找到低洼地趴下。

（5）不要开车躲避，也不要在汽车中躲避。

7. 雷电

（1）不要在旷野、孤独的小屋中、孤立的大树下、电线杆旁、高坡上避雷雨。

（2）不要赤脚站在水泥地上，不要洗澡或淋浴，不要打固定电话，不要使用带有外接天线的收音机或电视机。

（3）要远离铁轨、长金属栏杆和其他庞大的金属设施，避免站在山顶、制高点等场所。

（4）多人一起在野外时，彼此隔开一定距离，不要挤在一起。

（5）胶底鞋或橡胶轮胎不能抵御闪电。

8. 沙尘暴

（1）出门戴口罩、纱巾等。

（2）多喝水，吃清淡食物。

（3）不要购买露天食品。

（4）骑车、开车要减速慢行，远离树木和广告牌。

（5）老人、儿童及患有呼吸道过敏性疾病的人不要出门。

9. 暴雨

（1）在积水中行走时，要注意观察，尽可能贴近建筑物。

（2）在山区，当上游来水突然混浊、水位上涨较快时，要注意防范山洪、泥石流。

（3）室外积水漫入室内时，应立即切断电源。

（4）下暴雨时不要自驾游。

10. 浓雾

（1）不要进行户外活动，必须外出时，要戴上口罩；尽量减少在雾中的时间。

（2）患有高血压、冠心病和呼吸系统等疾病者最好不要外出。

（3）雾中驾车时，应打开防雾灯，与前车保持足够的制动距离，保持慢速行驶。

11. 大雪

（1）减少外出活动，及时调整出行计划。

（2）不要待在不结实、不安全的建筑物内。

（3）行走时最好穿软底或防滑鞋，尤其是要做好冻伤、雪盲等的防护。

12. 高温

（1）多喝水，少食多餐，适当多吃苦味和酸性食物。

（2）避免剧烈运动，用凉水冲手腕、温水冲澡。

（3）日间需小睡。

（4）注意防晒；携带遮阳伞。

（二）事故灾难的防范与应对

1. 道路交通事故

（1）与机动车发生事故后，要保护现场，及时报警，并记下肇事车辆的车牌号。

（2）遇到撞人后驾车或骑车逃逸的，应及时追上肇事者或求助周围群众拦住肇事者。

（3）与非机动车发生交通事故后，在不能自行协商解决的情况下，应立即报警。

（4）先救人后救物，先救命后救伤，先抢救重伤员后抢救轻伤员。

（5）对受伤者进行常识性的受伤部位检查，及时止血、包扎或固定。

（6）注意保持伤者呼吸通畅，如果呼吸和心跳停止，要立即进行心肺复苏抢救。

（7）发生重大交通事故时，不要翻动伤者，要立即拨打120和110求助。

2. 水运事故

发生水运事故时，要利用救生设备逃生；紧急情况下必须跳水逃生时，应采取以下应急措施。

1）跳水前的应急措施

（1）尽一切可能发出遇险求救信号。

（2）跳水前尽可能向水面抛投漂浮物，如空木箱、木板、大块泡沫塑料等。

（3）多穿厚实保温的衣服，系好衣领、袖口；如有可能，穿上救生衣。

2）跳水时的应急措施

（1）不要从5米以上高度直接跳入水中；可利用绳索等滑入水中。

（2）两肘夹紧身体两侧，一手捂鼻，一手向下拉紧救生衣，深呼吸，闭口，两腿伸直，直立式跳入水中。

3）跳水后的应急措施

（1）尽快游离遇难船只，防止被卷入旋涡。

（2）如果发现四周有油火，应脱掉救生衣，潜水游到上风处；到水面上换气时，先用双手将头顶的油和火拨开再抬头呼吸。

（3）不要将厚衣服脱掉；如果没有救生衣，尽可能以最小的运动幅度使身体漂浮；会游泳者可采用仰泳姿势。

（4）尽可能在漂浮物附近。

（5）两人以上跳水逃生，要尽可能拥抱在一起，减少热量散失，也易于被发现。

3. 铁路、轨道交通事故

（1）发生事故后，要听从工作人员的统一指挥，待列车停稳后，在工作人员的组织下，有序地向车厢两端紧急疏散。不要盲目跳车，以防摔伤或被其他列车撞伤。

（2）撞车瞬间，两腿要尽量伸直，两脚踏实，双臂护胸，手抱头，保持身体平衡。

（3）列车发生火灾、爆炸事故时，列车服务人员应迅速疏散旅客，尽力切断火源、爆炸源并保护好现场。

4. 航空事故

（1）登机后，要熟悉机上的安全出口，听阅有关的航空安全知识。

（2）遇空中减压，要立即戴上氧气面罩。

（3）飞机紧急着陆和迫降时，要保持正确的姿势：弯腰，双手在膝盖下握住，头放在膝盖上，两脚前伸紧贴地板；听从工作人员指挥，迅速有序地由紧急出口滑落地面。

（4）舱内出现烟雾时，要把头弯到尽可能低的位置，屏住呼吸，用饮料浇湿毛巾或手帕捂住口、鼻后再呼吸，弯腰或爬行到出口处。

（5）若飞机在海洋上空失事，要立即穿上救生衣。

（6）飞机撞地轰响瞬间：飞速解开安全带，朝外面有亮光的裂口全力逃跑。

5. 火灾

（1）火灾发生时，应及时拨打119报警；小火应立即扑救，如果火势扩大，应迅速撤离。

（2）逃生时应准确识别疏散指示方向，千万不要拥挤，快速逃离火场。

（3）火场逃生过程中，要一路关闭背后的门；逃出现场后切勿重返屋内取贵重物品。

（4）火灾发生时，切不可搭乘电梯逃生，更不要盲目跳楼。

（5）如果烟雾弥漫，要用湿毛巾掩住口鼻呼吸，降低姿势，沿墙壁边爬行逃生。

（6）当衣物着火时，最好脱下或就地卧倒，用手覆盖脸部并翻滚压熄火焰，或跳入就近的水池，将火熄灭。

（7）夜间发生火灾时，应先叫醒熟睡的人，尽量大声喊叫，提醒其他人逃生。

（8）一旦发现自己身处森林着火区域，应准确判断风向和火灾延烧方向，逆风逃生。

（9）如果被大火包围在半山腰，要绕开火头快速向山下跑，切忌往山上跑。

6. 拥挤、踩踏事故

（1）要保持冷静，提高警惕，不要受周围环境影响。

（2）服从组织者指挥，有序撤离。

（3）发觉拥挤的人群向自己行走的方向来时，应立即避到一旁，切记不要逆着人流前进。

（4）陷入拥挤的人流时，要远离店铺、柜台的玻璃或者其他危险物。

（5）若被人群挤倒，则设法靠近墙角，身体蜷成球状，双手在颈后紧扣以保护身体。

（6）如果带着孩子，要尽快把孩子抱起来；如果可能，要抓住身边坚固牢靠的东西。

（三）社会安全事件的防范与应对

1. 恐怖事件

（1）及时报警。向就近的工作人员报警或通过报警器向警方报警，并迅速疏散周围的人员。报警时，避免使用无线电通信工具，以免引爆无线电遥控的爆炸物。

（2）适当应对。根据恐怖事件的情况及其所在位置采取不同的紧急处置方法：对于爆炸恐怖，应脸朝下且头部背向爆炸物就地卧倒，或尽量选择安全位置躲避；对于生物、化学恐怖，应立即离开污染区域，不接触可疑物品，要尽快实施自我防护，如利用随身携带的物品遮蔽面部，尤其是口鼻部位，遮盖或减少身体裸露部分；对于劫持恐怖，要沉着冷静、机智灵活地应对恐怖分子。

（3）迅速撤离。在工作人员或警方的组织下，保持镇静，听从指挥，按规定的路线迅速、有序地撤离现场。撤离时，不要相互拥挤，以免堵塞出口、发生骚乱或引起踩踏事故。

2. 抢劫

（1）保持镇定，及时做出反应；若无能力制伏，可保持距离追赶并大声呼救，以求援助。

（2）追赶不及的，应看清作案人的逃跑方向和有关衣着、发型、动作等特征，及时报警。

3. 暴乱

（1）保持冷静，沉着应对，保持与暴乱分子的距离，不与其接触或者搭话，不要围观。

（2）被暴乱分子盯上时，应向熟悉的或者人多的安全地带奔跑。

（3）在逃跑时，要学会利用和制造障碍物阻滞暴乱分子，把身上多余的东西向后扔。

（4）不要与暴乱分子拼命搏斗，被击倒时，双手重叠捂住后脑，双肘向内护住眼睛、鼻梁。要学会用眼睛"观察"和用身体"打滚"，找到其薄弱环节，然后迅速地"连滚带爬"冲出去。

4. 绑架

（1）学会保护自己，要运用自己的智慧，同坏人周旋。

（2）在被绑架的过程中，要尽量记住沿途的地方和绑匪的特征，或者留下亲人熟悉的标记。

（3）尽可能拖延时间，寻找各种借口给绑匪制造困难，如说身体不适，或大哭，或扭动身体，或做出其他反常的行为，或趁绑匪不注意时制造信号以引起外界注意，或者趁机呼救。

（四）公共卫生事件的防范与应对

1. 食物中毒

（1）注意饮食、饮水卫生，尽量不要在路边摊点就餐，少吃、不吃生冷食物。

（2）发现食物中毒，要立即停止食用可疑食品。

（3）可采用催吐的方法，用筷子、勺把或手指压舌根部，轻轻刺激咽喉引起呕吐，以吐出导致中毒的食物。

（4）大量喝水，可以是淡盐水，稀释毒素。

（5）保留好可疑食物、呕吐物或排泄物，供化验使用。

（6）及时就医。

2. 霍乱

（1）旅行期间，一旦出现剧烈的无痛性水样腹泻等类似霍乱的症状，应立即到附近医院的肠道门诊就医。

（2）要向医生如实提供最近就餐的地点、食物的种类和一同就餐的人员。

（3）积极配合疾病预防控制部门对使用过的餐具、接触过的生活物品等进行消毒。

3. 禽流感

（1）若去禽流感流行国家或地区旅游，应避免接触活禽和鸟类，尤其是鸡；接触活禽和鸟类后，应用肥皂彻底洗手。

（2）不吃未完全煮熟的鸡肉和鸡蛋，保持均衡饮食，充分休息，以保持良好的抵抗力。

（3）旅行回来或接触禽类后，出现发烧、鼻塞、流鼻涕、咳嗽、嗓子疼、头痛、全身不舒服等症状，应及时到当地医院就诊，并向医生报告自己最近的旅行史及与禽类接触史。

4. 流行性感冒

（1）旅行期间（特别是流感流行季节）要劳逸结合，注意保暖，防止受凉；少去甚至不去拥挤、不卫生的公共场所，房间要经常通风换气，保持清洁。

（2）在流感大流行时，应推迟非必要的旅行；必须旅行时，易感人群及体弱者，可服用预防药物或接种流感疫苗。

（3）有流感症状时，要注意多休息、多喝水。

（4）流感病人应自觉与同行游客保持一定程度的隔离（佩戴口罩、分开吃住）；流感病人的擤鼻涕纸和吐痰纸要包好，扔进加盖的垃圾桶，或直接扔进抽水马桶用水冲走。

（5）若怀疑患有流感应及时就医，并告知相关旅行史或接触史，帮助医生诊断。

5. 疟疾

（1）旅行前向国际旅行卫生保健中心或专业机构进行健康咨询，了解所去国家或地区疟疾流行情况，熟悉疟疾防治基本知识。

（2）提前准备个人防护用品，配备必要的防蚊药具等物品。

（3）注意个人防护，避免蚊虫叮咬。

（4）到疟疾流行区居住或旅游的旅行者需携带一些抗疟药物备用，特别是流行季节，一般自进入疟区前2周开始服药，持续到离开疟区6~8周。

（5）一旦出现周期性寒战、发热、头痛、出汗和贫血、脾大等类似疟疾症状，或怀疑患有疟疾，应及时就医，并告知旅行史。

（6）若得不到及时医治，应服用自己携带的备用药，青霉素衍生物抗疟药对治疗有特效，但仍然应该尽早找医生确诊并进一步治疗。

6. 登革热

（1）旅行前向国际旅行卫生保健中心或专业机构进行健康咨询，了解所去国家或地区登革热流行情况，熟悉登革热防治的基本知识。

（2）提前准备个人防护用品，配备必要的防蚊药具等物品。

（3）注意个人防护，避免蚊虫叮咬。

（4）由于目前尚无特效治疗药物，因此一旦旅游目的地发生疫情，则应尽量不去人群聚集的场所，尽快离开该地或终止旅游行程。

（五）特殊旅游项目事故的防范与应对

1. 山地、高原、沙漠旅游安全

1）山地旅游

（1）要事先对所登之山进行必要的了解或寻找向导带领登山，以避免迷失方向。

（2）山地旅行时被石头或树枝撞击、刮伤，若只是手脚轻微碰伤，可用水冷敷或进行止血包扎等紧急处置；若患者骨折或头部受重创后发生呕吐等现象，可能有生命危险，必须尽快送医院救治。

（3）极端天气情况下，避免到山地旅游。

2）高原旅游

（1）进入高原之前，要进行健康检查或咨询医生，若有心、肺、脑、肝、肾病变，严重贫血或高血压的患者，请勿盲目进入高原。

（2）初到高原，不可急速行走，也不能跑步，更不能做体力劳动，最好能用半天时间完全静养休息，第一个晚上要早休息、多睡觉。在保证安全的前提下，睡觉时可尽量开窗，让空气流通，并尽量靠近窗户睡觉。

（3）刚进入高原，不可暴饮暴食，以免加重消化器官的负担，使其能很好地适应此环境。最好不要饮酒和吸烟。

（4）要多食蔬菜、水果等富含维生素的食品，并多饮水。

（5）如果出现胸闷、气短、呼吸困难等高原反应，要视反应程度而有针对性地治疗。如果反应较轻，可采取静养的办法，多饮水，少运动，一般一段时间后不良反应会减弱或消失；如果反应较重，影响到了睡眠，可服用一些药物帮助治疗；如果反应太重，可到医院进行治疗，如输液、吃药、吸氧等。

（6）感冒是急性高原肺水肿的主要诱因之一。高原温差特别大，很容易着凉并感冒，初到高原，要防止因受凉而引起的感冒。

（7）进入高原后的旅游行程安排很有讲究，不可盲目行动。要先到低海拔的地方，再到高海拔的地方。

（8）可服用一些常用的预防高原反应的药物，如红景天等，一般进入高原前两天开始服用，旅游途中也应坚持服用，可以有效防止高原反应。

3）沙漠旅游

（1）行前准备充足。了解当地有关的背景资料，如气候、植被、河流、村庄、道路等，实事求是地规划沙漠旅游线路，在确保生命安全的情况下制订出力所能及的旅游方案。

（2）需穿防风沙衣服及戴纱巾；昼夜温差大，夜晚要准备防寒衣物；白天阳光充足，紫外线强烈，脸上可擦防晒霜，戴太阳镜、遮阳帽；在沙漠行走时宜穿轻便透气的高帮运动鞋，以免沙子进入鞋内，影响走路。

（3）若在沙漠中迷失方向，不要慌张，要正确地判断方向，如果判断不了，就在原地等待救援。

（4）在沙漠旅游中遇见沙暴，要观察选择逃避的方向，只要避过风的正面，大都能化险为夷。千万不要到沙丘的背风坡躲避，否则有被沙暴埋葬的危险。

2. 涉水旅游安全

1）漂流

（1）在强降雨等恶劣天气下不宜漂流。

（2）漂流时不要携带现金和贵重物品上船。

（3）漂流之前，仔细阅读漂流须知，听从工作人员的安排，穿好救生衣，根据需求戴好安全帽。

（4）一旦落水，千万不要惊慌失措，救生衣的浮力足以将人托浮在水面上，静心等待工作人员前来救援。同伴应及时施救。

2）潜水

（1）参加潜水项目应选择有合法资质和安全保障能力的经营单位。

（2）参加潜水活动时，应咨询医生或专业人士，确保身体情况适宜。

（3）如感到身体不适，不要潜水。潜水之前，不要吸烟，不可饮用含酒精的饮品或服用不适当的药物，同时保持良好心理及生理状态。女性若在月经期和怀孕期，不要潜水。

（4）使用合适及惯用的设备，同时，潜水前要检查设备，并穿合适的潜水衣，以确保身体足够暖和。

(5) 应根据自己的技术和经验，在能力范围内潜水，并严格按照潜水计划潜水。

(6) 在潜水过程中，切勿闭气，保持顺畅呼吸。

(7) 在不熟悉的水域潜水时，要有专业潜水人士陪同。

3）滑水

(1) 不要在浅水的地方滑水，最低安全深度为1.5米。

(2) 不可向其他船只或码头方向进行滑水运动，要与其他船只保持足够的距离。

(3) 滑水者必须穿着救生衣。

(4) 注意使用适当的滑水手套，这样可以防止起水疱。

(5) 当进行滑水跳跃或长途速度比赛时，要戴上保护头盔。

(6) 滑水之前，不要吸烟或者饮酒。

(7) 请勿带照相机、手机及一切不防水的物品滑水。

(8) 滑水者跌进水里时，要将身体弯曲，并保持放松，以降低受伤的概率。第一次体验滑水时，如果身体不能保持平衡，应立即松开手中的绳索，以免意外事故发生。

3. 高空旅游安全

1）索道

(1) 查看该索道是否悬挂有国家质检总局颁发的"客运索道安全检验合格"标志牌。

(2) 认真阅读索道入口处的"乘客须知"。

(3) 进入站台后，听从服务人员的指挥，按顺序上车。

(4) 进入客车（吊椅）内后，坐稳扶住，不要擅自打开车门及安全护栏。

(5) 到站下车时，听从服务人员的疏导，陆续下车，并及时离开站台。

(6) 如遇索道偶然停车，不要着急，耐心等待，注意收听线路广播要求，不要自己打开车门或护栏。

(7) 如遇索道故障，短时间内不能排除，乘客要稳定情绪，不要惊慌，等待工作人员前来营救，千万不可自行设法离开车厢。

(8) 救护人员到达后，一定要服从救护人员的指挥，配合救护人员工作，不要争抢，年轻人应协助救护人员，首先营救儿童、老人和妇女，先帮助他们顺利到达地面。

(9) 乘客到达地面后，在工作人员的引导下，应尽量避开索道行驶区，有秩序地向索道站转移。

2）蹦极

(1) 有心、脑病史的人员不宜参加，有深度近视者要慎重，以避免下坠时因脑部充血而造成视网膜脱落。

(2) 在决定蹦极之前，应确保天气状况良好，风雨天不要蹦极。

(3) 蹦极前着装应简单、合身，不要穿易飞散或兜风的衣物；要充分活动身体各部位，以免扭伤或拉伤；饮酒后不要参加蹦极活动。

(4) 跳之前要确定所有设备都能安全使用。要检查和选用适当的绳索，并听从工作人员安排，确保背带套在身上，以及系住脚踝、腿或手臂；如果感觉哪儿不对劲，就不要跳。

(5) 除非非常有经验，否则不要玩双人式蹦极。

(6) 跳出后要注意控制身体，不要让脖子或胳膊被绳索缠到。如果采用绑腿式跳法，腿部和脚部一定不能有骨折的病史。

图7-5

3）过山车（图7-5）

（1）有心脏疾病、恐高症等的人以及饮酒者不要玩过山车；另外，戴眼镜者应做好防护，避免眼镜脱落伤人。

（2）认真查看设备的安全资质。不要乘坐超过检验有效期的过山车，也不要乘坐无使用登记证、无定期检验合格报告以及未标注安全注意事项和没有警示标志的过山车。

（3）仔细阅读注意事项。玩过山车之前，游客必须仔细阅读注意事项，按照须知要求乘坐过山车；另外，要观察过山车是否有严重锈蚀现象，过山车周围是否有不符合安全距离的障碍物。

4）滑翔伞

（1）首先检查确保项目有合法资质和安全保障能力。

（2）严禁单独一人飞行，严禁在过度疲劳及饮酒等情况下飞行。

（3）飞行前应检查伞衣有无撕裂、刺穿和擦伤等情况，检查伞绳是否缠结或磨损以及伞绳与操纵带的连接是否正常。

（4）为了掌握航空飞行各方面的情况，必须花费较长时间进行训练。为确保安全，尽可能在飞行技术范围内进行飞行活动。

（5）不论是起飞还是着陆，必须迎着风，着陆后要立即将伞衣排气。

（6）不要在大风、大雾等恶劣天气条件下开展此项目。

5）热气球

（1）尽量穿棉质面料的服装和运动鞋，不宜穿裙装、高跟鞋、凉鞋等；为防止灼伤，一定要身着长衣长裤，戴棉质帽子。

（2）高血压、心脏病患者不能进行热气球运动。

（3）热气球飞行最好的时间是在日出后两小时内或日落前两小时内，因为该时段气流最为稳定。

（4）不要在大风、大雾等恶劣天气乘坐热气球。

（5）高空飞行要注意防寒。

（6）除了必要的装备，还需要配备GPS全球定位系统、电子罗盘、对讲机、工具刀、防风打火机等。

4. 滑雪旅游安全

（1）关注当地的气候情况和近期的天气变化，以防天气突变。

（2）准备好衣物等专业用品。滑雪服最好选用套头式，上衣要宽松，以利于滑行动作；衣服颜色最好与白色雪面有较大反差，以便他人辨认，避免相撞。需要佩戴合适的全封闭保护眼镜，避免阳光反射及滑行中冷风对眼睛的刺激。

（3）做好必要的防护措施。应检查滑雪板和滑雪杖，选用油性及防紫外线的护肤品；在手脚、耳朵等易产生冻伤的部位做好保暖措施，必要时可携带高能量便携食品，以保证足够的热量供应。

（4）初到滑雪场时应先熟悉那里的大概情况，要仔细了解一下雪道的高度、坡度、长度、宽度及周边的情况，根据自己的滑雪水平来选择相应的滑道。熟悉地图上滑雪场设施的分布位置、出事获救情况，并严格遵守滑雪场的有关安全管理的规定。注意索道开放时间，在无人看守时切勿乘坐。

（5）初练滑雪时应注意循序渐进，量力而行。在训练期间，要按教练和雪场工作人员的安排和指挥去做。在未达到一定水准时，不要擅自到技术要求高的雪区滑雪，以免发生意外。

（6）在滑雪时，要注意与他人保持一定的距离，不要打闹，以免碰撞。人员较多时，应调节好速度，切勿过快过猛。

5. 自驾游出行安全

（1）车辆检查。出发前务必检查好驾驶证、行驶证，做好车况检查。如需长途旅行，应到车辆维修站进行全面检查。

（2）备好随行物品。准备自救工具：千斤顶、拖车带、换胎扳手、警示牌、长绳、备用轮胎；应急工具：应急灯、指南针、机油、玻璃水、冷却液、燃油添加剂；医药用品：感冒药、消炎药、黄连素、止血绷带、创可贴、维生素药片、眼药水；生活用品：不同时令的衣服、食品、水；野营用品：防潮垫、折叠桌椅、睡袋、遮阳伞等。

（3）注意了解出行信息。一是出游前，应提前了解前往目的地途中的天气，尤其是是否有暴雨、暴雪、台风等情况，避免遇上受恶劣天气影响而造成的塌方、山体滑坡、泥石流等自然灾害；二是要了解沿途经过的路况、道路代号、里程、饮食、住宿、加油站等信息，以及一些具有特殊人文地理的地方，做好旅行计划；三是在车辆上安置GPS，及时收听当地交通台的广播，了解行车路况，也便于遇到意外时救援人员进行定位搜索。

6. 旅行中的注意事项

（1）每天出发前对车辆进行一次全面的检查。

（2）及时加油。

（3）严防疲劳驾驶。连续驾驶不能超过4小时。

（4）遵守交通规则，注意系好安全带。尽量避免夜间行车，路面聚积雨水过多时，不要加大油门冲水，以免影响制动和电气件进水，应低挡稳速行驶。

（5）经过易发生滑坡地区时，应严密观察，注意路上随时可能出现的各种危险，如掉落的石头、树枝等。

（6）遇到龙卷风时，应立即离开汽车，到低洼地躲避；不要开车躲避，也不要在汽车中躲避，因为汽车对龙卷风几乎没有防御能力。

（7）遭遇沙尘暴时，由于能见度较差，因此应减速慢行，密切注意路况，谨慎驾驶，防止交通事故的发生。

（8）遭遇大雾天气时，注意交通安全，要特别注意慢行。

（9）遭遇大雪天气时，可以适当给车辆轮胎放些气，慢速行驶，以避免打滑等现象发生。

（六）社会文化事件的防范与应对

去少数民族居住区旅游已成为当下一种时尚的休闲方式，在这些地方不仅能欣赏到秀丽的风光，还能感受到完全不同的文化和风情。但是少数民族和汉族的风俗习惯、生活习惯有很多不同，想要在这些地方成为一名受欢迎的客人，一定要学会尊重他们的风俗。

1. 需要普遍遵守的旅行文明习惯

（1）自律。对旅行目的地文化和环境保持敏感是负责任游客行为的基本要求。游客在旅行目的地逗留的异地性和暂时性，常常使游客放松行为约束，加之对异地风土人情的陌生感，会疏忽自己的行为对当地社会文化和环境造成的影响。例如，进行旅行活动时携带的塑料袋、塑料瓶是破坏风景的垃圾，不能因为在风景区没人看到，或者认为有环卫人员打扫而随意丢弃，一些经济不发达地区尚无能力处理游客留下的垃圾。因此，自律是游客道德责任感的高度表现，游客应自觉对旅游目的地公园、保护区和保留地环境保护给予支持。根据有关媒体的报道，2013年5月29日是人类攀登珠穆朗玛峰50周年纪念日，大家不知道的是，人类攀登珠穆朗玛峰的同时，也导致了垃圾遍地。

（2）尊重。尊重是具有社会责任感的游客在与旅游目的地居民进行交往时应持有的态度。作为客源地的代表，需尊重旅行所到之地的物质和社会环境，游客须具备所要访问地的基本知识，不带有判断的姿态学习当地文化，不把自己的价值体系强加于其他文化上。例如，旅行之前先了解当地文化，甚至学几句当地方言，方便沟通。在旅行目的地活动时，主动和当地居民打招呼，遵从并体验当地文化、习惯、语言和居民的生活方式，参与当地人民的文化活动；深入体验当地生活而不是拍摄某个瞬间，在拍摄当地人员前，应征求拍摄对象的同意，如果对方不愿意，则把镜头移开，以免造成对方的不安。因为，并不是所有的人都喜欢陌生人对着自己乱按快门。对当地宗教和传统仪式不大惊小怪，而是给予理解。因此，尊重就是要求游客旅行时，不是作为一名窥探者，而是积极与旅行目的地的人民接触，接触的程度以使当地人感觉舒服为宜。

（3）节约。具有环境责任感的游客，其旅行行为须尽量减少对当地环境资源的过度使用，尽量使用能重复或循环使用的物品，提高物品和资源的利用率。游客为了旅行方便，常常会使用一次性物品，这种做法非常不利于环境保护。负责任的游客行为是尽量不用一次性物品，而使用能重复使用的物品，例如，购物的塑料袋重复使用，自带拖鞋和梳洗用品，少饮用瓶装水，而是自备水杯或水壶。

2. 民族与宗教的禁忌

关于少数民族禁忌与宗教禁忌，可以上国家宗教局网站查阅相关信息。

思考题：

1. 骑行电动车应注意哪些事项？

2. 你是否能准确认识各类交通标识？
3. 我们应该如何从自身做起，避免出现"中国式过马路"的现象？
4. 一旦发生交通事故，应急处置的程序和要求有哪些？
5. 大学生外出旅行要注意做好哪些准备工作？
6. 发生旅行事故时应如何做出自救措施？

第八章

社交安全

每个生活在社会大环境之中的人,都离不开社会交往活动。随着时代的发展和社会的进步,大学生与社会的联系越来越多,人际交往的形式日趋增多,人际交往的内容也日益广泛。在现实生活中,不少大学生由于缺乏必要的社交安全知识,不能很好地把握自己,所以在社交活动中付出了沉重的代价。他们当中有的上当受骗,有的违法犯罪,有的甚至自寻绝路。这些都给个人、家庭、学校乃至社会造成了极大的危害。因此,大学生学习和掌握必要的社交安全知识,正确处理好社交活动中的各种问题,有效预防伤害、规避风险,具有十分重要的意义。

第一节 人际交往的原则和方法

社会交往是人们在社会活动中相互之间发生的各种联系和产生各种作用的过程。人际交往是社会交往活动的主要形式,是指个人与个人、个人与团体以及团体之间的相互作用、相互影响的方式和过程。它是人类为满足自身生活需要,在其所进行的劳动与创造中产生的。大学生进行健康的人际交往,既有利于自身经受锻炼、提高素质和全面发展,又有利于走上社会、了解社会、认识社会并服务社会。

一、影响人际交往的主要因素

人们在共同的社会生活中交流信息、增进了解、传递情感。由于多方面的原因,每个人参与人际交往活动的出发点不同、方法不同,因而,人际交往的质量和效果也不同。有的人左右逢源、灵活善变、广结人缘;而有的人孤掌难鸣、到处受制、举步维艰、人缘不佳。究其原因主要是受文化、社会和心理因素的影响。就心理因素而言,着重体现在以下几个方面:

(一)认知因素

人们在社会生活中,会产生对自我、他人以及种种社会关系的认识。在广泛的人际交往中,如果不能正确地掌握认知偏差,正常的人际交往就会受到影响。认知偏差主要包括对自我认知的偏差和对他人认知的偏差。对自我认知的偏差,体现在两个方面:一方面是自我评价过高,孤芳自赏;另一方面是自我评价过低,妄自菲薄。事实证明,这两种不正确的认知都会影响人际交往。一般来说,人们大多不满意自己的财富,却很容易欣赏自己的聪明。孤芳自赏者正是过高评价自己、过分相信自己的聪明而导致恃才傲物。具有自傲心理的人，常常对不如己者不屑一顾，恶语相向，以己之长量人之短，对别人的所作所为和喜好漠然置之，不屑与之交流。因而，人们对于这种人只能避而远之，使他们倍感孤单。同样，看不到自身的价值，妄自菲薄，认为自己这也不好、那也不行的人，与领导交往唯唯诺诺；与同事交往，怕别人笑话；与朋友相聚，总觉得低人一等。这种心理自卑、神情黯淡的人，想以自己的行为来博取人们的同情，往往会事与愿违、适得其反。

对他人认知的偏差：一是以貌取人，通常表现为第一印象。两个素不相识的人首次见面形成的印象为第一印象。这种印象主要来自对方外表，这对人们的相识具有决定性作用。二是以成见待人，通常表现为晕轮效应和定式效应。三是从众心理。它是根据多数人的看法来确定自己的观点或态度的一种现象。具有从众心理的人缺乏主见、人云亦云，为人处世随波逐流，没有自己的观点，不管别人的看法正确与否，一味随声附和，导致认识失真，影响与他人的交往。因此，在人际交往中，既要客观地认识自己，又要正确地认识别人。

（二）情绪因素

情绪是人的情感的外在表现，是影响人际交往的重要因素之一。在人际交往中，人的情绪状态直接关系到交际质量。如果人在取得某些成绩或他人羡慕的情况下沾沾自喜，得意之色溢于言表，逢人必讲，唯恐别人不知，言语中洋洋得意，眉飞色舞，甚至教导别人应该如何等，这样往往会引起别人的反感。与人交往时，得意忘形的人不会受欢迎，因为没有人愿意与高傲狂妄的人合作共事。同样，失意忘形留给别人的印象也不好。生活中难免会遇到种种困难和挫折，一个人若愁肠满腹，那么人们会认为你过于脆弱，缺乏自制力，只会给予你怜悯或同情，而不会把你作为知己，为你分担忧愁。若遇到不公正对待，怒形于色，迁怒于人，人们只会认为你浅薄且缺乏内涵，那么，你连怜悯或同情都得不到，只会得到别人的轻蔑。

情绪表达应该把握分寸、注意场合。如果不管对象、不分场合、不顾轻重地恣意纵情，情感反应过分强烈，就会给人留下轻浮、狂妄或动机不纯等不良印象，人们会顿生轻蔑之感而不愿与你接近；反之，一个人若对喜、怒、哀、乐或对能引起情感共鸣的事无动于衷、反应冷淡，人们就会觉得你冷漠无情，因而也不愿意同你交往。

（三）态度因素

态度是人们对一定对象的综合性的心理反应倾向，它是认知、情感、动机共同作用的全部心理过程的具体体现。态度在人际交往中形成，并对人际交往产生影响。在交往中，态度会给交往一方造成心理压力，因为态度总是指向并倾向于某个对象。如果态度和蔼、真诚、坦荡，会使人有安全感并亲而近之；反之，如果态度圆滑、缺乏诚意、狂妄自大，会使人有危机感并疏而远之。有的人在别人面前自以为是，对别人轻蔑相向，即便没有求助于他人也表现出一副考验别人的架势；有的人则缺乏诚意，一味吹捧、奉承他人，或者当面一套，背后一套，使人产生虚伪之感；有的人只喜欢听好话，不愿意听意见或批评，此类交往态度影响甚大。哲学家斯宾诺莎说："世界上没有两片完全相同的叶子。"人与人之间由于家庭、环境、教育等因素的影响而存在种种差异，这是正常的社会现象。在人际交往中，如果对文化、身份、地位低的人持轻视、看不起的态度，会引起彼此间的隔阂与对立。事实上，一个看不起别人的人，也一定会被人看不起，甚至遭唾弃。"水至清则无鱼，人至察则无友。"一个文化、身份、地位较高的人，由于自己严格自律，有时就易推己及人，认为别人也应该像自己一样，于是看不惯别人的所作所为，不善于包容别人，以致人际关系形成僵局。还有的人在交往中持有猜疑的心理和态度，对所有人都怀有戒备心理，不肯讲真话，戴着一副假面具与人交往。在这种心理的驱动下，不仅交往态度不诚恳，而且使自己变得愈加虚伪。

每个人都有自己的生活方式和行为习惯，不能将自己的好恶强加于人。我们应该预留一点心灵的空间，容纳别人，相信别人，善待别人，你得到的不仅是朋友，还有精神上的愉悦，因为你理解了别人。

（四）个性因素

个性，在心理学中又被称为人格，是指在一定的社会历史条件下具体个人所具有的意识倾向性，以及经常出现的较稳定的心理特征的总和。它包括一个人的兴趣、爱好、思想、信念、世界观、价值观、性格、气质、能力等。每个人的心理价值不同，其为人处世态度和行为特点的表现方式就不一样；每个人的个性品质不同，其人际关系的质量也不一样。如果一个人热情、诚实、高尚、正直、友好，人们就会愿意接受他并与之交往；相反，如果一个人冷酷、虚伪、自私、奸诈、卑劣，人们就会回避并疏远他。由此可见，个性品质会直接影响正常的人际交往。但是，人们在性情、兴趣等方面存在个性差异并不等于他们没有共同之处。例如，有着共同爱好的两个人，性格特点相左，但交往中如果以共同的爱好为基点，彼此产生心理上的共鸣，把彼此相左的性格特点放在交际的次要位置，求同存异，那么交往双方也会其乐融融，甚至会随着彼此的交往而成为知己。如果双方丢弃彼此的共同点，在个性品质上相互指责或计较，不仅会使双方关系僵化，甚至会反目成仇。你看不惯别人，对别人不感兴趣，别人也看不惯你，对你也不感兴趣。奥地利心理学家阿尔夫·阿德勒说："双方情感疏远就易产生隔阂。有了隔阂自然格格不入，于是你会愈感孤立，当然也得不到别人的关心和帮助，成为一个无关紧要的孤家寡人了。"因此，我们要注重加强知识培养，提高综合能力，不断完善富有魅力的交际人格。

二、人际交往的基本原则

在我们的社会活动中，人与人之间的交往应当遵循的基本原则主要有以下几方面：

（一）平等正义的原则

在我们社会主义国家里，人与人之间的关系是平等的，人们之间只有社会分工和职责范围的不同，而没有高低贵贱之分。不论是职位高低、能力大小，还是职业差异、经济状况不同，人人都享有平等的政治、法律权利和人格的尊严，都应得到同等的对待。因此，人与人之间交往要做到平等相待、一视同仁、相互尊重、不卑不亢。同时，要尊重别人的爱好、习俗，只有尊重别人，别人才会尊重你。

在大学里，有教师、学生、行政管理人员和服务人员。尽管岗位职责和目标任务不同，但各类人员都应是平等的。就学生而言，各类学生都来自不同的地区，甚至国度，相互之间存在着区域、家庭、习俗、社会关系和经济条件等差异,但这些客观差异不应当表现为人际交往中的不平等。同时,教师是大学里辛勤育人的园丁,无论是课堂教学,还是日常管理,学生们都应该养成尊师重教的良好习惯。师生之间由于在年龄、阅历、地位和性格等方面存在差异,所以双方看待问题的角度、处事方式也难免不同。因此,大学生要自觉接受老师的教育和指导,有不同意见时应选择合适的方法和场合与老师坦诚交流,尊重老师的人格和劳动。同样,老师要坚持育人为本的原则,既要关心帮助学生,又要讲究方式方法,注意维护学生的合法诉求和自尊心。

(二) 诚信友爱的原则

诚信友爱是中华民族的传统美德,也是人际交往的基础和连续发展的保证。人与人之间只有以诚相待,才能相互理解、相互接纳、相互信任,才能团结友爱、互助互进,这也是现代社会事业成功的客观要求。当前,在市场经济新形势下,社会竞争日趋激烈,每个人在前进的道路上都会遇到各种困难和问题,都将经受各种锻炼和考验。因此,仅靠个人微薄的力量很难到达成功和幸福的境界,必须建立良好的人际关系。这就要求我们在人际交往中真诚待人、实事求是、胸怀坦荡、言行一致、相互信任、相互尊重、谦虚谨慎、懂文明、讲礼貌。

生活是一面镜子,你对它笑,它就对你笑;你对它哭,它就对你哭。我们每个人都应该以科学的精神、豁达的态度直面人生、笑对生活,与人为善,建立良好的人际关系。应该记住:心中没有阳光的人,就难以发现阳光的灿烂;心中没有花香的人,也难以发现花朵的鲜艳。

(三) 互助互惠的原则

互相关心、互助互惠是人际交往的客观需求,也是人类进步、社会和谐的特征。新时期的大学生不仅需要具备良好的科学文化素质,还应具有优秀的思想道德品质。大学生经过数年寒窗苦读,远离家乡和亲人,在日常学习和生活中,难免会遇到各种问题和困难,需要得到老师和同学的关心和帮助,使自己走出困境,顺利完成学业。即使将来走上工作岗位,也需要与同事建立良好的关系、互相配合、互相支持、通力合作、携手并进。真正的爱心就是在别人需要时,奉献自己的力量。要想得到别人得不到的东西,就要付出别人不愿付出的东西。一个不愿意帮助别人的人,很难要求别人自愿地帮助他。需要指出的是,互助互惠应该是人间真情的流露,是传统美德的体现,绝不是市场交易似的互相利用。否则,就失去了它的价值和意义。

(四) 不卑不亢的原则

在人际交往中,首先需要准确定位,正确认识自己,谦虚谨慎,严于律己,宽以待人,这样才能比较好地处理和协调人际关系。一个人如果能清楚地认识自己,在与别人的交往中就能体现自己的观点,从而使别人正确认识自己,双方容易接近和交往。与此同时,在交往过程中,还应该客观地评价他人,无论是对同学,还是对老师,都要客观公正地进行分析,看待别人要做到一分为二、实事求是,既要看到别人的长处和优点,也要看到别人的短处和缺点。如果我们只看到自己的优点和长处、别人的缺点和短处,便会过高地估计自己而瞧不起别人,就会脱离实际、孤芳自赏,从而使自己陷入"自傲型"孤独;

反之，如果只看到自己的缺点和短处、别人的长处和优点，就会妄自菲薄、缺乏自信，从而使自己陷入"自卑型"孤独。这两种孤独，筑起一道人际交往的屏障，既影响人际关系的建立，又不利于自己的健康成长。

因此，在人际交往中，要保持良好的心态，既要自重自爱，又要不卑不亢。根据交往对象，选择适当的交际方式，既不能贪图私利、丧失人格，也不能放松警惕、受骗上当。特别是当自己在人际交往中个人财产和人身安全受到损失或者威胁时，应该及时向老师和学校保卫部门报告；在校外时应及时报警，以免发生意外事件。

三、人际交往的主要方法

人际交往的基本理念是"以人为本""以人为镜"，即以人文的精神关怀人、理解人、尊重人；以谦虚的态度去学习和研究人际交往，促进自身的成熟与发展。人际交往实质上是人类的一种生存方式、思维方法与人生态度，它是保证人自身、人与自然、人与社会和谐发展，进而实现人的全面发展和整个社会可持续发展的重要手段。大学生文化层次较高，思维活跃，兴趣广泛，生理和心理日趋成熟，因此，大学生的人际交往与其他社会交往具有不同的特点。一是平等意识强。大学生随着自我意识的发展，独立和自尊的意识日益增强，于是产生了"成人感"，对交往中的平等性要求越来越高。他们既希望平等对待他人，又希望他人一视同仁。所以，大学生更多地选择与同辈交往，经常回避居高临下的教训，渴望平等相待。那些傲慢无礼、不尊重他人，以及操纵欲、支配欲、嫉妒心和报复心强的人常常不受欢迎。二是感情色彩浓。大学生普遍希望通过交往获得友谊。他们对友谊的珍惜和渴望以及年轻人情感丰富的心理特点，促使其在人际交往中十分注重感情的交往，渴求情投意合和心灵深处的共鸣。他们通常以真诚和聪明为选择朋友的依据。容易形成朋友圈的主要有三类，即地缘圈、业缘圈、趣缘圈。地缘圈是指因地域相同而结成的人际关系，同乡会就是一种表现方式；业缘圈是指以学习专业为纽带而结成的朋友关系，是集互补性、合作性和竞争性于一体的维系时间较长的一种人际关系；趣缘圈是因兴趣爱好相同而形成的人际关系。但是，大学生情感不是很稳定，有时变化无常，表现为时而欢欣鼓舞，时而焦虑悲观，甚至容易用感性代替理智。三是理想化。大学生的人际交往带有浓厚的理想色彩，注重思想，纯洁真诚。无论是与朋友的交往，还是与师长的交往，都希望不掺任何杂质，以理想标准要求对方，一旦发现对方某些不好的品质，就深感失望。与其他人群相比，大学生人际交往的挫折感较强，以致出现渴望交往和自我封闭的双重性。因此，大学生在人际交往中要注意了解和掌握以下方法和策略。

（一）准确定位，真诚相处

这是大学生性格特点决定的人际交往的基础条件。只有准确定位，以诚相待，忘记过去，面向未来，准确客观地善待周围的人和事，保持一种平和且理智的心态，谦虚待人，才能使交往双方建立一种平等的关系和信任感。日常交往中要注意避免刻意追求平等，强者不愿被迎合，弱者不愿被鄙视。能诚恳批评朋友的不足和缺陷，有不同的观点时能直抒己见，既不当面奉承人，也不在背后诽谤人，要做到表里如一，促进彼此间的了解、信任。

(二）心灵呼唤，宽容大度

生活中虽然会由于种种原因而不能完全理解别人，但当你站在别人的位置考虑问题时，就会理解别人，缩短了心灵间的距离。每个人都有自己的想法，都想按照自己的意志行事，我们只能用自己的思想去影响别人，保持宽广的心胸，这样才能相互理解。人际交往中会不可避免地产生误解和矛盾，这就要求大学生在交往中要谦让大度、心胸宽广、冷静思考，认真分析问题的根源，找到症结所在，对症下药，消除误解，化解矛盾。凡事多为他人着想，不计较对方的态度和言辞，宽容别人的缺点，并勇于承担自己的责任，严于律己，宽以待人，加强彼此间的沟通和交流，拥有更多的朋友。

（三）增进关系，相互帮助

心理学研究表明，人与人之间空间距离上的接近是相互吸引的重要因素，因为人与人之间空间距离越小，联系就越紧密，越有助于相互了解、沟通感情、增进关系。即使两个人的关系偶尔比较紧张，通过交往，也能逐步改善关系。相反，如果两人的关系很好，但长时间不交往，其关系也可能逐渐疏远。人们一般都有这样的体验，当自己遇到困难需要帮助的时候，此时如果有人来帮助自己，那么我们肯定对人家感激不尽，以后见面时格外亲近，从此建立了友谊。当对方有困难的时候，自己一定会主动提供帮助。这不仅是物质方面的帮助，而且是情感和精神方面的支持。大学生生活在相同的环境中，无论是学习、生活，还是现实、未来，相互交往、合作都不可避免。因此，彼此之间应建立起纯洁的友谊，在学校时相互帮助、共同进步；走向社会后，友好竞争，携手并进。

（四）提高素质，加强修养

新时期的大学生既要具有丰富的科学文化知识，又要具备良好的品质修养。

首先，提高个人的心理素质。人与人交往是思想、能力、知识及心理的整体作用，任何方面的欠缺都会影响人际关系的质量。有的学生在人际交往中存在恐惧、自卑、冷漠、封闭、猜疑、自傲、嫉妒等不良心理，这些都不利于建立良好的人际关系，应该加强自我训练和调适，以积极的态度进行人际交往。

其次，学会了解和沟通。良好的人际关系依赖于彼此间的思想沟通，大学生要善于与人交流，选择双方感兴趣的话题。沟通时语言表达要准确、清楚、简练、生动，要学会有效聆听，做到耐心、虚心、用心，掌握交流的技巧。同时，还要学会赞扬和批评，适时的赞扬可以释放他人身上的能量，调动他人的积极性，增强彼此的吸引力。批评是负面刺激，通常只有用意善良、符合事实、用法得当、环境适宜时，才会产生效果，才能促进对方的进步，否则会挫伤对方的积极性与自尊心。

最后，增强人格魅力。人格魅力是人际交往过程中形成的，个体给予他人的积极的和正面的影响。良好的人格魅力决定着交往发展的方向，也是建立和谐人际关系的基础，它来自较好的个性、外在素质和语言艺术。大学生应该培养良好的个性，正确认识自己。一个人只有正确认识自己，才能在人际交往中始终把自己摆在合适的位置。俗话说，自爱才有他爱，自尊而后有他尊。在人际交往中，自信的人总是不卑不亢、谈吐从容，但绝非孤芳自赏、自视清高，而是正确认识自己，善于听从别人的劝告、接受别人的帮助。大学生应该提高外在素质，给人留下良好的第一印象。追求美、欣赏美、塑造美是人的天性，得体大方的仪容和优雅的气质能使他人感到轻松愉快，给人留下良好的第一印象。要注重扬长避短，展现自己独特的气质和风度，力求外在美和内在美的协调一致，做到外秀内慧。随着时间的推移和进一步交往，外在美的作用会逐渐减弱，而内在美的影响会逐步扩大，由外及内，由表及里，使他人的关注点从相貌转到道德、才华上。这将决定人际关系的发展方向。大学生还应该注重语言艺术，增强幽默感和感召力。语言是一种符号，它可以传递人的感情与思想。正确地使用语言可以促进和谐交往，而语言使用不当会使交往陷入僵局，甚至会挫伤对方的感情。因此，只有在人际交往中准确使用语言，适当表现出善意的幽默感，给人以轻松、欢笑和愉悦，增强感召力和亲和力，才能使人际关系更加融洽、更加自然。

第二节　大学生主要社交活动种类及其特点

伴随着改革开放的滚滚浪潮，更多便捷的社会公共服务体系进入校园，大学社会化和人才培养模式的开放化，使得大学生与社会的联系变得越来越密切，大学生参加各种社会活动的机会越来越多。在不同的社交活动中，如何保证自身的安全、活动的合法，显得尤为重要。

一、社团活动

（一）社团的概念

社团，即社会团体，它是指人们为谋求某种社会利益或完成某种社会目标，通过特定的社会联系和心理沟通所形成的具有一定规模的社会共同体。社团一般分为社会性团体和非社会性团体两种。

所谓社会性团体，一般是指跨单位或跨地区组成的团体组织；非社会性团体，是指在本单位内部组成的团体组织。学校的社团主要是学校的教职工和学生自愿组成的群众性团体，如一些协会、研究会、学会、俱乐部等。这些群众性团体的成员都是本校的师生，活动范围也局限在校园内，属于非社会性团体。成立和参加校园内的非社会性团体，对丰富学生生活、活跃校园文化、提高学生素质、弘扬时代主旋律、促进校园精神文明建设具有积极的推动作用。特别是一些学术性社团的建立，对发挥知识分子的作用有着积极的意义。同时，参与社团组织的活动可以提高当代大学生自我管理、自我服务、自我教育的能力。

但是，一些大学生由于不懂得相关的法律规定，擅自组织社团活动，违反了法律，受到了处罚；或者被一些别有用心的人利用，成为西方思想文化、价值观渗透的重点对象。这主要表现为：法制观念淡薄，未申请登记批准便非法组织社团跨地区开展活动；已经提交申请报告，还未批准成立即在校内开展社团活动；已获批准成立的学生社团，其活动内容背离社团宗旨及相关规定；打着学校学生社团的旗号进行非法活动。这些行为都是禁止的，想组织社团活动或者参加社团活动的大学生需要了解相关规定。

（二）成立社团的相关规定

为了保障公民结社自由，保障社团的合法权益，必须对社团进行管理。《社会团体登记管理条例》对成立社会性团体进行了明确的规定。社会团体的登记管理机关是民政部或县以上地方各级民政部门；业务活动受有关业务主管部门的指导。如要申请成立社会团体，应当在有关业务主管部门审查同意后，到登记管理机关申请登记，并提交以下材料：负责人签署的登记申请书；有关业务主管部门的审查文件；社会团体的章程；办事机构地址或者联络地址；负责人的姓名、年龄、住址、职业及简历；成员数量。经过核准登记的社会团体会拿到有关部门颁发的登记证书，如此一来便具有合法性，否则，就是非法组织。

成立校内非社会性团体，也有相关规定。《中华人民共和国高等教育法》规定：高等学校学生可以在校内组织学生团体。学生团体应在法律、法规的范围内活动，服从学校的领导和管理。《普通高等学校学生管理规定》明确指出：学生成立社团，必须提出包括社团宗旨、章程、活动内容、形式和负责人的书面申请，报学校批准。学校鼓励和提倡学生社团开展科技、文化、艺术、体育等活动。学生社团必须服从学校的领导和管理。学生社团在宪法、法律和校纪校规范围内活动，不得从事与本社团宗旨无关的活动。

全国高校的实际情况虽各不相同，但都依照国家相关法律制定了相应的社团管理条例，其目的就是更好地保障高校内部社团的合法运行。校内非社会性团体必须遵循各自学校的规定，方能开展各项活动。一般而言，成立校内非社会性团体均需提交以下资料：社团名称、宗旨、活动内容及范围、章程、组织机构、负责人及成员情况、经费来源以及其他需要说明的事项等。

(三) 大学生参与校内非社会性社团活动的基本原则

如果大学生要参加一个社团，首先需要了解这个社团的背景。例如，是否经过学校批准成立，社团的性质是否与自己的兴趣爱好一致，自己的学习负担情况，等等。另外，还需要警惕有人利用学校合法社团从事非法活动。

(1) 加强法制观念，严格遵守法律法规。大学生在组织、加入某个社团之前，应先了解本校在社团管理方面的有关规定，并按照规定到学校有关职能部门办理相关事项。提交申请后，只有得到学校有关职能部门的批准，才能着手成立社团组织，这样成立的社团才是校园内的合法组织。

(2) 校园社团组织必须在法律法规和校纪校规规定的范围内开展活动，必须服从学校的统一领导和管理。不能从事与本社团宗旨无关的活动，不能影响同学的正常学习和生活秩序。

(3) 由于学生社团人员流动性比较大，因此一般学校会规定一个时间要求社团重新注册。社团的负责人必须在规定的时间内到有关部门注册。若社团主要负责人等重要信息发生变更，也应及时办理相关变更手续。

(4) 社团组织活动，应按规定提前上报社团业务主管部门或登记管理部门，说明活动的目的、内容、形式、人数、时间、地点以及主办单位、负责人、经费来源等，学校批准后方可举办活动。如果邀请校外单位或人员来校参加活动，那么必须事先报请学校同意。

(5) 社团编印刊物，必须经学校批准并服从学校管理。每期刊物都应报登记管理部门备案，主动接受指导老师和主管部门的监督、审查，并且只能在校内分发刊物。在校内张贴海报、通知时，应按照学校制定的《张贴物管理办法》将海报、通知张贴在学校指定或许可的地点。校内刊物不能到社会上分发,否则就成了非法刊物。

(6) 在组织活动的过程中,社团的组织者要加强管理,防止别有用心的人利用学校合法社团从事非法活动和破坏校园的稳定。一旦发现问题,应当立即停止活动,并向学校保卫部门报告。

二、涉外活动

改革开放以来,我国对外交往日益频繁,涉外活动发生了明显的变化,涉外活动的范围不断扩大,渠道日益增多;涉外活动的领域不断扩展,参与涉外活动的人员也越来越多。在此基础上,高等院校国际交流也呈现出蓬勃生机,国际文化、教育、科技和学术交流不断增加。一方面,它们不断开展国际合作办学和教师互访、进修、学术交流等活动;另一方面,学生也能到国外留学、参观、交流、比赛等,大学生与国外人员交往接触的机会越来越多。这些都有力地促进了我国的现代化建设和对外文化科技交流的发展,但同时也为境外敌对势力的窃密、渗透、策反、颠覆、分裂和破坏活动提供了许多可以利用的渠道和机会。高校是意识形态领域的前沿和窗口,各种思潮在学校激荡。"外事无小事",涉外活动中很小的纷争若不及时妥善处理,就有可能引发政治事件,造成国际影响。

因此,为了广交朋友、友好合作、博采众长,在涉外活动中,我们在尊重外国友人的风俗习惯,注意礼节、礼貌的同时,更要自尊、自爱、自强,自觉维护国家安全和民族尊严。

(一)校园涉外活动中应注意的问题

1. 尊重外国人的风俗习惯

不同的国家、民族形成了不同的风俗习惯。风俗习惯是不同民族生活中不可缺少的一部分。为了涉外活动的顺利进行,我们要注意了解和掌握不同国家、不同民族的风俗习惯,尊重他们的风俗民情。

2. 涉外活动中的礼节、礼貌

礼节、礼貌是人际交往中不可缺少的行为准则和行为规范。讲礼节、讲礼貌是互相尊重的表现,是增进友谊的媒介和联络感情的催化剂。我国是一个文明古国,素有"礼仪之邦"之称,因此,我们在涉外活动中特别要注意礼节、礼貌。要按照约定俗成的习惯称呼对方;要按照风俗习惯行见面礼,不能触犯文化禁忌;言谈举止要大方得体,谈话的内容要符合共同的兴趣爱好。

3. 强化民族意识,做到自尊、自爱、自强

自尊、自爱、自强是爱国主义精神的具体体现。对个体来说,自尊、自爱就是必须尊重自己、爱护自己,表现为人到了一定的年龄产生的强烈的被理解、被接受与被尊重的心理需求。自强就是为了实现自己的追求和理想,敢于面对一切挫折和失败,始终充满必胜的勇气和信心,用行动来证明自己是强者。反映到对祖国的感情上,就是要热爱我们的祖国。中华民族自尊、自爱与自强的人格魅力的凝聚,形成了我们强烈的民族意识、民族之魂——爱国主义精神。

在涉外活动中,尊重外国人的风俗习惯,注意礼节、礼貌,是我们改革开放、对外交

流的需要。但尊重外国人的风俗习惯不等于卑躬屈膝、摇尾乞怜，不能以牺牲自己的人格、国格为代价。我们应该不卑不亢、有礼有节，时刻将国家的利益和荣誉摆在最重要的位置，做到自尊、自爱、自强。

4. 勿忘国家安全

在对外交往中，既要与国际友人保持良好关系、发展友谊，又不能让居心叵测者有机可乘。毋庸讳言，有些大学生在对外交往中，往往由于对外事纪律不了解，因而做了出格的事情，甚至造成了严重的后果。因此，大学生应严格遵守国家、学校关于外事活动的法律法规和相关规章制度。例如，未经外事部门允许，不准私自进入外国领事馆、公寓及外国人住宅等；不准拦截外国人及其车辆；不能向外国人散布不满言论，要提高警惕，不要随意同外国人谈论我国内部情况；不得泄露党和国家的机密；不准与外国人勾结进行走私活动。总之，我们要忠于祖国、站稳立场、坚持原则，并且时刻提防敌对势力的渗透活动。

(二) 涉外保密常识

保密工作关系到国家的安全和利益，历来是国家一项十分重要的工作。境外情报间谍机关利用我国改革开放后的一些便利条件，采取公开的或隐蔽的、合法的或者非法的手段，窃取我国机密。特别是当前，信息技术的发展突飞猛进，间谍与反间谍、窃密与反窃密的斗争比以往任何时候都激烈、复杂。如果放松警惕、不加预防，就很可能在不经意间泄露国家机密，损害国家利益。

比较常见的泄密途径有：在报纸、杂志上发表论文或在广播上发布消息时泄密；在陪同外国人参观、考察时泄密；在出国讲学、进修、考察、表演时泄密；私人通信导致泄密；违反保密规定导致泄密；丢失秘密文件导致泄密；传抄秘密文件时泄密；私自将秘密资料邮寄或带到国外导致泄密；将秘密文件和资料作为废品买卖导致泄密，等等。

高校是国家科研工作的重要基地，很多科研项目属于国家机密。同时，由于大学生的保密意识不够强，因此高校已成为境外机构窃取我国机密的一个重要目标。近年来，高校时有泄密案件发生。形形色色的泄密事件给我们带来的教训十分深刻。因此，大学生应该严格保守国家机密，必须做到：

(1) 自觉克服"无密可保""有秘难保""与己无关"的麻痹思想，抵御境外人员的攻击和诽谤。保持崇高的革命气节，不为权势、金钱、美色所诱惑，不被威胁、讹诈吓倒。敢于同泄密、窃密行为作斗争。一旦发现泄密、窃密行为，要立即报告有关部门。

(2) 增强保密意识。与外国人接触和交往时要注意内外有别，在以礼相待的同时，要提高警惕，严防对方套取情报。向境外投寄的论文、稿件和其他资料，内容不得涉及国家机密。境外机构和人员来电、来信、来访了解情况、索取信息资料时，应及时向学校有关部门报告，不得擅自回复，更不能回复与国家机密相关的内容。不能擅自带境外人员去控制开放和非开放地区。出入境外驻华机构、公司、企业和境外人员住处，或陪同境外人员参观、考察、游览、参加宴会时，不能携带属于国家机密的资料或者其他物品。出国（境）时不得擅自携带国家秘密文件、资料和其他物品。出国（境）在外期间应保持高度警惕，增强保密意识，不在公共场合谈论我国机密。使用境外通信设备和国际互联网时，不得涉及国家机密。

（3）树立高尚的道德品质。在涉外交往活动中，要做到言行谨慎、举止端庄、自尊自爱，不被虚荣心驱使，不接受外籍人员提供的涉及反动、黄色等内容的书籍、音像制品。在涉外交往中，既要保持和发展友谊，又要防止被别有用心的人利用；既要维护国家安全和利益，又要保护自己的人格和尊严。

第三节　社交活动中的安全防范

由于大学生长期生活在环境相对简单的校园里，还没有步入社会，缺乏社会阅历和必要的社交安全知识，因此在接触社会的尝试中，不能很好地把握自己，不是轻信别人，就是争强好胜，容易遭受不法侵害或发生意外事件。有的同学因为在价值观念上与其他同学存在分歧，就不能与他人友好相处；有的同学不能够分辨真伪、轻信他人，导致上当受骗，付出沉重的代价；甚至有人因在社交上出了问题而走上违法犯罪的道路，给个人、家庭、社会造成很大的损失和危害。为此，大学生应积极主动地学习和掌握社交安全知识，增强社交安全的鉴别力，合理适度地与人交往，做好社会活动中的安全防范工作，为自己的大学生活增添活力，也为成功走向社会打下基础。

一、正确处理人际交往中的矛盾纠纷

（一）大学生人际交往中发生矛盾纠纷的原因以及矛盾纠纷的种类、形式

1. 大学生人际交往中发生矛盾纠纷的原因

高校的学生往往来自不同的地区，地区经济、文化发展客观上存在一定的差异，经济文化的差异也必然带来思想观念以及生活方式的差异。同时，由于个人所处的家庭环境、心智模式不尽相同，认识问题和处理问题的方法不同，所以问题处理的结果也完全不一样。加上大学生个性较强，相互之间接触又密切，不可避免地会产生矛盾。矛盾纠纷的处理结果直接影响到人际交往，影响到诸多的安全问题。

2. 大学生人际交往中矛盾纠纷的种类

在高校这个小社会中，大学生既是主体，也是特殊群体。同学们长期在一起学习、生活，难免发生各种矛盾和纠纷，这些矛盾和纠纷涉及学习、生活的各个领域。大学生中常见的纠纷有以下几类：按纠纷的主体身份，可分为同学之间的纠纷、师生之间的纠纷、亲朋好友之间的纠纷、邻里之间的纠纷；按引起纠纷的直接原因和纠纷的具体内容，可分为恋爱纠纷、管理纠纷、财产纠纷、活动纠纷；按参与纠纷的人数或规模，可分为个人纠纷、群体纠纷、个人与群体纠纷、群体与群体纠纷；按纠纷发生的场所，可分为校内纠纷、校内与校外纠纷、内部纠纷与外部纠纷；按纠纷的性质，可分为轻微刑事纠纷、治安纠纷、民事纠纷、行政纠纷、经济纠纷。

3. 大学生人际交往中矛盾纠纷的形式

大学生中发生纠纷的形式有很多，主要有两种：一是争吵斗嘴，互相攻击、谩骂；二是争吵升级，打架斗殴。两种形式紧密联系，以争吵开始，以打架甚至造成伤害而告终。

还有一些其他形式，如写恐吓信、背后造谣、污蔑等。

大学生在学习、生活中，经常会发生各种纠纷，而且大多是由一些非原则性的小事引起的。其主要原因是缺乏必要的理智、诚信、修养和准确的定位。只要双方冷静、理智地对待纠纷，就会化干戈为玉帛。大学生应该具有较高的政治思想觉悟、道德修养和文化修养，要学会理性地解决矛盾和问题，放宽胸怀，着眼未来，把主要精力和更多的时间放在学习、未来规划上。

（二）大学生人际交往中发生矛盾纠纷的危害

（1）损害大学生的美好形象。当代大学生生活在继往开来的伟大时代。新技术的发展，中华民族的振兴，不但为大学生提供了广阔的发展前景，也在他们身上增添了新的历史重担。因此，大学生应当是政治方向坚定、思想品德高尚、富有创造精神的一代新人。只有这样，才无愧于"时代精英"的美称。大学生的价值是由行动决定的。那种争争吵吵、打打闹闹、纠纷四起的状况，不仅损害了自己的人格，而且玷污了"大学生"这三个字。尽管发生纠纷的只是少数几个人，但损害的是整个大学生的形象。污蔑切不可等闲视之，掉以轻心。

（2）妨碍内部团结，破坏大学生成才的优良环境。同学之间、师生之间、朋友之间真诚相处、和睦团结是十分可贵的，它不仅可以使大学生感受到集体的温暖，在和谐的环境中培养自己的优良品德，而且可以从他人身上得到帮助、受到启发，以增长自己的学识和处世、处事能力。时常引发纠纷，只会伤害感情、破坏团结、瓦解集体。在这种环境中，只会养成互不信任、怀疑猜忌、尔虞我诈、逞强好斗的不良习惯，影响自己成才。

（3）酿成刑事、治安案件，葬送自己的前程。就纠纷发生的直接原因而言，多数是微不足道的小事引起的，但是一旦成为纠纷，就难以收拾了。例如，恋爱纠纷可以使人丧命，同学纠纷可以使人镣铐加身，家庭纠纷也可以酿成血案。纠纷是刑事、治安案件的温床，纠纷是破坏安定团结的蛀虫。我们应当引以为戒，牢牢记住他人给我们留下的血的教训。

（三）如何预防人际交往中的矛盾纠纷

（1）冷静克制，切莫莽撞。无论争执由哪方面引起，都要持冷静态度，绝不可情绪激动。这就要求我们大度、虚怀若谷。只有"大着肚皮容物"，才能"立定脚跟做人"。要宽容对待那些可能发生摩擦的小事，一笑置之。

（2）诚实，谦虚。在与同学以及其他人相处时，诚实、谦虚是加强团结、增进友谊的基础，也是消除纠纷的灵丹妙药。任何人都应该有自尊心、自信心、独立性，但自尊不是轻人，自信不是自满，自立不是孤立。只有拥有诚实、谦虚的品质，在发生纠纷的时候才能认真听取他人的意见，进行认真的自我批评，宽容他人的过失，处理好相互间的争执。要知道，在与他人交往时，特别是发生争执的时候，诚实、谦虚并不意味着懦弱、妥协，恰恰相反，它是你内心强大和品德高尚的表现。

（3）注意语言美。实践证明，大学生中的纠纷多数由口角引起，而口角的发生都是恶语伤人的必然结果。俗话说"病从口入，祸从口出"，这深刻揭示了语言与纠纷的辩证关系。语言美是社会主义精神文明的重要内容。当你的自行车碰到了别人，当你跳舞时踩到了别人，你只要说一句"对不起""很抱歉""请原谅"，或者别人撞了你、踩了你，向你道歉时，你回敬一句"别客气""没关系"，就会化解紧张气氛。要做到语言美，一是要说话和气，心平气和地与人说话，以理服人，不强词夺理，不恶语伤人；二是说话要文雅，谈吐优雅，不说粗话、脏话；三是说话要谦虚，尊重对方，不说大话，不盛气凌人。我们应注意克制自己，不用言语去伤害别人。但是当别人用言语来伤害自己的时候，也应该受得起。如果能够做到这一点，就能"猝然临之而不惊，无故加之而不怒"，一切纠纷都会化为乌有。

（四）如何正确处理人际交往中的矛盾纠纷

人际交往中往往会产生误解和矛盾，这就要求大学生在交往中不能斤斤计较，要谦让大度、克制忍让，不计较对方的态度、不计较对方的言辞，并勇于承担自己的行为责任，做到"宰相肚里能撑船"。只要我们胸怀宽广，心中能容纳他人，别人也就能理解我们。宽容、克制并不是软弱、怯懦的表现，相反，它是有肚量的表现，是建立良好人际关系的润滑剂。那么如何才能正确处理人际交往中的矛盾纠纷呢？

（1）换位思考，学会宽容。设身处地地为他人着想，把自己放在他人的位置上思考，真切地感受别人的痛苦和困惑。在这个世界上，有各种各样性格、爱好不同的人，不能只用一种标准去要求他人，要学会宽容。"人非圣贤，孰能无过。"善于原谅他人的人，就是宽以待人、心地善良、谦虚自重的人。

（2）善于表达，学会沟通。通过交流了解和确认对方真实的想法和愿望，防止产生误会。这在一开始会比较难，但是一旦坚持下来，就会避免出现许多新的问题。

（3）协商改变，求同存异。每个都有缺点，人无完人。你希望别人改变，别人也会这样要求你。这个时候大家就需要协商，在一种和谐融洽的或者适宜的气氛下互相提出意见和建议。对方能接受自己的意见和建议当然最好，如果最终或多次协商不成功，则不可强求，尽到人际交往的义务即可。

（4）增加沟通途径。在遇到矛盾纠纷时，不是所有的矛盾通过双方的言语交谈都能够化解，可以适当换种方式和对方沟通。比如通过纸条、短信，以及让别人参与调解等，这样才能更有效地化解矛盾纠纷。

二、预防交友不当

交友是人类的心灵需要，大学生有着强烈的交友欲望。多交朋友无可厚非，但有些同学不知道"近朱者赤，近墨者黑"这句古语，本着"四海之内皆兄弟"的想法，交朋友时不加筛选，将"义气"二字作为交友的唯一标尺，凭一时的意气相投，轻率结交朋友，这样很容易使自己陷入困难境地。

在交友的过程中，首先要慎重择友。朋友从相识到相知需要一个逐渐了解的过程，萍水相逢就一见如故、无话不谈，是非常不明智的做法。大学生需要掌握一定的交友技巧，保持一定的警惕，冷静地分析对方的身份、背景以及交友动机，不要为假象所迷惑，让对方左右自己的思想，尤其是不要轻信初次见面就自我吹嘘、夸夸其谈和热情过度的人，不要轻率地投入感情、金钱，以免上当受骗，落入他人设下的陷阱。其次，要提倡积极文明的交友方式。交一个好朋友，能令人终身受益；反之，则有可能得不偿失，甚至使自己步入歧途。因此，交友也要"择其善者而从之"，将那些遵纪守法、品德端正的人作为深入交往的对象，与那些人格低下、品行不端者保持距离。同时，要对朋友负责，要勇于纠正朋友的不良思想或行为，不可听之任之，更不能沉瀣一气。

（一）大学生择友的标准

（1）具有正确的世界观、人生观、价值观。首先，交往对象对待人生、对待周围事物要有正确的态度，要有正确的价值取向。然后，本着"志同道合"的理念，追求共同的理想与信念，有共同的志向、共同的奋斗目标。虽然两人对某一问题的看法可能不一致，但是可以通过交流求同存异。

（2）具有较好的法律意识和道德品质。交往对象不能有违反法律、法规及相关规定的行为，不能触犯法律这条高压线。如果对方有这样的行为，应该立即予以制止。如果对方不听劝告，自己应该有清醒的认识，不能光讲"哥们儿"义气，把法律、道德抛到脑后，这样很容易走上违法犯罪的道路。

（3）具有良好的个人素养和知识结构。"三人行，必有我师焉；择其善者而从之，其不善者而改之。"交友也同样如此，在大学校园里，应该多与那些能够帮助自己成长的同学、师长交往，从他们身上吸取成长的经验。同时，还要多结交那些利于自己调整知识结构的人。

（二）大学生交友的具体注意事项

大学生怎样才能避免交友不当呢？要拥有积极的防范意识，时刻保持清醒的头脑。所谓"积极的防范心理"，并不是要求人们把自己封闭起来，拒绝与人交往，而是要在人际交往中做到：

（1）对于熟人或朋友介绍的人，要学会"听、观、辨"，即听其言、观其所为、辨其行，要做到热情而不失控，真诚而不轻信，使自己处于进退自如的主动地位。

（2）对于"初认识"的人，要谨慎，在不了解对方的时候，不要轻易露出自身的底细。防止言多语失，也不要轻易食用对方赠予的食物、饮料。

（3）对于那些不相识的上门客，态度要热情，行事要小心，避免单独行动，必要时可在集体环境中接待他们。

（4）交友要择其善者而从之。真正的朋友首先是志同道合的，友情应该建立在高尚的道德情操基础之上，彼此间是真诚的情感交流。力戒结交低级下流之辈，挥金如土之流，吃喝嫖赌之徒，游手好闲之人。

只有这样，我们才能在思想上筑起一道牢不可破的防线。如果发现对方有不良动机和企图，就应该注意与之保持距离，或者立即"刹车"，以防落入陷阱。

（三）预防交往陷阱

害人之心不可有，防人之心不可无。大学生在每天的生活学习中都要接触很多人，有善意的，也有恶意的。如果缺乏防范意识，极有可能被人利用，走上违法犯罪的道路。大学阶段就学生心智模式而言，无法准确判断交往活动中是否有陷阱，多长几个心眼，多想、多问、多思考，不懂的时候可以向老师咨询，切勿私自做主，盲目崇拜别人。

1. 远离"好朋友无话不说"的交往误区

大学生渴望友谊，更渴望拥有一个无话不说的知心朋友。有人期盼，在生活的某一个瞬间，身边最好的朋友能像一个翻版的自己，使自己有一种心灵互动的感觉。但是也有人认为，没有距离就没有朋友，最亲近的关系总是最脆弱的。现实生活中经常会遇到这样的事情：你认为你的好朋友对你已经了如指掌，那么他（她）的所有事情就不该对你有所隐瞒，但是事实并非如此，这时你会哀怨；或者你替他（她）做了那么多事，他（她）却不太领情，对此，你会既委屈，又愤懑，认为对方薄情寡义，自己真是交友不慎。产生这种情况的原因在于没有很好地把握交友的空间距离。实际上，每个人都需要一个属于自己的独立自由的空间。心理学家霍尔认为，在人际交往中，双方所保持的空间距离是人际关系的表现。所以，在交友中，期望好朋友无话不说的想法既天真，又会造成双方关系的冷淡和疏远。朋友之间可以相互分享心事，但每个人都有自己喜欢的独特的生活方式，如果任何事情都不分你我，将那些"天知地知，你知我知"的个人隐私都端出来，是不是也会使友情"变味"，陷入一种尴尬的境地呢？许多人都有这样的经验和体会：与某人交往越深，就越容易发生摩擦和矛盾，反倒不如初次交往时那么舒服了。

要想长久保持友谊的新鲜度，首先要做到不刨根问底。无论多么亲密的关系，也应该给彼此留一点空间。同学们总以为亲密的好朋友之间不应当有什么隐私，其实越是亲密的关系，越要尊重对方的隐私。这种尊重表现为不随便打听、追问好朋友的秘密。当好朋友主动向你倾诉的时候，也不要刨根问底。如果掌握得不好，就会让对方感觉你在窥探隐私，说不定你会因此而失去一位很好的朋友。

其次，还要做到不倾诉到底。即使关系再好的朋友，也不要随便向他吐露自己的隐私。虽然不存在打听别人隐私的问题，却存在向对方靠得太近的问题，容易失去应有的交往距离。就算是对最好的朋友，也要适当地保留一些个人的秘密，不要幻想公开自己的私人生活就能够证明你对朋友的诚意，也不要奢求朋友会对你的私人问题感兴趣或有所帮助，该自己面对的事情就要自己勇敢面对。

2. 必要的防人之心是社会交往的尺度

把握好尺度。医用酒精的浓度为70%时，杀菌效果最好；而100%的纯酒精，由于太浓，会使病菌表面形成一层保护膜，因此杀菌效果反而不好。真理过一分则成为谬误，初衷也许很好，但是一旦过度了就不会有好的结果。凡事都应当有度，要把握好事物微妙的分寸，否则就会使事情变糟。大学生如果想获得成熟的人际关系，就需要把握好社会交往的尺度。

另一方面，在人际交往过程中，还要注意以下几点：第一，尊重自己也尊重别人。尊重自己是可贵的，但在社会交往中不能只尊重自己而不尊重别人，应当把尊重自己和尊重别人统一起来。尊重自己的同时也要保护别人的自尊，尤其是一些自尊心比你更强的朋友。只有以尊重别人为前提，别人才能尊重你，才能维护你的自尊。第二，依赖但不轻信。信任对方是依赖对方的前提条件，但依赖要有一定的限度，切忌盲从轻信，否则容易上当受骗。第三，表现自己但不贬低别人。社交中可以适当地表现自己，但若清高自负、贬低别人，就会使社交失去意义。用夸张的表情、动作表现自己，会使别人对自己产生反

感。第四，坦诚但不草率。与人交往需要坦率诚恳，但坦率不等于简单草率、信口开河。第五，谦虚但不虚伪。社交中必须保持谦虚的美德，但谦虚应该以坦诚为基础，绝不可陷入虚假的泥潭。第六，谨慎但不拘谨。怯懦和忸怩都不利于社交。第七，活泼但不轻浮。谈吐幽默风趣、举止落落大方是交往的良好基础。但活泼不是轻浮，不能在社交场合表现出轻浮、庸俗的行为，要根据不同的场合采取不同态度。第八，严于律己，宽以待人。对自己要高标准、严要求，对别人要宽宏大量，不斤斤计较别人很小的过错。

第九章

大学生防止性侵害

> **案例回放 1**
>
> 某天晚上 11 点，社会青年张某向女大学生小李发出了聚会的邀请，爱交朋友的小李丝毫未作考虑就欣然赴约。见面后，小李坐上了张某驾驶的小车。虽然夜已深，但张某兴致很高。夜幕之下，小车往市郊开去。此时的小李隐约感到了不安，然而四下无人，求助无望，她只能寄希望于张某不要撕破情面。然而，小车最终停到一偏僻地段，此时的张某面露狰狞，要求小李与自己发生性关系。遭到拒绝后，张某采取堵口、威胁的手段，在车内强行与其发生了关系。

第一节 如何认识性侵害

一、性侵害的定义

性侵害是指加害者以权威、暴力、金钱或甜言蜜语，引诱、胁迫他人与其发生性关系，并在性方面造成对受害人伤害的行为。此类性关系的表现形式包括：猥亵、乱伦、强暴、性交易、媒介卖淫等。性侵害的对象常以女性居多。因此，女大学生了解一些性侵害的基本情况、掌握一些基本对策方法是很有必要的。

二、性侵害的主要形式

1. 暴力型性侵害

暴力型性侵害是指犯罪分子使用暴力和野蛮的手段，如携带凶器威胁、劫持女生，或以暴力威胁加之言语恐吓，从而对女生实施强奸、轮奸或调戏、猥亵等。暴力型性侵害的特点如下。

（1）手段残暴。当性犯罪者进行性侵害时，必然受到被害者的本能抵抗，所以很多性犯罪者往往要施行暴力且手段野蛮和凶残，才能达到自己的犯罪目的。

（2）行为无耻。为达到侵害女生的目的，犯罪者往往会厚颜无耻且不择手段，比野兽还疯狂地任意摧残和凌辱受害者。

（3）群体性。犯罪分子常采用群体性纠缠方式对女生进行性侵害。这是因为人多势众，容易制服被害人的反抗而达到目的，还会使原来单个不敢作案的罪犯变得胆大妄为，这种形式危害极大。

（4）容易诱发其他犯罪。性犯罪的同时又常会诱发其他犯罪，如因争风吃醋而引发聚众斗殴或为了逃避制裁而杀人灭口等恶性事件。

2. 胁迫型性侵害

胁迫型性侵害是指利用自己的权势、地位、职务之便，对有求于自己的受害人加以利诱或威胁，从而强迫受害人与其发生非暴力型的性行为。其特点如下。

（1）利用职务之便或乘人之危而迫使受害人就范。

（2）设置圈套，引诱受害人上钩。

（3）利用过错或隐私要挟受害人。

3. 社交型性侵害

社交型性侵害是指在自己的生活圈子里发生的性侵害。与受害人约会的大多是熟人、同学、同乡，甚至是男朋友。社交型性侵害又被称为"熟人强奸""社交性强奸""沉默强奸""酒后强奸"等。受害人身心受到伤害以后，往往出于各种考虑而不敢加以揭发。

4. 诱惑型性侵害

诱惑型性侵害是指利用受害人追求享乐、贪图钱财的心理，诱惑受害人而使其受到的性侵害。

5. 滋扰型性侵害

其主要形式：一是利用靠近女生的机会，有意识地接触女生的胸部，摸捏其躯体和大腿等处，在公共汽车、商店等公共场所有意识地挤碰女生等；二是暴露生殖器等变态式性滋扰；三是向女生寻衅滋事，无理纠缠，用污言秽语进行挑逗，或者做出下流举动对女生进行调戏、侮辱，甚至可能发展成为集体轮奸。

三、容易遭受性侵害的时间和场所

1. 夏天是女生容易遭受性侵害的季节

夏天天气炎热，女生夜生活时间延长，外出机会增多。夏季校园内绿树成荫，罪犯作案后容易藏身或逃脱。同时，由于夏季气温比较高，女生衣着单薄，裸露部分较多，因而对异性的刺激增多。

2. 夜晚是女生容易遭受性侵害的时间

因为夜间光线暗，犯罪分子通常选择夜间作案，作案时不容易被人发现，所以，女生应尽量减少夜间外出。单独行走时，应不时审视周围情况，若发现被人跟踪或与他人同行很长时间，则应故意放慢或加快脚步；如该人亦有同女生相同的反应时，应及时寻找过路人同行或折返。

3. 僻静处所是女生容易遭受性侵害的地方

教室、礼堂、舞池、溜冰场、游泳池、车站、影院、宿舍、实验室等公共场所人多拥挤时，不法分子常乘机袭击女生；公园假山、树林深处、夹道小巷、楼顶晒台、没有路灯的街道楼边、尚未交付使用的新建筑物内、下班后的电梯内、无人居住的小屋、陋室、茅棚等僻静之处，若女生单独行走、逗留，很容易遭受流氓袭击。所以，女生最好不要单独行走或逗留在上述这些地方。

4. 电话骚扰及淫秽物品骚扰

处于青春期的男生往往因为情绪的难以控制而做出很多极端的事情，这种情况在暗恋被女生拒绝后更易发生。男性大学生郭某因将假"洗面奶"送给同系女生曾某，而被曾某报警送往派出所，经警方调解，她要求支付1 748元精神损失费。据女生交代，当晚她拿着刚收到的洗面奶洗脸，发现没有泡沫、呈黏稠状且有奇怪味道，女生同寝室室友表示这是男性体液。作案动机据称是爱得太深。因而女生应注意交往对象和交往人群的选择，交际圈不应太乱，洁身自好是拒侵犯于千里之外的最好方法。另外，要注意个人信息及联系方式不宜外泄，特别是在当今互联网迅速发展的形势下，个人隐私要保密。

四、容易遭受性侵害的人群

（1）现代社会很多人处于迷失自我的状态，试图努力学习工作，却缺乏发展的机会。在这种情况下，很多人感到非常压抑，他们需要一定的途径来发泄自己。而性侵害能够使他们得到一种快感，或者说是成就感。在实施侵犯的过程中，女性的无力反抗会让施暴者感到自己的强大，这是在平时的压抑生活与自卑心理中无法得到的满足感。据有关数字统计，随着经济的发展，人们的压力越来越大，犯罪的强度也越来越强。这其中包括没有文化的农民和有知识的大学生，甚至于社会名人。比如发生在2011年的东莞理工学院的校园悲剧和前段时间传遍网络的台湾富少李宗瑞的事件。性侵犯案件越来越多，女性越发没有安全感，特别是各方面都力量薄弱的女大学生。

（2）家庭不幸和童年阴影在一定程度上会促使性侵害这种变态心理的形成。据调查，很多犯罪分子都来自单亲家庭，或者童年时期曾遭到侵害。另外，成年人为了追求刺激而犯罪的也不占少数。

五、性侵害的危害

性侵害是指在性方面造成对受害人的伤害，包括强奸、轮奸、使用暴力致使被害人重伤、死亡或造成其他严重损害的行为，强迫儿童和女性进行性交和自慰等。如女孩在电影院、公交车上被色狼偷摸，小女孩上学、放学路上被陌生人骗到隐蔽地方抚摸身体。性侵害情节严重的会发展为强暴、诱奸等流氓犯罪行为。

受到性侵害的女大学生总是觉得无脸见人，表现出焦虑、自卑、自责、孤独等非正常心理反应，有的还会出现自闭症、忧郁症、精神分裂症等精神疾病；有些女大学生在遭受性骚扰的同时，被污蔑为"勾引男人""不要脸"等，最终导致爱情、婚姻解体。更为严重的是，一些女大学生在面对爱情、家庭、事业以及生活的全面摧毁时，失去了对生活的信心，最终选择结束自己的生命或者采取暴力手段报复骚扰者，有的甚至报复社会。由于在短时间内难以解脱出来，有的会出现严重的心理疾病，影响学业，影响将来或者正在进行的恋爱和婚姻，甚至影响一辈子。

1. 耻辱感

性骚扰会影响和限制被骚扰者的生活，损害她的自我形象以及自尊和自信。个人尊严是自我价值的护卫，自信是自我价值的体现，若一个女人屡次遭受性骚扰，她就容易怀疑自己的价值。人们总是对高贵的和好的东西生出捍卫之心，假如你不认为自己高贵，你怎么可能去捍卫自己呢？而性骚扰带来的耻辱感对女人自尊和自信的损伤往往混淆了她自身的价值标准，使她变得自惭形秽。

2. 恐惧感

由于生理差别和文化影响，很多女人本来对男人就有种莫名的恐惧，性骚扰的发生会增加她的厌恶和恐惧，使她生活在恐惧、怀疑和压抑之中。还有些女性会因为不快的想象很有可能患上"男性恐怖症"，以致严重影响对整体男性的看法。

3. 自闭

有些女孩因性骚扰的痛苦记忆而陷入"一朝被蛇咬，十年怕井绳"的习惯性恐惧中，从此有意识地把自己封闭起来，如不与男性交往，拒绝恋爱和结婚，变得悲观厌世，成为性骚扰的牺牲品。

4. 盲目依赖

由于胆小和恐惧，受到性骚扰的女性很可能产生盲目依赖感，下意识地想置身于某个男性的保护之下。这种过分企盼安全的不安全心理使她容易产生"急于求成"或"速战速决"的婚姻错误，成婚后很可能发现自己一心托付的男人并不比性骚扰者好多少，甚至那个男人在得到她以后还会用她曾经的伤痛再度刺伤她。

第二节　性骚扰及其现状

一、性骚扰的定义

性骚扰指以性欲为出发点的骚扰，以带性暗示的言语或动作针对被骚扰对象，引起对方的不悦感，通常是加害者肢体碰触受害者性别特征部位，妨碍受害者行为自由并引发受害者抗拒反应。性骚扰表现形式尚无统一界定，一般认为有口头、行动、人为设立环境三种方式。在很多国家，性骚扰是一种不法的行为，常见于职场性骚扰，例如上司对下属性骚扰、同事性骚扰。此外，性骚扰与中文的"调戏"同义。

性骚扰是指一方通过语言或形体的有关内容侵犯或暗示，从而给另一方造成心理上的反感、压抑和恐慌。性骚扰是性别歧视的一种形式，是性暴力延续的一部分。如对异性的身体评头论足，用带有性色彩的挑逗语言发黄色信息，打骚扰电话，在异性面前故意说一些关于性或隐私的词句或话题来调戏对方，或故意做一些下流的动作，等等，使人感到很不舒服，有被侮辱的感觉。

现实生活中，大多数的性骚扰都是和滥用权力以及男性认为自己的性别有优势有关，骚扰者利用自己的权力或因认为自己的性别比较有优势而对别人做出性骚扰。一些拥有或假设自己拥有如地位、职权上等权力的人，例如长辈、上司、老师、教练，甚至同辈，通过职权恐吓或要挟而进行性骚扰；还有就是一些以为自己的性别比较有优势的男性，有权进行性骚扰，又或者他们认为自己体格比较强壮而更加利于骚扰女性。

(1) 补偿型性骚扰。大多数性骚扰者属于这类,长期性匮乏或性饥渴导致的一时冲动势必使他对女性做出非礼的冒犯举动。此种人的骚扰行径多是出于不同程度的亏损心理,骚扰的目的与其说是想占有女人,不如说是想占便宜。

(2) 游戏型性骚扰。多是有过性经验的男人,懂得女性的弱点,把女性视作玩物,对女人的非礼和不敬是出于有意的游戏心态。这类男人一般是"猎物能手"或花花公子。骚扰既是为了猎奇,也是为了印证自己的男性"本事"。

(3) 权力型性骚扰。多发生在老板对雇员或上司对下属,尤以女秘书居多。骚扰者大都受过较好的教育,骚扰时虽然也出于游戏心态,却比一般游戏者的表现要"高级"且"彬彬有礼"。此种骚扰者大都把女性视为"消费品",且因为明显的利益关系,他甚至认为女人喜欢这种骚扰,并把这种骚扰当作自己的"专利"。

(4) 攻击型性骚扰。此种男人多半在早年和女人有过不愉快的关系史,对女人怀有较大的恶意和仇恨,把女人视为低等动物或敌人。他的骚扰有蓄意的伤害性或攻击性,骚扰者有时并不想占有那个女人,不过是满足和平衡他对女人的蔑视和仇恨罢了。

(5) 病理型性骚扰。这是带有明显病态表现的性骚扰,如所谓的窥阴癖和露阴癖。此种男性骚扰者大都是真正的性功能失调者。骚扰本身能给他带来强烈的性冲动和性幻想,却无法"治愈"他,反倒会加深他的病症。

二、性骚扰的主要手段

1. 卑劣手段之一:语言挑逗

受某种不良动机、欲望的驱使,有些男性运用庸俗下流的语言、轻浮的腔调、淫荡的表情,当面对女性进行有关性内容的挑逗、戏弄、取乐,或恣意羞辱、谩骂,严重伤害女性的尊严和形象时,就构成语言的性骚扰。以曲折方式进行挑逗、影射和暗示,其意昭然,同样可能使女性感到难堪羞辱,这是另一种形式的语言性骚扰。在现实生活中,这些性语言挑逗是较为多见的一种性骚扰现象。

2. 卑劣手段之二:下流动作

有些男性在女性面前有意无意地暴露自己的性器官,撒尿或对不认识的女性做飞吻等动作。这些羞辱性行为常常使女性的尊严受到侵犯,精神受到刺激,感到难堪羞辱。还有些男性在与漂亮女性接触的过程中,用眼睛长时间地盯视对方,把对方看得很不好意思。从严格意义上说,这既是一种非礼行为,也是一种常见的性骚扰。

3. 卑劣手段之三:肢体接触

在没有得到女性同意认可的情况下,有些男性有意无意地对女性动手动脚,触摸对方的手掌、臂膀、臀部、大腿,以满足自己的心理。还有的甚至违背女性意愿强行搂抱、亲吻、抚摸,这便是叫女性难以容忍的性骚扰行为。

4. 卑劣手段之四:电话骚扰

有些男性利用现代化的通信手段对女性进行性骚扰。在单位里,在家庭中,人们可能对别人的招呼充耳不闻,但是几乎没有人对电话的铃声置之不理,只要电话铃一响,人们一准要跑过去拿起听筒。然而,当有些女性拿起电话的时候,传来的却是一个陌生的声音，以阴阳怪气的口吻、下流污秽的语言，说一些不堪入耳的话，或是污言秽语，足以把人羞得无地自容，对方却在得意地狂笑；还有的是以恫吓的方式发出邀请，如果不去就将如何如何，把女性吓得发抖、心惊肉跳、不知所措，充满极大的羞辱感和恐惧感，甚至造成阴影和伤害。

5. 卑劣手段之五：网上诱骗

网上交友须慎重，许多女大学生喜欢网上聊天，网上虚拟的空间很容易把天真烂漫的女大学生带入无限的感情遐想之中，一番甜言蜜语就可能使禁不住糖衣炮弹的女孩轻而易举地同意见面，而见面后的场景可能是怎样的呢？又有多少女孩从此有去无回啊！网上的陷阱、网上的欺骗、网上的虚假承诺是谁也预料不到的。我们年轻的生命，来之不易的青春，我们一定要珍惜，不要葬送在这些本应该为人们的生活点缀亮点的虚拟世界里。加强防范，谨慎交友，不要轻信甜言蜜语，不要轻信虚假承诺，不追求虚荣，不追求奢华，用平常心来对待朋友，用平常心来与人交往。特别是不要轻易同意与他人见面，因为一旦见面，很有可能受到他人的不法侵害，且主要是性侵害。

三、性骚扰在我国的现状

在中国，性骚扰行为一直在各种场合侵害着妇女，但只是随着近年来一些外企和经济特区内性骚扰事件被披露，社会才对这个问题予以关注。这一方面固然与西方女权主义文化的影响有关；另一方面也看出，性骚扰问题触发了社会对在体制转轨、结构变动过程中的人们，特别是妇女的生存和权利状况的敏感和关注（图9-1）。中国社会科学研究院社会学所副研究员唐灿曾就性骚扰问题对广东、北京等地的"外来妹"进行过调查。结果显示，在珠江三角洲，至少1/3的"外来妹"遭受过性骚扰；而在北京，比例高达60％以上。事实上，受性骚扰的并不仅是"外来妹"这么简单，可以说，中国绝大多数女性在其成长过程中均遭受过不同程度、不同方式的性骚扰。

图9-1

1. 中国84％的女性遭受过"性骚扰"

调查显示，中国84％的女性遭受过不同形式的性骚扰，这其中，职业女性最受其害。来自北京红枫妇女心理咨询热线服务中心的统计表明，50％的性骚扰来自工作场所，其中36％来自上级，14％来自同事。受骚扰最多的是30岁以下的未婚女性。据红枫妇女心理咨询热线服务中心主任王行娟介绍，性骚扰的方式有一半是不必要的身体触摸或摩擦，其次是向被骚扰者提出性要求。骚扰者往往利用职权，或以加薪、升职、出国深造等加以引诱，或以辞退、破坏名誉相威胁，逼迫被骚扰者就范。受到骚扰的女性中，96％遭受情绪上的痛苦，35％的人身体受到伤害。典型的情绪反应有愤怒、恐惧、焦虑、自我贬低、压抑、内疚、羞辱、难堪、恶心、疲劳、头痛、体重增加或减轻。一位离婚后带着女儿生活的女性说,她在一家设计院做技术员,院里一位男领导不断向她提出性要求,遭到拒绝后,竟利用职权停止了她的工作,停发她的工资。她要求调走,领导却不给转档案,还到她的新单位散布流言,污蔑她作风不正,企图使这家单位拒绝接收她。这位女性说,她已陷入困境。一位女电话接线员,每当她单独值夜班时,领导就来骚扰她,她走投无路自杀过三次,都被救活,但男上司仍然不放过她。特别令她心寒的是,父母、男友及单位的女同事都不同情她,反而谴责她太轻浮。调查显示:70%以上女性曾经遭遇性骚扰,但有半数选择沉默。人们对弱势群体的关注似乎只是集中在他们的节日期间。"三八"妇女节刚过去不久,人们对女性问题的关注好像减温不少,而实际上这类问题是需要大家持续关注的。

2. 中国公共场所性骚扰情况严重

中国社会科学院曾经以非随机抽样的方式,对中国有关性骚扰的问题进行了调查。调查地点主要在北京、上海、长沙和西安。调查发现,困扰世界许多国家妇女的性骚扰问题,在中国同样存在。在接受调查的169名妇女中,有142人表示曾不同形式地遭受过性骚扰;其中107人遭到过两次以上的性骚扰;152人表示,她们知道周围有其他的女性受到过性骚扰。中国公共场所的性骚扰问题相对比较严重,调查中有119人说曾在公共场所被陌生的异性抚摸,占到被访者的70%以上;在公共场所遭到过异性以性事为内容的玩笑、谈论、辱骂的有102人,占60%以上;在工作场所遭到过男性同事、领导(上司)以性事为内容的谈笑、辱骂等的有81人,占47%。触碰陌生异性的身体是中国公共场所中最常见的性骚扰形式,其中尤以在公共汽车上的无必要触碰女性为甚。一些被访者表示,由于多次在公共汽车上遭到性骚扰,因此不得不改为骑自行车。公共场所以性事为内容的玩笑、辱骂,这种口头性骚扰的形式在其他国家较为少见。但在中国,169名被访者中的60%称受到过这类骚扰。一位被访者只因在地铁列车上挤了身边的男子,便遭到了一顿污秽不堪的辱骂。另一位女性在购买妇女用品时,被几个男青年围住调笑、嬉闹……在中国,工作场所中的性骚扰也正在引人注目地日趋扩大。口头性骚扰是最普遍的形式,从调查结果看,机关职员、知识分子、公司白领与工人中指认此项性骚扰的比例并无明显的差异。

现今尽管我国有许多明确的法律法规,但是在司法过程中执行力度不够,且司法人员较难取证。当事人往往难以启齿,调查取证又异常困难,以致司法部门处理起来常常觉得心有余而力不足。而且受"家丑不可外扬"等传统观念的束缚,很多学校对校园性骚扰,甚至性侵犯采取的是一种息事宁人的消极政策,并没有从根本上重视愈演愈烈的校园性骚扰,这就给骚扰者以可乘之机。正是由于法律上对这种行为的约束力不大和校方的不重视,所以许多受骚扰的女大学生群体往往是"哑巴吃黄连——有苦说不出""打掉门牙往肚里咽"。由于骚扰者的计谋多数能得逞,助长了他们进一步犯法,甚至犯罪的心理,性侵犯事件也开始无声地向防备不深的女大学生伸出魔掌。

即将步入社会的大学生更应注意针对职场中的骚扰的防范与法制。女大学生往往多数独立性、勇敢性较差,应变能力弱,而虚荣心、嫉妒心都比同龄异性强,很容易在无形中受到性侵害。

第三节　大学生如何预防性侵害

案例回放 2

南京某大学的学生小李，放假后发布广告寻求家教工作时被一中年男子聘请，并达成月薪 800 元的协议。某天下午，小李来到男子家，为其女儿辅导完功课后被邀请留在家里吃饭。饭后，男子让女儿送饭给做生意的母亲。待女儿走后，男子称头昏叫小李给他按摩一下太阳穴，小李觉得很不好意思，没想到该男子趁机将小李搂在怀中。最终，小李顽强反抗，顾不得向对方要课时费就离开了。事后，她到律师事务所通过法律途径为自己讨回了公道。

分析：现在女大学生遇到性侵犯的现象频频发生，尽管有的侵害人受到法律制裁，但对当事人来说，其身心受到的损害是难以弥补的。女大学生外出做家教时，要随时保护好自己，衣着大方得体，切勿过分暴露，否则容易引起男家长的非分之想。在做家教的过程中，不要轻易答应家长的邀请。如果遇到家长不礼貌的举动，一定要严厉地拒绝，也可以带上录音笔，录下整个家教过程，为自己收集证据。最重要的是，一旦受到骚扰，一定要报案，这样不仅保护了自己的权益，而且可以防止更多的大学生受到侵害。

思考：该女生为什么会受到侵犯，又该如何防范呢？

从高校女生受到性侵害的实际情况来看，下面几种类型的女学生易受攻击：
（1）经常出入社会公共场所、装扮入时、行为不羁的女生。
（2）性格懦弱、胆小怕事的女生。
（3）作风轻浮、胡乱交友的女生。
（4）独处于教室、寝室、实验室、运动场或其他隐蔽场所的女生。
（5）怀有隐私、容易被他人要挟的女生。
（6）贪图钱财、贪图享受、缺乏观察识别能力的女生。
（7）意志薄弱、难拒性诱惑以及精神空虚、无视法纪的女生。
（8）夏季衣着单薄、裸露部分较多、曲线毕露的女生（图 9-2）。
（9）夜晚长时间、独自在室外活动的女生。
（10）长相漂亮、打扮前卫者。
（11）单纯幼稚、缺乏经验者。

预防性侵害的基本方法包括以下内容：
（1）义正词严，当场制止。当你受到坏人的侵害时，要勇敢地斗争反抗，当面制止，绝不能让对方觉得你可欺。你可以大喝一声"住手！想干什么？""要什么流氓？"，从而起到以正压邪、

图 9-2

震慑坏人的目的。

(2) 处于险境，紧急求援。当自己无法摆脱坏人的挑衅、纠缠、侮辱和围困时，立即通过呼喊、打电话、递条子等适当办法发出信号，以求民警、解放军、老师、家长及群众前来解救。

(3) 虚张声势，巧妙周旋。当自己处于不利的情况时，可故意张扬自己的亲友或同学已经出现或就在附近，以壮声势；或以巧妙的办法迷惑对方，拖延时间，稳住对方，等待并抓住有利时机，不让坏人的企图得逞。

(4) 主动避开，脱离危险。明知坏人是针对你而来，你又无法制伏他时，应主动避开，让坏人扑空，脱离危险，转移到安全的地带。

(5) 诉诸法律，报告公安。受到严重的侵害、遇到突发事件或意识到问题是严重的，家长和校方无法解决时，应果断地报告公安部门，如巡警、派出所，或向学校、未成年人保护委员会、街道办事处、居民委员会、村民委员会、治保委员会等单位或部门举报。

(6) 心明眼亮，记牢特点。遇到坏人侵害你时，你一定要看清记牢对方是几个人，他们大致的年龄和身高，尤其要记清楚直接侵害你的人的衣着、面目等方面的特征，以便事发之后报告和确认。凡是能作为证据的，尽可能多地记住，并注意保护好作案现场。

(7) 堂堂正正，不贪不占。不贪图享受，不追求吃喝玩乐，不受利诱，不占别人的小便宜。因为"吃人家的嘴短，拿人家的手软"，所以爱贪小便宜的人容易上坏人的当。

(8) 遵纪守法，消除隐患。自觉遵守校内外纪律和国家法令，做合格的大学生。平日不和不三不四的人交往，不给坏人在自己身上打主意的机会，不留下让坏人侵害自己的隐患。如已经和坏人做朋友或发现朋友干坏事时，应立即彻底摆脱同他们的联系，避免被拉下水和被害。

(9) 受到伤害后，应尽快去医院检查，以防止内伤、怀孕或感染性病等，并及时进行心理咨询、心理治疗，医治精神创伤。家长、教师要教育女学生学会保护自己。

(10) 筑起思想防线，提高识别能力。女大学生特别应当消除贪图小便宜的心理，对一般异性的馈赠和邀请应婉言拒绝，以免因小失大。为人处世要谨慎，对于不相识的异性，不要随便说出自己的真实情况；对自己特别热情的异性，不管是否相识都要加倍注意。一旦发现某异性对自己不怀好意，甚至动手动脚或有越轨行为，一定要严厉拒绝、大胆反抗，并及时向学校有关领导和保卫部门报告，以便及时加以制止。

(11) 行为端正，态度明朗。只要自己行为端正，坏人就无机可乘。如果自己态度明朗，对方则会打消念头，不再有任何企图。若自己态度暧昧、模棱两可，对方就会继续幻想、继续纠缠。在拒绝对方的要求时，要讲明道理、耐心说服，一般不宜嘲笑挖苦。中止恋爱关系后，若对方仍然是同学、同事，不能结怨成仇人，在节制不必要往来的同时仍可保持一般的正常往来关系。参加社交活动与男性单独交往时，要理智地、有节制地把握好自己，尤其应注意不能过量饮酒。

(12) 学会用法律保护自己。对于那些失去理智、纠缠不清的无赖或违法犯罪分子，女大学生千万不要惧怕他们的要挟和讹诈，也不要怕他们打击报复。要大胆揭发其阴谋或罪行，及时向领导和老师报告，学会依靠组织和运用法律武器保护自己。千万注意不能"私了"，"私了"通常会使犯罪分子得寸进尺、没完没了。

(13) 学点防身术，提高自我防范的有效性。一般女性的体力均弱于男性，防身时要把握时机，出奇制胜，狠、准、快地击打其要害部位，即使不能制伏对方，也可制造逃离险境的机会。人的身体各部位都可以用来进行自卫反击，头的前部和后部可用来顶撞，拳头、手指可进行攻击，肘朝背部猛击是最强有力的反抗，用膝盖对脸和腹股沟猛击相当有效果，用脚前掌飞快踢对方胫骨、膝盖和阴部非常有效……同时，要注意设法在案犯身上留下印记或痕迹，以备追查、辨认案犯时作证据。

手无缚鸡之力的女生也可以随身备一些小物品作防范之用，如喷雾、小别针、头簪等。必要时可以运用自身优势，如高跟鞋的鞋跟和指甲等。

第四节　国家、学校对性侵害的重视

2005 年 5 月 21 日，新华网报道，北京市第十三届人大常委会，北京市政府起草了《北京市实施〈中华人民共和国妇女权益保障法〉办法（修订草案）》（以下简称《修订草案》）提请审议，首次以立法形式明确了性骚扰的具体形式。《修订草案》第三十八条规定，禁止以语言、文字、图像、电子信息、肢体行为等任何形式对妇女实施性骚扰。遭受性骚扰的妇女可向本人所在单位、行为人所在单位、妇女联合会和有关机构投诉，也可以直接向法院起诉。用人单位、公共场所管理经营单位应当根据情况采取措施，预防和制止对妇女的性骚扰。

2005 年 6 月 26 日，随着《中华人民共和国妇女权益保障法修正案（草案）》（以下简称《草案》）提请全国人大常委会审议，性骚扰这种在社会上受到极大关注而又长期得不到有效解决的问题，首次进入我国立法者的视野。"任何人不得对妇女进行性骚扰""用人单位应当采取措施防止工作场所的性骚扰""对妇女进行性骚扰，受害人提出请求的，由公安机关对违法行为人依法予以治安管理处罚"……《草案》的三个条款，在我国立法史上第一次清晰且明确地对性骚扰行为说出了"不"字。专家表示，尽管在我国现行的法律中，没有像《草案》这样明确出现"性骚扰"的字样，但还是在不同的立法层面，明确了反对性骚扰的法律原则。过去，《刑法》等法律的规定对大量存在的一般的性骚扰形式并不适用；而《治安管理处罚条例》又偏向于公共场合，对隐蔽环境中的性骚扰缺乏有效的惩处。

正是性骚扰这一概念此前没有明确进入立法视野，导致现行法律针对这一问题的规定太过原则化，可操作性差，让法院、公安部门等在处理性骚扰案件时处于无法可依的境地。性骚扰对女性的伤害，有时候并不表现在身体上，更多的是精神上的伤害。《草案》对性骚扰做出规定，彰显出我国法律更加人性化，更加考虑个人感受，对人的保护更为全面，是法制进步的一个表现。《草案》首次明文规定禁止性骚扰，正是向社会公众传达这样一个信息：性骚扰将会受到法律的严惩。这将有力地震慑性骚扰者，从而减少性骚扰的发生。

除此之外，我国还开设了多个免费的咨询网站供受害人咨询，除去妇联和公安机构，大大小小上千家律师网站共同构成了坚实的后盾。

在民间也有很多援助团体帮妇女维护自身权益，其中代表人物为隋双戈，即深圳知名

NGO 组织"春风网——心理创伤援助公益平台"(以下简称春风网)创办人。他有两个身份:上班穿上制服,他是深圳市检验检疫局的一名公务员,被同事们叫作"隋处";下班之后,他是深圳知名 NGO 组织春风网的创办人,求助者叫他"隋博士"。自创办后至 2010 年,以援助性侵害为主的这一 NGO 公益组织已为求助者提供心理、法律帮助 500 多人次,社区服务、培训 1 000 多人次。其后因求助渠道和服务范围的拓展,人数已无法统计。谈到创办初衷,隋双戈说:"自己对心理学感兴趣,又受教育这么多年,当时觉得有能力回报社会了。"在他眼里,知易行难,如果不是来到深圳这座开放包容和充满创新的城市,他不会成长为五星级义工,继而成为最早一批 NGO 组织探索者,也不会从心理学爱好者成长为心理应激干预专家。2010 年,春风网的"性侵害受害者家庭支持计划"在日本东京荣获"2010 亚洲杰出家庭工作计划"优秀奖。项目不仅被认为是国内首个集预防、联络、救助、支持于一体的性侵害受害者公益援助体系、中国唯一获奖项目,也是唯一一支全部由志愿者组成的公益队伍。

除此之外,大学生接触最多的不过是大学校园。因此,学校在保护学生安全方面也要加强措施,主要有以下几点:

(1)大力加强法制教育,健全法制意识。"加强法制最重要的是进行教育,根本问题是教育人"。法制教育让学生懂法,主要是让学生明白哪些行为是必须做的,哪些行为是法律禁止的、道德不允许的,以此来培养学生知法、守法、用法的意识。

(2)健全学习内部的管理体制,构建和谐的校园伦理关系。在高等学校教育中,"教书育人、服务育人、管理育人"是教育的宗旨。学校必须健全制度、改进作风,做好管理和疏导工作,切实加强学生的管理工作。通过健全各项规章制度,规范学生的各种行为,从而形成良好的班风、校风。管理行政人员应注意深入实际,重视调查研究,切实了解学生的各种困难,及时发现并处理各种矛盾,不使问题成堆。

思考题:
1. 你怎样看待性骚扰、性侵害行为?
2. 你怎样识别性骚扰、性侵害行为?
3. 当你或者你的朋友有被侵害的危险时,你该怎么做?

第十章

大学生心理健康与安全

我国大学生的年龄普遍在 18～24 岁，这一年龄阶段的个体生理发育已趋于成熟，已具备了成年人的体格及种种生理功能。但从心理的角度来看，这一阶段处于青年中期，因为长期在学校接受教育，缺乏社会和工作经验，心理尚未完全成熟，所以大学生的心理问题在生活、学习中日渐突出，若不及时发现和处理，将造成较大的危害。因此了解大学生心理动态，及早发现问题、解决问题对大学生的健康生活具有重要作用。

案例回放 1

湖南某高校男生，从小学到中学一直都是在赞扬声中长大的，多年获得"三好学生""优秀学生干部"等荣誉称号。进入大学后，既没有当上学生干部，也没有评上优秀，在自我期待的理想与自我实现中受到挫折。此时他并没有很好地调整自己，而是认为老师和同学对他不公平。于是在一种极端的自我中为自己设计了一条考研之路，但他为了崭露头角，想方设法不让其他同学超越自己，于是隐藏或毁坏其他同学的贵重物品，扰乱他们的心思，使得他们没有办法安心学习，最后在同学宿舍内放火，走上犯罪道路。

思考：
1. 该男生存在什么心理危机？
2. 如果学生存在这方面的心理困扰，应该怎么解决？

第一节 如何认识心理健康

健康是人类生存和发展的最基本条件，也是人生的第一财富。然而人们知道什么是健康吗？健康一词最先出现在医学领域，随着社会的发展、科技的进步和人类自身认识的深化，健康的含义从"医学—生物模式"逐渐向"生物—心理—社会模式"转变，形成一种将躯体、精神和社会统一起来的健康观。

一、身体健康

身体健康是指躯体各项机能没有疾病，处于正常状态。

世界卫生组织（WTO）在其宪章中就对健康做过这样的定义："健康是一种身体上、

心理上和社会适应上的完好状态，而不仅是没有疾病和虚弱现象。"它明确告诉人们认识健康必须与传统的"无病即是健康"的生理学健康思想区分开来。世界卫生组织确定了个体健康的10项标准：①足够充沛的精力，能从容不迫地应对日常生活和工作的压力而不感到过分紧张；②处事乐观，态度积极，乐于承担责任，不挑剔；③善于休息，睡眠良好；④应变能力强，能适应环境的各种变化；⑤能够抵抗一般感冒和传染病；⑥体重适当，身体匀称，站立时头、肩、臀位置协调；⑦眼睛明亮，反应敏锐，眼睑不发炎；⑧牙齿整洁，无空洞，无痛感，牙龈颜色正常，无出血现象；⑨头发有光泽，无头皮屑；⑩机体、皮肤富有弹性，走路感觉轻松。

从上面健康的定义我们不难看出，健康不仅包括身体健康，而且强调心理上的健康。那么什么是心理健康呢？

二、心理健康

（一）关于心理健康认识的误区

1. 身体健康，心理就健康

这种说法是对心理健康典型的误解之一，世界卫生组织早在1981年就提出，身体健康并不代表健康，也不代表心理健康，一个人只有两者兼备，才能算健康。

2. 心理不变态就算心理健康

心理不健康有许多种形式，心理变态只是其中的一种极端形式而已。

3. 有心理问题就是有精神病

许多人对心理问题敏感又不屑一顾，认为有心理问题的人是十分可笑和可耻的，或认为有心理问题就是有精神病。这是一种很伤害人的误解。人常常会有心理困惑，调节不当会形成心理问题，长久得不到解决会发展为心理疾病。几乎每个人都会有一般的心理问题，但不会都发展为精神病，所以一般心理问题与精神病没有必然的、内在的联系。

4. 心理健康和心理问题是不可变化的

许多人认为只要心理健康就永远不会有心理问题，只要心理有问题就永远不会心理健康。这是一个误区。其实心理健康与心理问题是相对而言的，这两者是动态的、可逆的、有变化的。

5. 心理问题只发生在少数人身上

在人的一生中的每个不同时期都可能产生心理问题。其实，几乎人人都有心理问题，只是程度有轻有重，或是自己没有意识到。

6. 纪律、道德、思想问题与心理健康问题毫无关系

事实上，这两者之间有着密切的联系。例如，有的同学一上课就咳嗽不止或喜欢东张西望，老师往往以为是纪律问题，可实际上，这也可能是过重的学业负担产生的心理压力引起的躯体反应或心理反应。

7. 心理问题只能在出现后再进行治疗

心理问题是能在早期被发现、调适的。对心理问题同样贯彻预防为主的原则。

8. 去看心理医生是一件丢人的事情

很多人认为去看心理医生或是去学校心理健康中心找老师咨询是一件很难为情的事情,认为看心理医生的人都是心理变态的人。这是很大的误区。心理咨询在中国是新生事物,人们对心理咨询的了解还不够,这可能是造成误区的原因之一。还有人对心理咨询不信任,认为是一种骗人的东西,这也是误解。正如哈佛大学博士岳晓东所说的,"心理咨询是一种享受而不是一种痛苦,是明智的选择而非愚蠢的想法"。

9. 心理上有"病"不用去看

长期以来只重视身体健康而忽视心理健康的宣传,致使人们身体有病会大大方方去看医生,心理有问题却不好意思去看心理医生,小问题也逐渐发展成大问题。

10. 一次心理咨询就能解决问题

对心理咨询的不了解也导致了人们过高的期望,认为通过一次半次的心理咨询就可以解决所有的心理问题。其实,心理问题和身体疾病一样,"冰冻三尺,非一日之寒",不可期望很快就痊愈。而且,不同于身体疾病,心理问题的治疗需要来访者和咨询者双方互动交流,这自然也不是一次就能完成的。当然,也不是所有的心理问题都需要多次咨询,简单的问题一次足矣。

(二) 定义

心理健康是指没有心理疾病,是一种持续的积极发展的心理状态,在这种情况下,主体的适应能力良好,能充分发挥身心潜能。

可见,心理健康包括了两层含义:首先是没有心理疾病,这是心理健康最基本的要求,就像没有身体疾病是身体健康最基本的条件一样;其次是保持一种积极发展的姿态,这是心理健康的本质含义,意味着要消除一切不健康的心理倾向,使一个人处于最佳心理状态。

三、心理健康的标准

七项标准:心理是否健康是有一定标准的,目前各种标准中最为各国心理学家所认同的是七项标准。

1. 正常的智力水平

智力是衡量一个人心理健康与否的重要标志之一。正常智力水平是一个人生活、学习、工作的最基本的心理条件。智力低下的人很难适应正常的社会生活、完成正常学习或工作任务。

2. 健全的人格

人格是一个人整体的精神面貌,是一个人所具有的稳定的心理特征的总和,具体是指一个人在适应社会生活的过程中,在其身心行为上所表现出来的对自己、对他人、对外界事物的个性特征,又被称为个性。健全的人格是指构成人格的诸多要素,如气质、能力、性格、理想、信念、人生观等各方面平衡、健康地发展。

3. 较强的社会协调性

较强的社会协调性是指一个人能够根据客观环境的需要，不断调整自己的身心行为，达到与客观环境和睦相处的协调状态。主要表现在：①较强的人际关系的适应能力，即能够正确地对待、处理和协调好各种人际关系；②较强的自然环境适应能力，即为了某种需求，能够在任何一种自然环境中生存的能力；③较强的适应不同情境的能力，如能很好地适应考试、演讲、宿舍环境、班级环境等。

4. 稳定适中的情绪和情感

愉快、喜悦、乐观、通达、恬静、满足、幽默等良好情绪，有益于身心健康和调动心理潜能，有利于人们充分发挥社会功能。而激烈的情绪波动，如欣喜若狂、悲痛欲绝、暴跳如雷等，以及长时间的消极情绪，如悲伤、忧虑、恐惧、惊吓等，可导致人的心理失衡，不仅使人的认识和行为受到左右，而且可能造成生理机能的紊乱，导致各种躯体疾病的产生。因此，保持稳定适中的情绪和情感，也是心理健康的重要标准之一。

5. 健全的意志，协调的行为

每个人都有或大或小的理想，自觉地确定理想目标，并支配自己的行动，努力实现这个目标的心理过程，就是意志。意志与行为是一体的：行为受意志支配和控制，称为"意志行为"，通过行为可以看出一个人的意志活动的实质。行为协调的表现：一是行为大多数受理智控制而尽量不受情感和非意识支配；二是能够采取弹性方式处理问题，不固执僵化。

6. 和谐的人际关系

和谐的人际关系是心理健康的重要标准，也是维持心理健康的重要条件之一。具体表现为：①在人际交往中，心理相容，相互接纳、尊重，而非心理相克，相互排斥和贬低；②对他人情感真挚、善良，而非冷漠无情、伤害别人。

7. 心理特点符合心理年龄

每个人都有三种年龄，即实际年龄、生理年龄和心理年龄。

实际年龄是指人们的自然年龄。生理年龄是指发育成长多呈现的年龄特点，如有人营养不良，那么其生理发育就迟缓，导致生理年龄小于实际年龄。心理年龄是指人的整体心理状况所呈现的年龄，与实际年龄也不完全一样。如大学生的心理年龄期应该呈现出自我意识增强、心理活动往往比较动荡剧烈、渴望展示自己的能力、渴望与人交往等。

个体在某一心理发育期应表现出相应的心理特征。身心健康即三种年龄一致。

四、心理与身体的统一

心理和身体是分不开的，对人们的健康起着共同的作用。人们都会有这样的体验：兴奋激动时，人会面色潮红、心跳加快、血压升高、呼吸急促；嫉妒悲伤时，人则会面色苍白、心跳缓慢、血压降低、呼吸不畅，还会因为肠胃蠕动缓慢而导致消化不良。反过来，生理改变也会导致心理变化，比如女性在生理期间容易烦躁，脑部病变的人往往出现精神障碍，甲亢患者更加容易发怒；而甲低的人表情冷漠、缺乏热情等。这些都表明了人的心理和身体是统一的，即人的身心具有统一性。只有同时保持身体和心理健康，才能使个体处于良好的状态之中，积极地面对生活和学习。

第二节 大学生常见的心理问题及调适方法

一、学习适应问题

案例回放2

某大学一年级女生杨某，在中学时学习成绩优异，备受同学的羡慕以及老师和家长的称赞。上大学后，学习勤奋刻苦，决心保持一流的学习成绩。大学的课程并不像高中那样紧张，有了更多的空余时间，杨某却突然觉得闲下来的时间不知道如何打发，很是无聊。由于大学的学习与中学的学习相比，在学习内容和学习方法上都存在较大的差别，杨某却一味地遵循曾经使她取得优异成绩的中学学习方法对待大学的学业。所以，尽管她非常努力，仍不能取得好的学习效果，致使在第一学期期终考试时就不及格，杨某万万没有想到，进入大学第一次考试就不及格，这对从来没有考试不及格的她来说简直是不可想象的。得知考试结果后，杨某回到宿舍独自哭了许久。当想到放假回家后面对同学异样的眼光和父母惊异的表情的场面时，想到今后还有那么多的课程要考试时，杨某感到非常紧张，也感到非常羞愧。于是，杨某在强大的心理压力下，不敢回家而独自出走。后来，家长、同学通过多方寻找，才将杨某找回家。然而，杨某不敢再回学校上课，于是办理了休学。

高中的生活紧张而有规律，所有课程的安排和学习老师都规划好了，每天过着"宿舍—教室—食堂"三点一线的生活。进入大学，很多同学都认为终于解放了，一下子轻松了，对待学习的态度也发生了巨大的变化。实际上，由于大学里学习环境的变迁、学习内容的加深和学习要求的不同，部分同学很难适应这一时期的学习生活。由于大学中要求学生自主学习，分配给学生根据自身需要学习的时间增多，有些同学没有适应这种自主学习方式，因此对突然空闲下来的时间无所适从。有些同学仍然使用高中的学习方式来应对大学的生活，不明确学习的真正目的，把考试成绩看成证明自身价值的唯一方式，因此会产生失落、挫败的感觉。

应对学习适应问题的调适方法如下。

1. 树立正确的学习目标

大学的学习不再是为了考试，大学的学习是一个不断学习专业技能和提高全面素质的过程。这就意味着，大学的学习不仅要学好专业课，还要通过课外的、社会上的实践来学习更多的知识，从而成为一个全面发展的人。

2. 培养对专业的兴趣

心理学家皮亚杰曾说过："所有智力方面的工作都依赖于兴趣。"兴趣是求知的动力、行为的指向，是成功的前提，只有不断培养对专业的兴趣，才能在自己专业方面学有所成。通过对本专业的不断了解，积极发现专业优点和发展前景，可以有效提高专业兴趣。

3. 正确地看待考试

考试是检查学习的一种手段，一次考试并不能代表全部知识的掌握情况，也不能代表能力，更不能决定一个人的前途和命运。因此，正确看待考试及分数，调整好自己的心态，以考试的结果积极地促进自身学习，才能更快乐和高效地学习。

4. 学习中做到劳逸结合

长时间从事脑力工作，大脑会感到疲劳。在学习一段时间之后，应该休息片刻、放松一下；在学习之余，参加一些体育活动而不是蒙头大睡，能使身心得到调节和放松。一些同学认为经过长时间的学习之后，睡上一觉是最佳的休息方式，可是大脑在大量工作之后产生的兴奋状态可能会延续，躺着毫无睡意，而跑跑步、打打球、找同学聊聊天都是有效的放松方式，缓解疲劳、解除紧张。

5. 克服学习中的畏难情绪

学生在学习中对自我的认识不够或是课堂没有吸引力会导致对知识的学习产生畏难心理。可以采用化整为零法，即把要达到的目标化解为一个个小的目标，让自己分阶段去完成，你会发现学习并不是想象中的那么难，还会常常获得成功的体验。

二、人际交往问题

案例回放3

小L，男，大三，校BBS某栏目版主，学习成绩较差，整日泡在网上，沉迷于虚拟世界的交往，写得一手愤世嫉俗的潇洒文字，平日最大的爱好就是与论坛上认识的"志同道合"的朋友聚会、喝酒、娱乐，是个典型的逃避现实的"愤青"。拿小L自己的话说，现实中周围的同学都太不"完美"，太"俗"，和他们交往太"难"，找不到心灵契合的知己，而在网上遇到的朋友是能与自己在精神上合得来的"真"朋友，大家聚在一起可以发泄自己平时生活中的"郁闷"，远离现实中"俗人"的纷扰。

大学生的感情世界十分丰富而敏感，渴望与人交往，获得友谊、尊重和理解，希望能够找到一个同甘共苦、无话不说的知己。然而，不同的地域、不同的生活习惯、不同的性格、不同的兴趣爱好和不同的家庭背景，使人际关系不那么顺畅。或是在一两次的人际交往失败后，产生了逃避心理，不愿与身边的同学多接触，而沉溺于网络。

然而，自我封闭越严重，内心的孤独感也就越强，因而更加渴望与人交往，更加渴望真情和理解。封闭与交往的冲突，也是当前一些同学产生失落和自卑心理的重要原因之一。

大学生人际交往心理问题的调适方法如下。

1. 发现优点

有些学生在交往中因为缺乏自信、认为别人看不起自己而造成人际交往困难。然而，每个人都有值得欣赏的优点，花些时间发掘自己的优点，如个人专长所在、自己做过什么有建设性的事情、过去什么人如何称赞过自己等。从而增强自信,消除交往中的自卑心理。

2. 增加与他人的沟通

在人际交往中产生的问题,往往是由于看事情凭自己的主观臆断而造成误解和矛盾,究其原因往往是沟通不足造成的。因此,心平气和地与他人进行沟通可以化解矛盾,增进人际交往能力。

3. 学会微笑和宽容

微笑是人际交往的润滑剂,不经意间的一个浅浅的微笑就可以让一颗落魄、孤独的心找到归宿,让一份灰暗的心情找到阳光。在人际交往中不要过分地苛求自己或他人,对自己或他人的过失持宽容的态度,多站在对方的角度思考问题,将心比心,许多问题就都可以释然了。学会微笑和宽容能使你与他人的交往更加顺畅。

4. 把握交往的尺度

人和人之间是要保持一定距离的。人人都需要一个自我空间,当这个空间被别人触犯时,人们就会感到不舒服、不安全,甚至恼怒。因此,在交往中要根据与他人之间的关系,把握适度的交往距离,尊重他人的隐私和习惯,才能使人际关系更加和谐。

5. 完善自己

一个优秀的人往往更加受人欢迎。要不断地提高自己在知识和品德方面的修养,良好的修养能体现一个人的品位与价值,一个有着高修养的人才是具有个性和人格魅力的人。因此,用自己的人格魅力吸引大家,相信大家会更喜欢。

三、亲子沟通问题

案例回放 4

小东来自北方,现在就读于南方某一城市的一所大学,他已经3个假期没有回家了。高中毕业后为了远离父母的束缚,来到了千里之外的南方求学,可是来到大学之后,却不像自己想象的那么开心。环境、学习等方面的不适应,因为他不愿意和父母、同学和朋友倾诉交流,造成了他不愿与人交流、总把自己封锁起来的性格。其舍友反映,每次小东打电话回家都是以吵架结束的,问其原因只说:"与他们无法沟通,他们根本就不理解我,我根本就是没有家的人。"由于与父母的种种无法排解的矛盾,小东甚至想到了退学,去一个父母永远都找不到的地方。

图 10-1

在大学中,与父母关系不和的同学并不是少数(图 10-1),很多大学生反映,父母根本不理解自己的想法和需要,无法进行沟通。而许多父母认为自己所做的都是为了孩子好,不明白孩子为什么不接受,还要反过来责备他们。这种相互的不理解是造成亲子之间关系紧张、产生矛盾,甚至反目的主要原因之一。大学阶段的学生在生理上已经成熟，在认知上都有自己的想法，并且有得到认同和肯定的强烈愿望。父母对子女不恰当的过分保护，会造成大学生的逆反心理，可能会带来严重的后果。因此，有效解决大学生的亲子沟通问题，营造良好的亲子关系，对大学生的健康成长成才有着重要的作用。

亲子沟通心理问题的调适方法如下。

1. 站在对方的角度考虑问题

亲子沟通问题产生的原因是多方面的，不能站在对方的立场、角度考虑问题，以自我为中心的想法是重要原因之一。大学生和父母在相处的过程中，父母由于社会经验丰富，为了避免孩子走弯路，常用不恰当的方式把自己的观点强加给孩子，殊不知，孩子已经成年，这种强加的方式只能适得其反。而大学生往往以自我为中心，做事多考虑自己的需要和感受，忽略父母的感受，为了证明自己的能力，常常不顾正确与否，总要与父母对着干，因此造成亲子关系紧张。在亲子沟通的过程中，要多站在对方的角度考虑，才能理解对方的需要和目的，以平等、尊重的态度进行沟通，有助于形成良好的亲子关系。

2. 向父母表达自己的真实想法

当自己的意见与父母不一致时，可以缓和的方式向父母表达自己的真实想法，父母会因为孩子真诚的态度而思考自身的不足，从而达成一致的观点。

3. 进行专业的亲子咨询

如果因为特别的因素，自身无法调节亲子问题，可以求助于专业的心理机构进行亲子咨询，借助外力来处理亲子问题。

四、恋爱和性问题

案例回放 5

爱与性的思考——来自一名女生的自述

我们与所有正在交往的情侣们一样，一起吃饭，一起上网，一起逛校园。我们彼此很喜欢对方（图 10-2），从开始到现在，我一直认为会喜欢他直至我的生命结束，他也是。于是我们牵手、接吻、拥抱……接下来，他问我，什么时候把自己给他？我们很相爱，但是该如何处理我们之间的关系呢？该怎样发展下去呢？

这个女孩一直这样左右为难着。

性是两个人同意分享亲密的感觉。目前社会对婚前性行为已持有比较宽容的态度，很多大学生对婚前性行为也持宽容态度。虽然很多人只是"让它自然发生"，但是，可能会有无法挽回的结果。性的发生要求当事人事先有成熟的考虑——因为它还涉及责任，尤其对一个在经济上尚未独立、心理上尚未足够成熟、对自己的行为还缺乏责任能力的大学生而言。在决定是否要有性行为之前，请思考以下问题。

（1）我会感到羞耻或罪恶吗？
（2）是因为周围的人才这样做吗？

(3) 我会害怕因为性被对方抛弃吗？
(4) 爱情跟性能画等号吗？
(5) 我能否为对方承担责任？
(6) 事先我和伴侣谈论性事吗？
(7) 我了解伴侣过去的性史吗？
(8) 我有避孕和预防性病的有效措施和心理准备吗？

尤其是后三点，事先一定要在心理上有所准备。因为没有情感的投入，没有充分的交流，只会让当事人留下不满意的结果，不但空虚，还会加深先前的空虚感。

图 10-2

离开高中充满压力的学习生活，来到了大学自由的校园，学生的自主愿望被强烈地激发出来，强烈地想去做高中时期想做又不敢做的事情。有些学生看见周围的同学谈恋爱了，他们会认为大学一定要谈恋爱，至于恋爱在自己的生活中占据怎样的地位、什么样的人适合自己往往都是不清晰的、盲目的。为了谈恋爱而选择恋爱的行为是盲目的。由于给爱情附加了很多想象，很多大学生在恋爱时过度投入、对恋爱对象过分依赖或对于自己的感受过于专注，一旦遇到不顺心的事情，情绪就会进入失控状态，轻则影响学习，重则会发生严重的恶性事件。

1. 恋爱心理问题的调节方法

（1）合理地看待自我。有恋爱就有可能失恋，每一对恋人都希望自己一次恋爱就能成功走向婚姻的殿堂。然而年龄、性格、价值观等诸多方面的影响有可能造成恋爱失败。不同的人对失恋会有不同的反应。有些人认为天涯何处无芳草，而有些人认为石头也会被感化，另外一些人认为分开则是为了找到更好的，需要换个角度看问题。爱情并不是人生的全部，爱情没有对错，只有选择，只要树立正确的爱情观，人就会豁然开朗。

（2）行动转移注意力。在恋爱中产生的问题，其实往往可以把它搁置起来，用其他的事情转移对这件事情的关注，时间会慢慢让人更加成熟。可以用看书、思考其他问题、多参加班级活动等方式转移注意力，这会让你感觉生活更充实。失恋不代表失去全部，而是更富有的开始，如果你此时更专注于学习，会得到意想不到的收获。

2. 性心理问题的调节方法

（1）学习性生理、性心理的有关知识。大学阶段是一个性生理逐渐发展成熟的阶段，学习性的相关知识，把握性的发展规律，树立科学的、健康的性观念，为性成熟的到来做好相应的心理准备，有利于消除大学生对性的一些罪恶感、自我否定等错误倾向。

（2）培养广泛的兴趣爱好，增强性理性行为。大学生处在精力充沛、情感丰富、渴望与异性交往的时期。因此，大学生应该把旺盛的精力转移到学习、技能等个人发展上，避免沉溺于性满足中。

五、同性情感问题

(一) 同性交往中常见的心理问题

同性情感问题（图10-3）也指同性恋问题，随着社会开放程度的不断加深，同性之间的恋爱逐渐进入我们的视野，不同的人对同性恋有不同的看法。同性恋是指一个人在性爱、心理、情感上的主要兴趣对象均为同性别的人，同性恋者目前只占总人数中的少数。现代科学研究显示，各种少数同性倾向（男同性性倾向、女同性性倾向、双性性倾向）和精神病理不存在任何内在联系，同性恋不是一种疾病或心理障碍，只是一种不同于大多数人的性取向。

图 10-3

因此，同性恋者在交往中也会存在异性恋之间交往中的种种问题，也会影响大学生的学习和生活的安全，上文已经讲到，这里不再赘述。

随着社会的发展，人们对同性恋的认识逐步加深，对同性恋的态度比较宽容。但是还有很多人对同性恋不理解，表示出厌恶、憎恨的情绪，歧视同性恋者，并认为同性恋是一种性变态。此外，同性恋性行为还是艾滋病传播的主要途径之一。

由于存在许多不认同同性恋的声音，因此同性恋者在面对来自社会、家庭的巨大压力时，可能会导致心理问题，具体如下。

1. 自我认同迷茫

很多同性恋者常会出现对自我性别认同的迷茫，如自己生理上是男性特征，但心理上总觉得自己是个女孩，有些人在上厕所时感到痛苦，因为不知道自己应该上男厕还是女厕。

2. 自卑

很多同性恋者都具有高度的隐蔽性，他们并不公开恋情，而是默默地进行各种恋爱行为。因为同性恋不为大众所理解和接受，同性恋者往往因为自己的性取向而抬不起头，感到羞耻、愧疚和自责。

3. 绝望

很多同性恋者因为看不到同性恋的出路而感到绝望。虽然现在西方的某些国家已经使同性恋婚姻合法化了，我国法律对同性恋婚姻采取既不鼓励、也不反对的态度，让同性恋者看到了一些未来的希望，但毕竟不符合世界的主流趋势，因此很多同性恋者会出现消极悲观情绪。

(二) 同性恋爱交往心理问题的调适

1. 充分地认识自己

并不是每一个对同性有好感的人都是同性恋者，同性恋最大的特点是对同性有性冲动，会主动与同性发生性行为。对自己的性取向进行充分的认识，避免对同性恋的混乱认识造成的焦虑、恐惧等心理问题。

2. 做好心理准备

同性恋者要正视、面对来自社会、家庭的压力，对同性性行为可能带来的后果有清晰的认识，为同性交往做好心理准备，才能在面对失败和挫折时积极应对。

3. 在性行为中采取安全防范措施

了解同性性行为的安全防范措施，采取健康安全的性行为方式，提倡使用避孕套。

第三节　影响大学生心理健康的因素

大学生的心理问题是其人格与环境交互作用的结果。从环境来看，影响的因素主要有社会、学校和家庭。从大学生个体来看，其心理问题往往与他们不良的人格倾向有关，主要的影响因素有自我意识不健全、认知偏差、消极应对方式等。

一、社会因素

（一）社会经济转型，价值体系多元化

随着市场经济的快速发展、科学技术的不断进步，新事物大量涌现，从而导致了社会价值体系的多元化。在一个各种价值观相互交织的特殊发展阶段，存在着一系列诸如贫富分化加剧、拜金主义、享乐主义和个人主义等问题，大部分学生的价值观和人生观发生变化，导致集体主义观念淡薄，同学交往功利化、实用化，缺乏友爱与关怀。这一切都让大学生感受到生存环境的不确定性和缺乏安全感，出现认同缺失、抉择失据、方向难定等问题，从而造成他们心理上的极度"失态"和失衡，而在形式上表现出了空前的复杂和多样。

（二）竞争压力过大，就业形势严峻

随着人才培养和就业制度改革中引入竞争机制，大学生感受到了巨大的竞争压力。总体来说，大学毕业生具有较高的人力资本水平，是劳动力市场上的优势群体，但随着全球化的发展与知识经济的冲击，社会向大学生们提出了日益苛刻的用人标准。为了在剧烈的竞争中占有一席之地，大学生们在学习、考证和参加各类兼职等实践活动之间疲于奔命，压力陡增（图10-4）。

图10-4

（三）网络技术的影响

我们正处在信息技术快速发展的时代，各类信息传播速度之快、范围之广前所未见。目前，手机上网对大学生来说早已是家常便饭，几乎所有大学生都有手机，所有的大学都建有校园网，而网络具有开放、共享性，使大学生的人际关系面扩大，渴望参与社会交往的大学生用完全虚拟的身份与别人交流，导致自

我认识逐渐模糊,形成双重人格。学生在利用网络快速、便捷地获取信息的同时,也使部分自控能力较差的学生沉迷于网络游戏,甚至不健康的网页浏览之中,并且由于信息获取的便捷,各种社会舆论和信息对他们的影响也更直接、更迅速。

二、家庭因素

(一) 教养方式

大学生心理健康水平与家长的教育观念、家庭教育方式之间存在着密切关系,不适当的家庭教养方式容易使子女产生严重的心理问题。根据美国心理学家 Baumrind(鲍姆令德)提出教养方式的两个维度,即要求和反应性,可以把教养方式分为权威型、溺爱型、专制型和放任型。

(1) 权威型的父母能理解孩子的需求和观点,也常要孩子参与家庭决策,会给孩子提出合理的要求,设立适当的目标,并对孩子的行为进行适当的限制,这种教养方式的特点虽然严格,但是民主。权威型家庭中的孩子通常有很强的自信和较好的自我控制能力,积极乐观、自我信赖、成就导向及与成人和同伴合作的活力。

(2) 溺爱型的父母对子女则表现出过多的爱与期待,易使子女产生唯我独尊、自我控制能力差、缺乏恒心和毅力等心理问题,一旦碰到不顺心的事情便容易与他人发生冲突。

(3) 专制型的父母高度控制孩子,随便使用权势,要求子女无条件地服从自己,这种教养方式下的父母和孩子是不平等的。专制型家庭中的孩子易发脾气、焦虑和退缩,容易被干扰,没有目标。

(4) 放任型的父母对子女既不关心,也不表现出爱和期待,也不提出要求与对其行为进行控制,对孩子缺乏管教,听之任之。放任型家庭中孩子的身心发展最差,认知水平较低,行为上不懂规矩,没有教养,情绪不稳定,自控能力差,缺乏社会交往技能,很容易出现适应障碍。

(二) 家庭氛围

父母之间、亲子之间的言语及人际氛围直接影响着家庭中每个成员的心理。民主、和谐、相亲相爱的家庭氛围,往往使个体形成随和、谦虚、礼貌、诚恳、乐观、大方等良好的人格特征。反之,家庭气氛紧张、经常吵架、打骂,甚至相互敌视,尤其是父母离异,往往会使子女形成冷漠、粗暴、蛮横、孤僻、自卑、多疑、冷漠等不良人格特征,这些不良人格特征会使大学生在人际交往中表现出自私、敌意心理和道德方面的缺点。

三、学校因素

(一) 环境变迁的影响

有人认为大学一年级是"动力真空带""理想间歇期"。高考前,学生的目标明确——考上大学。跨过了高考这个门槛后,当面对更广阔、复杂的生活时,不但没有从心理和生理上做好迎接更大困难的准备,反而放松了对自己的要求,幻想着能轻松度日。所以一经大学录取,心情突然放松,失去自主的冲力,歇口气的思想油然而生,学习动力不足。大学学习的一个基本特点,就是更强调自学和独立思考能力的培养与调动,面对这种从被动"灌输"式学习方法到主动"开放式"学习方法，学生产生了困惑，出现了学习方法上的不适应，对自己的能力产生了怀疑。

（二）人际关系变化的影响

中学时期长期的应试教育体制对学生的身心健康发展产生了一定的影响，使大学生对新的人际关系的适应要远比对学习、生活环境的适应困难。大学生的人际关系不再局限于建立友谊这一层面，而是要求个体学会与不同的人打交道，使自己的行为模式逐渐走向成熟，符合社会的要求。但有些学生仍按原来的方式进行交往，常通过以自我为中心的思维方式来处理新环境的人际关系，在认识和评价人的过程中常带有主观、极端、简单化的倾向。而且大学生交往过程中情感性强，因此他们对不同人的认识极易受情绪波动的影响，常常导致看法大起大落。有时学生由于学习成绩和家庭贫富的差异，容易出现理想与现实的差异，从而导致自卑、敏感、自怜、多疑和心理狭隘等心理障碍。

四、个体因素

（一）自我意识不健全

自我意识是个体对自身及对自己与周围关系的认识与评价，自我意识不仅影响大学生现实的行为方式和对过去经验的解释，而且影响大学生对未来的期望，大学生的心理困扰大部分都与自我意识有关，如不能客观地认识和了解自己，对自我评价过高或过低，不能准确地自我定位和独立地整合各方面信息，对自我的矛盾体验不能调适，等等。这种不稳定的心理状态如不能得到正确引导和及时宣泄，与外力发生冲突，很容易导致其心理偏差和行为怪僻，以致形成心理健康问题。

（二）认知偏差

有时学生不能客观地看待和分析问题，他们以非理性的方式思考问题，绝对化、片面化、极端化。例如有的人总是以自己的意愿为出发点，认为事物"必定"会发生或"必定"不会发生，在他们的生活中有太多的"必须""应该""一定"，如"我必须成功""他应该对我好"等。一旦事与愿违，便极易陷入负面情绪困扰之中。有的人以一种以偏概全的不合理思维方式处理问题，如果生活中遇到挫折，就认为自己"没有用"，是"失败者"，从而导致自责、自卑、自弃的心理；如果别人稍有过失，就对他全盘否定，从而导致责备他人，甚至产生敌意情绪等。还有的人以"糟糕至极"的思路看待事物。他们认为一件自己不愿其发生的事情发生后，必定会非常可怕、非常糟糕、非常不幸，甚至是灾难性的，因而导致不良的情绪体验。他们的认识偏差，如果长期得不到正确的指导，就会造成学生对社会产生心理矛盾。

（三）消极的应对方式

应对方式是指大学生在面对挫折和压力时所采用的认知和行为方式。它是心理应激过程中一种重要的中介调节因素，大学生的应对方式影响着应激反应的性质与强度，并进而调节着应激与应激结果之间的关系。大学生的应对方式主要包含三个方面的内容：①自我防御机制；主要有推诿、压抑、否认、合理化、幻想、退避等方式；②心理调节机制，主要有调整心态、调整情绪、调整认知和总结经验等方式；③外部疏导机制，主要有转移、宣泄、倾诉求助等方式。从应对效果的角度来看，可以分为积极、消极和中间型的应对方式。实证研究表明，大学生的心理问题往往与其消极的、不成熟的应对关系显著相关。

第四节 大学生如何保持健康的心态

大学生作为心理问题预防和调节的主体，应主动适应环境，乐观地面对现实，不断完善和提高自我认识结构与水平，学会自我预防与调节，保持积极健康的心态。

一、接受、喜欢自己

悦纳自我首先要接纳自己、喜欢自己、欣赏自己，体会自我的独特性，在此基础上体验价值感、幸福感、愉快感与满足感；其次是理智与客观地对待自己的长处与不足，冷静地看待得与失。

积极的策略是：关注自己的成功，并将优势积累，每个人身上都有着无数的闪光点，重点在于寻找自己的闪光点并将其构成亮丽的人生风景线。

二、增强自信心

成功学的创始人拿破仑·希尔说："自信，是人类运用和驾驭宇宙无穷大智的唯一管道，是所有'奇迹'的根基，是所有科学法则无法分析的玄妙神迹的发源地。"奥里森·马登也说过这样一段耐人寻味的话："如果我们分析一下那些卓越人物的人格物质，就会看到他们有一个共同的特点，他们在开始做事前，总是充分相信自己的能力，排除一切艰难险阻，直到胜利！"同样两个努力工作的人，自信的人在工作时总会以一种更轻松的方式度过。当很好地完成了任务时，自信的人会认为这是因为自己有实力；当遇到实在无法完成的任务时，则认为也许任务本身实在太难。而缺少自信的人会把成功归功于好的运气，把失败看成自己本领不到家。只是由于这小小的心理差异，虽然二人花的时间、精力都差不多，但往往较为自信的那一方的收获要大得多。

美国著名的心理学家基恩博士讲了这样一个故事。

有一天，几个白人小孩在公园里玩耍，一个卖氢气球的老人来了，孩子们蜂拥而上，争着买气球，玩得十分开心。在公园的另一个角落里躺着一个黑人小孩，他不敢凑上去，呆呆地看着。等白人小孩追逐着离开后，黑人小孩才小心翼翼地走过去，低声地问道："您能卖给我一个氢气球吗？"老人乐呵呵地说："当然可以，当然可以。你要一个什么颜色的？"小孩鼓足勇气说："我要一个黑色的。"这位满脸沧桑的老人随即递给他一个黑色的氢气球。小孩开心地玩着，脸上露出灿烂的笑容。但他一不小心，手一松，氢气球飞了，在蓝天白云的映衬下非常美丽。老人看着渐渐升起的气球，对着这个伤心的孩子说道："记着，气球能不能升起，不取决于它的颜色、形状与大小，而是气球内是不是充满了氢气；同样，一个人能不能成功，不取决于他的种族、出身，关键是心中有没有自信！"这个故事中的黑人小孩就是基恩博士自己。

所以，一个人能不能成功，关键是看他有没有自信。大学生可从以下几点培养自己的自信心：
（1）树立自信心，每天在心中默念："我是最棒的。"
（2）每天都能保持甜美的笑容。
（3）凡事都要昂首挺胸。
（4）交友要有倾向性。
（5）通过实践增强成就感。
（6）每天抽几分钟时间，对着镜子，用感激之心看着镜子中的"我"，然后给"我"一个甜甜的微笑，认真地说一句"我爱你"。

三、积极的心理暗示

自我暗示就是自动暗示，它是人的心理活动中的意识思想的发生部分与潜意识的行动部分之间的沟通媒介。它是一种启示、提醒和指令，它会告诉你注意什么、追求什么、致力于什么和怎样行动，因而它能支配和影响人的行为。这是每个人都拥有的一个看不见的法宝。

自有人类以来，不知有多少思想家、传教士和教育者都一再强调信心与意志的重要性。但他们都没有明确指出：信心与意志是一种心理状态，是一种可以用自我暗示诱导和修炼出来的积极的心理状态。

美国著名的心理学家——加德纳，原本是一名医生。那时他就竭力反对把实情告诉癌症患者。他认为，在美国死于癌症的病人中，75%的病人是被吓死的，其余的才是真正病死的。为此，加德纳曾做过一个实验：让一个死囚躺在一张床上，并告诉他将被执行死刑，然后用手术刀的刀背在他的手腕上划了一下，接着把事先准备好的一个水龙头打开，让它向床下的一个容器里滴水，伴随着由快到慢的滴水节奏，结果那个死囚昏死了过去。

1987年，加德纳把实验的结果公布出来的时候，却遭到当时司法当局的起诉。但他用事实告诉世人：精神是生命的支柱，一旦从精神上摧垮一个人，生命也会变形枯萎。

从某种意义上说，人不是活在物质世界里，而是活在自己的精神里，因为对人的生命而言，要存活，只要一碗饭、一钵水足矣。但要活得精彩，就要有宽广的心胸、百折不挠的意志和化解痛苦的智慧。如果精神垮了，没有人救得了，就无法奢谈什么成功了。

大学生在日常的生活中应学会运用以下三句话对自己做出积极的暗示：
（1）"太好了"，遇到问题从积极的角度去考虑，受到挫折时能以良好的心态去承受。
（2）"我能行"，帮助自己努力发挥潜力，自信、自强、自立等。
（3）"请让我来帮助你"，学会生存，学会关心他人、帮助他人。

四、全面看待自己的优缺点

人生在世，每个人都有自己独特的优点。但"金无足赤，人无完人"，每个人又都有自己的缺点。因此在生活、学习、工作中，我们要正确地看待它们，不要因为自己的优势而沾沾自喜,也不要因为自己的缺点而自卑自弃。对待那些无法弥补的短处,我们要学会:①自我解嘲;②代偿;③跳出个人心理活动的小圈子,站在旁观者的角度审视自己,再反思自己和自己的短处;④学会改变评价自己的标准,我们不能以自己的优势或成功的方面去讥笑别人,也不能由于自己的不足或失败而感到自卑。

五、加强意志锻炼

如果说情绪可以明显地影响人的健康,那么意志从某种程度上可以控制人的心理健康,直接制约人的成功。意志指的是一个人自觉地确定目的,并根据目的来支配、调节自己的行动,克服各种困难,从而实现目的的品质。大学生在成长的过程中,只有借助强韧的意志力,才能克服困难、战胜自我。大学生心理健康需要有意志的支撑,自我护理意识养成与否很大程度上也在于意志干预的力度。

积极健康的意志品质有助于大学生树立远大的人生目标,使其在外界变化的情况下克制自己的情绪,并有意识地调节和支配自己的理想和行动。当前我国大学生的意志品质呈现出水平较高但发展不平衡的特点:自觉性与惰性并存,理智与薄弱自制力同在,勇敢精神与毅力不足,独立性与依赖、逆反性兼具,果断性与冲动性共生等现象。大学生要培养自我意识,就要善于从中剔除不良的意志品质,培育积极健康的意志品质。

六、寻求社会支持与心理援助

社会支持有助于个体摆脱困境、调节防御机制,具有缓解生活事情的情绪冲击的作用。研究表明,在较高的社会支持作用下,个体能较好地调节心理状态,恢复自信心。大学生的社会支持系统主要来自家庭、亲朋好友、老师以及学校,大学生应主动建立健全的社会支持系统和寻求父母、朋友、学校的心理援助。

第五节 学校对大学生心理健康教育的重视

近年来,学校根据中共中央、国务院《关于进一步加强和改进大学生思想政治教育若干意见》和教育部《普通高等学校大学生心理健康教育工作的实施纲要》等有关文件精神,围绕"一切为了学生成长成才"的工作理念,按照"面向全体、稳抓教育、重在发展、科学预防"的工作思路,积极构建制度完善、队伍充实、活动丰富、宣传深广、服务到位、干预及时的工作体系,扎实开展大学生心理健康教育工作。

一、规范心理健康教育工作网络体系

学校领导高度重视心理健康教育工作,从制度的完善、人员的配备到经费、场地的需求等方面都给予大力支持,增强心理健康教育工作的规范性和实效性,建立和完善大学生心理健康教育四级工作网络体系(表10-1)。

表 10 - 1

| 一级网络：主管校领导挂帅的心理健康教育指导委员会。指导全校心理健康教育工作。具体负责心理健康教育队伍建设；统筹和组织心理测试与建档、心理知识普及、心理品牌活动和心理咨询服务的开展等 |

| 二级网络：各教学院二级心理健康工作站。负责学生心理健康动态分析，及时关注存在心理危机倾向的学生，并将全院学生心理健康动态数据和情况按月向上一级网络汇报，使极端事件得到有效的预防 |

| 三级网络：各班心理委员。负责了解班级同学心理健康情况并及时向二级工作站汇报 |

| 四级网络：各宿舍舍长。负责了解各宿舍同学心理健康情况并及时向三级工作站汇报 |

二、建立健全的大学生心理危机干预机制

1. 大学生心理危机的干预策略

（1）对干预队伍进行专业培训。大学生心理危机干预是一门新兴的学科，应在心理学和临床心理学的基础上，遵循心理咨询和心理诊疗的原则，对校园四级心理健康网络开展培训工作，使他们了解大学生心理危机特点和来源，掌握对学生高危人群危险性的早期评估知识及干预技巧，以有效防范大学生突发事件的发生。

（2）评估迅速准确。一旦发现学生因心理危机而可能出现灾难性后果时，应通过观察当事人言行，利用掌握的危机预防与干预知识，迅速确定问题的严重程度，及时告知相关人员，并正确采取干预行动。

（3）提供精神支持。首先，使当事人接受帮助，使当事人有足够的信心，坚信自己处理危机的能力，毫不犹豫地赞同当事人的决定，表明对他充满信心，有别于假安慰。

（4）给予宣泄的机会。处于危机之中的当事人，一般会心绪繁杂、思维混乱、痛不欲生。此时给当事人提供宣泄的机会，有助于释放其过度积聚的心理能量，疏导那些因愤怒、恐惧、憎恨等可能会造成自我毁灭的情感。

（5）给予希望和传递乐观。选择恰当的时机使当事人看到希望，使他们对前途充满信心。但不能在当事人处于消极情境中、精神负担还没完全暴露之前，传给其希望和乐观，应该先鼓励其诉说心中的真实情感，再给予希望和乐观。

（6）有选择地倾听。弗洛伊德用千万次的科学实践向人们证明了一条真理：在与当事人交谈时，回答有选择性，就决定了有选择地倾听，以此来帮助当事人调整思路、改变认知、消除不合理信念，减轻其应激与焦虑水平。

(7) 劝告、直接建议和限制。一般应避免直接的建议和限制，但许多心理危机者陷入困境情绪，思维很混乱，按实际情况提出劝告和建议，限制不利情况的发生还是比较合适的。但劝告和建议也要谨慎和深思熟虑，否则会因建议的消极后果，引起当事人责怪或直接反驳。

2. 大学生自杀的干预

学生自杀（图10-5）是学生在知道自杀可以导致死亡的前提下，对自己采取结束生命的消极行为的过程。学生自杀干预就是对处于自杀危机中的学生进行的短期心理援助和长期的心理帮助，使其放弃自杀的行为与计划，积极投入学习生活中去的过程。

图10-5

1) 大学生自杀干预的基础

(1) 自杀痛苦的共情。任何自杀者都可能面临着情感痛苦，并认为这种痛苦是无法逃避的、无法忍受的和永无止境的。心理咨询能够给予自杀学生足够的同情，缓解情绪痛苦。只有建立良好的咨询关系，才可以进行自杀信息的询问和危机干预。

(2) 自杀征兆的识别。从学生产生自杀观念到形成自杀计划，再到最终实施自杀计划，通常是一个漫长和充满矛盾的痛苦过程，自杀者会感到无助、无望、孤独，希望结束痛苦，但另一方面求生的愿望也是非常强烈的，会有意或无意地以各种形式向他人求助。在这个过程中，会留下许多言语的或行为上的自杀线索，只要咨询师保持足够的敏感性，就很容易发现自杀征兆。

(3) 自杀信息的询问。当发现学生有自杀征兆时，可直接询问他们是不是想过自杀。世界卫生组织危机干预专家认为，这么做不但不会引起他们真的去自杀，反而能够挽救他们的生命。

(4) 自杀风险的评级。自杀风险的评级是学校干预体系运行的前提和自杀信息询问的结果。根据学生自杀计划的时间、空间和工具的危急性，结合自杀既往史、家族史、疾病史，考虑情绪反应、认知歪曲、行为改变和躯体症状，迅速做出高自杀风险、中自杀风险和低自杀风险三个等级的评定。高自杀风险指学生已有明确的近期自杀计划，包括时间、地点和拥有自杀工具；中自杀风险指学生已有明确的远期自杀计划或模糊的近期计划和获得自杀工具的渠道；低自杀风险指学生无自杀计划，仅有自杀观念或者意愿。

2) 大学生自杀干预的程序

(1) 自杀干预的前提：建立咨询关系。建立咨询关系作为自杀干预的前提，是关键环节之一。建立咨询关系是自杀风险评估的前提，决定了自杀干预的成功与失败。

(2) 自杀信息的获得：随时评估测量。在心理咨询和自杀干预过程中，咨询师要保持高度的敏感性，随时收集自杀信息，随时进行自杀风险的评估和测量。咨询师可以使用心理测量工具，也可以根据自己的实际经验，寻找自杀关键信息，做出自杀风险的评级。

(3) 自杀干预的应对：实施保密例外。无论咨询师评定学生是哪一类自杀风险，都需要立即打破保密原则，实施保密例外。咨询师需要告知学生的法律监护人、班主任、辅导员等相关责任人，共同做好自杀干预工作，但在实行保密例外前，咨询师应告知学生保密例外原则的适用范围和原因。

（4）自杀干预的追踪：进行重点关注。某一次自杀干预的后果只有两种：一是学生没有度过危机而自杀；二是度过自杀危机获得短期心理成长。对于自杀完成的学生在善后过程中，咨询师要进行自杀心理解剖，以进一步完善干预系统，做好自杀预防工作。对于获得短期心理成长的学生，要将其列入重点关注名单，协同社会支持系统，共同做好长期帮助工作。

（5）自杀危机的解除：帮助心理成长。在重点帮助自杀学生的过程中，咨询师可以适时、主动邀约学生参加个体咨询、团体辅导或者心理健康教育活动，目的是保持咨询关系，帮助其长期心理成长。在咨询师确认学生没有任何自杀风险之前，自杀危机都不能解除。

3）在自杀干预过程中的注意事项

五要：①保持冷静、沉稳，对当事人随之而来的暴风雨般的情绪要有心理准备；②给当事人充分的机会倾诉，以便确定危机类型、诱发事件及严重程度，不要试图消解自己被当事人引起的沮丧感；③必要时询问客观问题，只要得当，可有镇静作用；④要直接面对事情，切勿涉及深层及潜意识原因（这些留待以后）；⑤可向社区、医务、法律等机构求援。

十不要：①不要责备求助者或对其说教；②不要批评求助者或对他的选择、行为提出批评；③不要与其讨论自杀的是非对错；④不要被求助者所告诉你的危机已过去的话所误导；⑤不要否定求助者的自杀意念；⑥不要过急，要保持镇静；⑦不要分析求助者的行为或对其进行解释；⑧不要让求助者保守自杀的秘密；⑨不要把自杀行为说成是光荣的、浪漫的、神秘的，以防止别人盲目仿效；⑩不要忘记跟踪观察。

三、开展心理咨询服务，有效抑制极端心理事件发生

心理咨询是解决学生个别问题的有效方式，学校应每周安排专职心理咨询教师值班接待心理咨询。

四、积极开展"5·25大学生心理健康教育活动月"系列，着力打造心理健康教育品牌活动

根据教育厅有关文件精神，积极开展"5·25大学生心理健康教育活动月"系列活动。活动中转变教育理念，重视发展性辅导，开发和完善学生潜能与人格，不断创新活动载体和活动形式，不断提高教育与服务的专业化水平，切实提高大学生的心理素质，如先后加入了现场咨询、"心理学问学堂"心理微电影比赛、心理主题班会、心理委员培训、团体心理辅导等新内容。

五、加强新生入学心理健康教育工作力度，使心理危机得到科学预防和干预

学校从多方面、多角度对新生进行心理健康教育。主要可分为以下三方面的内容。

1. 新生适应性心理健康讲座

每年组织讲师团到各教学院开展新生适应性心理健康讲座，让新生正确客观地认识自我，做好大学四年的生涯规划；以饱满的精神和健康的心态开始崭新的大学生活。

2. 新生适应性团体心理辅导

组织专职、兼职心理老师到各教学院开展以"相聚相知，规划未来"为主题的新生适应性团体心理辅导。让同学们学会团队交流、竞赛与合作，增进了解和交往，培养班级成员团体凝聚力与团体信任感，感受团体力量和智慧，提高个人价值感。

3. 新生心理健康知识展板比赛

每年组织各学院二级工作站收集心理健康知识，开展以学院为单位的心理健康知识展板比赛，使心理健康知识得到很好的普及。

六、对新生进行心理测试并建立档案

每年组织全体新生参加心理测试并建立心理档案，及时掌握新生心理动态，排查和关注异常人群，通过辅导员谈话、预约心理咨询帮助他们解决心理困惑，使其心理危机得到及时、有效的预防和干预。

七、开展大学生心理素质拓展训练

素质拓展训练是一种体验式训练，能激发个人潜能，有助于培养乐观的心态和坚强的意志，提高沟通交流的主动性和技巧性，树立相互配合、相互支持的团队精神，极大地增强合作意识，从而达到提高心理素质的目的。积极构建一个适合不同年级、不同群体学生心理特点和需要的大学生心理素质拓展训练体系，同时提供了解决不同群体学生面临的普遍的和特殊的、迫切需要解决的心理健康问题的途径，兼顾纵向教育与横向教育，受到广大学生的好评。

八、加大心理健康教育宣传力度

通过心理健康教育网站开通互动平台，及时了解学生心理动态和心理工作成效，并且，在大学生心理健康中心的带领下，心理健康协会编辑出版了有关心理健康知识的报刊，将纸质版分发到每个班级，使电子版通过网络媒介以更形象生动的方式展示丰富的心理学知识。

第十一章

日常救护防护常识

第一节 掌握救护知识的重要性

一、认识救护

1. 救护的含义

救护包括抢救及护理两个方面。从广义上讲,救护是援助有生命危险者。救护就是利用自己学到的自救互救知识和技术,使用家中或随身、身边便利的材料、物品,对伤病员进行适当的医疗护理,临时急救,以保证伤病员能安全转送到有条件的医院,或保证医护人员到达现场抢救之前不发生或少发生生命危险。

2. 现场救护

任何意外伤害事故发生时,把危急病人从现场送达医院或医疗急救系统往往需要一段等候期。在此期间,病人一旦出现流血不止、呼吸困难,甚至心跳停止等症状,超过医学上称为"救命黄金时间"的4~6分钟,便会延误最佳急救时间,造成终身残疾,甚至更加严重的后果。现场救护培训就是进行现场救护技能的培训,包括心肺复苏、止血、包扎、固定和搬运等,一旦发生伤害事故,培训人员可以及时、正确地运用救护技能,挽救生命。根据医学知识和有关统计,在人的呼吸、心跳停止的一定时间内(即4~6分钟),对伤员进行有效的生命支持(人工呼吸、胸外按压),则伤员的生存率可达43%。

从理论上讲,所有意外事故受伤人员在去医院前都需要现场救护,包括溺水、触电、烧伤、摔伤、食物中毒及急性病症的发作等。但从各地医院急诊室接诊的情况看,能幸运地得到现场救护的伤患者实在不多。

二、掌握救护常识的重要性

应急救护工作中一项重要任务是对发生事故的处理和人员的及时救护,在现场救护中,人们常常将抢救危重急症、意外伤害伤员寄托于医院和专业的医护人员,缺乏对在现场救护伤员的重要性和可实施性的认识。这种传统的观念,往往使处在生死之际的伤员丧失了几分钟、十几分钟最宝贵的"救命黄金时间"。实际上,在救援中最有效的救援人员往往是第一目击者。

掌握一定的现场急救和急诊医学常识将对我们的生活产生很大的作用,在紧急的情况下可救己救人。当一些突发事件发生时,曾在课堂上学习过的人不会像没有上过课的人那样毫无头绪、手忙脚乱。要将一些重要现场急救和急诊医学常识铭记于心,将来的某一天肯定可以派上用场。

第二节　常见的安全事故及其救护措施

案例回放 1

张某到网吧上网打游戏,由于连续两天通宵达旦地上网,引起剧烈头痛。次日凌晨,经网吧服务生的指点外出购买止痛药,结果走到网吧大门口就昏迷跌倒在路边,后被送往医院抢救,最终因脑出血死亡。常人处于高度紧张的情况时,血液循环会加快,神经系统紧张,心跳加速,生理机能会发生一定的变化。长时间地静坐并上网玩儿游戏,大脑和神经系统始终处于高度紧张状态,持续时间又较长,易诱发脑出血病而猝死(图11-1)。

图 11-1

一、猝死的预防

平时貌似健康的人,突然出人意料而发生的非暴力性死亡的现象,通常被称为猝死或急死。世界卫生组织将症状出现后 24 小时以内死亡的,均定性为猝死。

猝死是由于体内某种潜在性疾病或机能障碍而引起的,属病变所致的非暴力死亡。猝死发生得太突然、太迅速,在吃饭、饮酒、走路、爬山、骑车、赛跑、讲演、劳动、休息等日常活动过程中,在事前没有征兆的情况下,突如其来,让人感到非常意外。猝死是怎样发生的呢?通常它是在内外因的交互作用下发生的。

1. 猝死的内因

猝死的内因是猝死发生的根本的、第一位的原因,是指死者生前体内的潜在性疾病或病变。凡是猝死者必有内因，都是由于体内重要器官发生严重疾病或机能障碍而引起的。而这些疾病，常常潜伏地发展，患者往往不呈现任何症状或者只有轻微症状。因此，猝死者生前好似健康人，能从事日常的工作、学习、劳动和社交等活动。

能够引起猝死的潜在性疾病有很多，较常见的有以下几种。

（1）心血管系统疾病。如冠心病、高血压病、心肌炎、心包炎、心包积血、心瓣膜病、动脉瘤破裂、肺动脉栓塞等。

（2）呼吸系统疾病。如喉头水肿、大叶性肺炎、支气管肺炎、间质性肺炎、空洞性肺结核、肺动脉栓塞等。

（3）中枢神经系统疾病。常见的有蛛网膜下腔出血、脑出血、流行性脑脊髓膜炎、流行性乙型脑炎、脑肿瘤、癫痫等。

（4）消化系统疾病。如急性消化道出血、急性出血性胰腺炎、胃和十二指肠溃疡穿孔和大出血、中毒型急性细菌性痢疾等。

其他疾病，如肾上腺功能不全、胸腺淋巴体质等，也都可能成为猝死的内因，导致死亡结果的出现。

在上述引起猝死的疾病中，以心血管系统疾病最为多见，其次为呼吸系统疾病。成年人的猝死多由心血管系统疾病引起，小儿猝死多由呼吸系统疾病引起。

2. 猝死的外因

猝死主要是由内因引起的，但在多数情况下，猝死的发生又有外因的作用和参与。猝死的外因是诱发或促使机体内潜在性疾病突然向恶性转化而导致猝死的外在因素。这些因素尽管只起着条件作用，有时却是猝死必不可少的条件。和内因疾病一样，能诱使猝死发生的外因也很多，常见的有以下几种。

（1）精神因素。如狂喜、狂怒、极度紧张、恐慌、受到惊吓等精神过度兴奋或过度抑制，都可诱发有潜在性疾病患者猝死。

（2）体力活动。如赛跑、游泳、爬山、重体力劳动等剧烈运动或者疲劳过度，容易诱使心血管系统疾病患者猝死。

轻微外伤、暴饮暴食、过冷过热以及感染等，也都可以成为猝死发生的诱因。这些外因对身体健康、正常的人来说，也许毫无危害或危害不大，而对具有某种潜在疾病的人来说，却可诱发或加速疾病的恶化，导致死亡。但无论如何，不管外因对猝死的起了多大的作用，是多么必不可少，它也只能作为一种外在的、间接的、条件性的因素，不能作为猝死的直接原因。

3. 预防猝死

预防猝死的方法如下。

（1）定期检查身体，积极有效地防治引起猝死的各种疾病。

（2）利用各种媒体，广泛开展防病宣传，全面提高国人的身体素质。

（3）注意猝死先兆的出现并做及时的处理，正确地分析猝死内因和诱因的关系，预防猝死的发生。

（4）一旦发现猝死病人，应使其平卧在床上或地上，进行现场救护，严禁搬动，马上进行心肺复苏术，同时速请就近医疗机构的医生前来救治。只有当病人呼吸、心跳恢复后，才能以妥善方法护送到医院继续治疗。

> **案例回放2**

某市中学的操场上，正在上体育课的阿男跑着跑着，突然蹲到地上，脸色发白。老师发现阿男的异常情况后，立即送其到医院就诊。虽经急救，阿男还是在20多分钟后死亡。医生诊断阿男患有"胸腺增生肥大症"。

在事情发生之前，包括阿男的家长和班主任老师在内，没人知道孩子患有"胸腺增生肥大症"。阿男是属特异体质或者患有特定疾病的学生，不宜参加剧烈活动。

> **案例回放3**

2011年暑期，随父母来江南就读的杨某，自小喜欢游泳。天气的炎热、河水的清澈，更激发了杨某下河耍水的欲望。他叫上几个同伴一起来到小镇外的一条野河中游泳。来到河边，他们迫不及待地跳下水：仰泳、蛙泳、扎猛子……他们时而各自游着，时而聚在一起嬉戏，玩得不亦乐乎、忘乎所以。突然，杨某大叫："不好，我腿抽筋啦！"只见他在水里挣扎了几下，就沉了下去。开始，伙伴们还以为杨某在跟他们开玩笑，等数分钟后醒悟过来，悲剧已经发生了。

2006年暑期，两名放假在家的外地学生罗某、杨某，年仅十一二岁，在家午休后，未让家长知晓，来到离家较远的深水池塘中游泳。该池塘系建造高速公路时深挖的泥水坑，无浅滩，且极深又无警示牌。罗某和杨某因年龄幼小，体力有限，对深水池塘的情况不甚了解，终于因体力透支而不幸溺水身亡。第二天，被路人发现，才捞起尸体。

二、溺水的救护

1. 何谓溺水

溺水是指人淹没于水中，水充满人体的呼吸道和肺泡所引起的窒息。这种窒息会造成人呼吸停止和心脏停搏而死亡。

溺水后，溺水者面部会出现青紫、肿胀、双眼充血，口腔、鼻孔和气管充满血性泡沫等症状；肢体冰冷，脉细弱，甚至抽搐或呼吸心跳停止。溺水者的临床表现为昏迷、皮肤黏膜苍白和发绀，有的口、鼻充满泡沫或淤泥、杂草，腹部常隆起伴胃扩张。

2. 容易溺水者分类

（1）不会游泳的人。这些溺水者多是因为疏忽，有的是因为钓鱼或钓虾，有的是因为在河边玩耍，一不小心就掉到河里了。

（2）水性不太好的人。这类人溺水多半是因为逞能，在水中游一段时间，又游得较远，因体力不支游不回来而溺水。

（3）水性好的人。这些人在水中由于腿部突然抽筋，一时紧张慌乱而溺死。

（4）在水中嬉戏。这些人自认为水性好，在水中玩耍、取乐而发生溺水事件。

3. 溺水的预防

（1）不会游泳的人，千万不要单独在水边玩耍；没有大人的监护，不要和伙伴们玩水。

（2）游泳前应做全身运动，充分活动关节、放松肌肉，以免下水后发生抽筋、扭伤等事故。抽筋时，要镇静，不要慌乱，边呼喊边自救。常见的是小腿抽筋，这时应做仰泳姿势，用手扳住脚趾，小腿用力前蹬，奋力向浅水区或岸边靠近。

（3）游泳时间不宜过长，20~30分钟应上岸休息一会儿，每次游泳时间不应超过2小时。

（4）不熟悉水的深浅时一般不要轻易跳水，且不宜在太凉的水中游泳，如感觉水温与体温相差较大，应慢慢入水，渐渐适应，并尽量减少入水次数，减少冷水对身体的刺激。

（5）应在有安全保障区的游泳区内游泳，严禁在非游泳区内游泳。

（6）游泳的人必须身体健康，患有下列疾病的人不可游泳：心脏病、高血压、肺结核、肝炎、肾脏、疟疾、严重关节炎等。女同学月经期间不能游泳，患红眼病和中耳炎的同学也不能游泳。

（7）在露天场所游泳时遇到暴雨是很危险的，如遇暴雨应立刻上岸，到安全的地方躲避风雨。

4. 自救与救护

溺水后的救助有以下几种方法。

1）自救法

（1）不会游泳者，落水后首先不要心慌意乱，一定要保持头脑清醒。可边呼救边采取仰卧位，头部向后，使鼻部可露出水面呼吸。呼气要浅，吸气要深。切记不要将手臂上举乱扑动，因为这样反而会使身体下沉得更快。

（2）会游泳者，一般是因小腿腓肠肌痉挛而溺水。如果小腿抽筋，应平心静气，自己将身体抱成一团，浮上水面。同时深吸一口气，用手将抽筋的腿的脚趾向背侧弯曲，并持续用力，直到剧痛消失，抽筋自然也就停止了。一次发作之后，同一部位可能再次抽筋，所以对疼痛处要充分按摩，慢慢向岸边游去，上岸后最好再按摩和热敷患处。如果手腕肌肉抽筋，自己可将手指上下屈伸，并采取仰面位，以两足游泳。

2）互救法

若看到同伴溺水，救护者应镇静，尽可能脱去衣裤，尤其要脱去鞋靴，应迅速游到溺水者附近，观察清楚位置，从其后方出手救援。对筋疲力尽的溺水者，救护者可从头部接近，对神志清醒的溺水者，救护者应从背后接近，用一只手从背后抱住溺水者的头颈，另一只手抓住溺水者的手臂游向岸边。如救护者游泳技术不熟练，则投入木板、救生圈、长杆等，让落水者攀扶上岸。救援时要注意，防止被溺水者紧抱缠身而双双发生危险。如被抱住，不要相互拖拉，应放手自沉，使溺水者手松开，再进行救护。

3）救护法

救护法主要指溺水者被救出水面后进行控水处理和尽快恢复溺水者呼吸的方法。

（1）将溺水者抬出水面后，应立即清除其口、鼻腔内的水、泥及污物，用纱布（手帕）裹着手指将溺水者舌头拉出口外，解开衣扣、领口，以保持呼吸道通畅，然后抱起溺水者的腰腹部，使其背朝上、头下垂倒水；或者抱起溺水者双腿，将其腹部放在急救者肩上，快步奔跑使积水倒出（图11-2）；或急救者取半跪位，将溺水者的腹部放在急救者

图 11-2

腿上,使其头部下垂,并用手平压背部倒水。有些农村将溺水者俯卧横放在牛背上,头脚下悬,赶牛行走,这样既能控水,又能起到人工呼吸作用。

(2) 如果溺水者呼吸心跳未停止,就立即进行口对口人工呼吸,同时进行胸外心脏按压。一般以口对口吹气为最佳。急救者位于伤员一侧,托起伤员下颌,捏住伤员鼻孔,深吸一口气后,往伤员嘴里缓缓吹气,待其胸廓稍有抬起时,放松其鼻孔,并用一手压其胸部以助呼气。反复并有节律地(每分钟吹16~20次)进行,直至溺水者呼吸顺畅为止。

(3) 如溺水者心跳已停止,应先进行胸外心脏按压。让伤员仰卧,背部垫一块硬板,头低稍后仰。急救者位于伤员一侧,面对伤员,右手掌平放在其胸骨下段,左手放在右手背上,借急救者身体重量缓缓用力,不能用力太猛,以防骨折,将胸骨压下4厘米左右,然后松手腕(手不离开胸骨),使胸骨复原,反复有节律地(每分钟60~80次)进行,直到溺水者心跳恢复为止。

救护者一定要记住:对所有溺水休克者,不管情况如何,都必须从发现开始持续进行心肺复苏抢救。

三、中暑的救护

1. 中暑的定义

中暑是由于人体长时间在高热环境中,体温调节发生障碍的一种疾病。该病常发生在通风条件不好且闷热的场所里,或在烈日暴晒下而无防晒设施的环境里。在这些情况下,由于高温不断地作用于人体,体热又散发困难,如不采取一定的防热散热措施,就会中暑。

2. 中暑的一般症状

中暑的一般症状为:轻者出现口渴、头痛、头晕、无力、胸闷、心慌、体温升高、恶心呕吐、面色苍白、皮肤干热、血压下降、体温升高等症状,重者常虚脱晕倒。

3. 急救措施

(1) 立即将病人搬到通风阴凉的地方解开衣服,令其平卧(图11-3)。

(2) 用浸入冷水的毛巾敷到患者的头部,并用凉毛巾给患者擦身或给其扇风,以便帮助病人快速降温。

(3) 中暑较重者,除用上述方法降温外,还可用冰块敷其头部、腋下和腹股沟等处,必要时也可将患者赤身用酒精擦浴或裹以床单,用冰水或冷水喷淋。

(4) 给病人降温的同时,应按摩其四肢、躯干,以促进血液循环,防止血管收缩。

(5) 可给病人服用人丹、十滴水或藿香正气水等药物。

(6) 对于虚脱昏迷的病人,可按压或用针刺人中、十宣、水沟等穴位,并及时送医院抢救。

图 11-3

4. 护理方法

（1）多给病人饮服西瓜汁之类的清凉饮料或 0.3% 的淡盐水，以补充身体丢失的水分和盐类，但短时间内不要饮水过多，一般 1 小时内不超过 1 000 毫升。

（2）及时给病人翻身，保持呼吸道通畅。

（3）对于重症中暑者，除应配合医生观察病人的血压、脉搏、呼吸外，还应重点记录病人的出入水量，随时测量病人的体温。

5. 中暑的预防

（1）不要等到口渴了才喝水，因为口渴表示身体已经缺水了。出汗较多时可适当补充一些盐水，弥补人体因出汗而失去的盐分。晚上保持充足的睡眠，夏天人体新陈代谢旺盛，消耗也大，容易感到疲劳，充足的睡眠可以使白天疲惫的身体得到放松。

（2）锻炼的时间。专家建议，首先，锻炼的最佳时间是早上和傍晚，早上温度适宜，傍晚则是最适宜人体运动的时段。要尽量避免在 10 点至 16 点时在户外运动，因为这个时间段的阳光最强烈，中暑的可能性是平时的 10 倍。其次，选择好运动项目，以慢热型、强度相对不大的项目来达到发汗目的。

四、外伤的救护

1. 出血

出血是受伤后最常见的情况，一般出血，可用生理盐水冲洗消毒患部，然后覆盖多层消毒纱布，用绷带扎紧包扎。

出血是创伤后主要的并发症之一，成年人出血量在 800~1 000 毫升就可引起休克，危及生命。因此，止血是抢救出血伤员的一项重要措施，它对挽救伤员生命具有特殊意义。

2. 止血方法

1）一般止血法

针对小的创口出血。需用生理盐水冲洗消毒患部，覆盖消毒纱布后用绷带包扎。注意：如果患部有较多毛发，在处理时应剪、剃去毛发。

2）指压止血法

只适用于头、面、颈部及四肢的动脉出血急救，注意压迫时间不能过长。

（1）头顶部出血：在伤侧耳前，对准下颌耳屏上前方1.5厘米处，用拇指压迫颞浅动脉。

（2）头颈部出血：四个手指并拢对准颈部胸锁乳突肌中段内侧，将颈总动脉压向颈椎。注意不能同时压迫两侧颈总动脉，以免造成脑缺血坏死。压迫时间也不能太久，以免造成危险。

（3）上臂出血：一手抬高患肢，另一手四个手指对准上臂中段内侧压迫肱动脉。

（4）手掌出血：将患肢抬高，用两手拇指分别压迫手腕部的尺、桡动脉。

（5）大腿出血：在腹股沟中稍下方，用双手拇指向后用力压股动脉。

（6）足部出血：用两手拇指分别压迫足背动脉和内踝与跟腱之间的颈后动脉。

3）屈肢加垫止血法

当前臂或小腿出血时，可在肘窝、膝窝内放以纱布垫、棉花团或毛巾、衣服等物品，屈曲关节，用三角巾作"8"字形固定。但骨折或关节脱位者不能使用。

4）橡皮止血带止血法

常用的止血带是三尺左右长的橡皮管。方法是：掌心向上，止血带一端由虎口拿住，一手拉紧，绕肢体2圈，中、食两指将止血带的末端夹住，顺着肢体用力拉下，压住"余头"，以免滑脱。注意使用止血带要加垫，不要直接扎在皮肤上。每隔45分钟放松止血带2~3分钟，松时慢慢用指压法代替。

5）绞紧止血法

把三角巾折成带形，打一个活结，取一根小棒穿在带子外侧绞紧，将绞紧后的小棒插在活结小圈内固定。

6）填塞止血法

将消毒的纱布、棉垫、急救包填塞、压迫在创口内，外用绷带、三角巾包扎，松紧度以达到止血效果为宜。

五、烫伤的救护

烫伤紧急处理口诀：冲、脱、泡、盖、送。

1. 冲

迅速将受伤部位浸泡于冷水中，或以流动的自来水冲洗，持续30分钟，以快速降低皮肤表面热度，使皮肤血管收缩，减少渗出与水肿，缓解疼痛，减少水疱形成，防止创面形成疤痕。

2. 脱

充分泡湿后，再小心除去衣物，必要时可以用剪刀剪开衣服，或暂时保留粘连部分，尽量避免将水疱弄破。千万不要揉搓、按摩、挤压烫伤的皮肤，也不要急着用毛巾擦拭，伤处的衣裤应剪开取下，以免表皮剥脱使皮肤的烫伤变重。

3. 泡

进一步将伤处浸泡于冷水中，可减轻疼痛及稳定情绪。但若烫伤面积太大，患者年龄较小，则不必浸泡过久，以免体温下降过低，延误治疗时机。

4. 盖

用清洁干净的床单或布条、纱布等覆盖受伤部位。不要在受伤部位涂抹米酒、酱油、牙膏、糨糊、草药等，这些东西不但无助于伤口的复原，并且容易引起伤口感染，及影响医护人员的判断和紧急处理。水疱可用消毒针头刺破，移动身体时创面应以消毒敷料遮盖或干净衣被遮盖保护。

5. 送

除极小的烫伤可以自理外，最好将患者送往邻近的医院做进一步的伤口处理，若伤势较大需要住院治疗，则最好送到设施条件好、经验丰富的烧伤专科。

第三节　食物中毒及其救护措施

案例回放 4

北京的"福寿螺事件"：生吃福寿螺导致160人感染广州管圆线虫病；2002年辽宁海城的学生豆奶中毒事件；因为天然大豆中含有天然抗营养因子，只有充分煮沸后，有害物才能被完全破坏，豆奶未能充分煮沸导致8所学校2 556名学生中毒，且多名学生出现后遗症；2006年9月2日，四川省崇州市实验小学学生因食用凉拌白肉而感染病菌，多人出现食物中毒症状，最后确诊57人。

一、食物中毒的定义

食物中毒是指因吃了不洁或有毒有害的食物而出现的急性疾病，其症状通常在进食后1~36小时内发生，患者一般的症状是腹泻和呕吐。如果病情严重，食物中毒是可导致死亡的。必须是健康的人经口摄入正常数量的食品后发生的急性疾病过程，才属于食物中毒。它包括食入被污染的食物或腐败变质的食物；饮用含有大量化学毒物或病原微生物的水，或食入用这种水烹调加工的食物等所引起的疾病。

二、造成食物中毒的原因

（1）食物被某些病原微生物（可以是细菌、寄生虫等）污染，并在适宜条件下急剧繁殖或产生毒素。

（2）进食被毒物污染的食品，包括混杂在食物中的有毒植物和有毒动物。

（3）因食物本身含有天然有毒成分，如毒蘑菇、木薯、河豚等自身含有毒素的动植物，且在加工、烹调过程中未被除去。

（4）因摄入外形与普通食物相似，而实际含有有毒成分的某些动植物，如食用有毒蜜源植物采酿的蜂蜜。

(5) 因食物发生变化而产生或增加了有毒物质,如酸败的油脂、发芽的马铃薯。引起食物中毒的物质往往是有毒动植物的有毒成分、微生物毒素和化学毒物。

三、食物中毒的特征

(1) 潜伏期短,发病急剧,短时间内可能有多数人同时发病。
(2) 大多数病人有类似的临床症状（胃肠炎较多见）。
(3) 病人在近期内都食用过同样食物,发病范围局限在食用该有毒食品的人群中。
(4) 当立即停止食用该种食品时,发病也立即停止。
(5) 人与人之间不直接传染。

四、食物中毒的种类

1. 细菌性食物中毒

细菌性食物中毒指因摄入被致病菌或其毒素污染的食物引起的急性或亚急性疾病,是食物中毒中最常见的一类。发病率较高而病死率较低,有明显的季节性,所以食物中毒多发生在气温较高的适宜病菌繁殖生长的夏、秋季。

(1) 沙门氏菌食物中毒。
(2) 变形杆菌食物中毒。
(3) 副溶血性弧菌食物中毒。
(4) 葡萄球菌肠毒素食物中毒。
(5) 肉毒杆菌毒素食物中毒。
(6) 蜡样芽孢杆菌食物中毒。
(7) 致病性大肠杆菌食物中毒。
(8) 其他细菌性食物中毒,如韦氏梭菌食物中毒、酵米面黄杆菌食物中毒、结肠炎耶尔森氏菌食物中毒、链球菌食物中毒、志贺氏菌食物中毒及空肠弯曲菌食物中毒等。

2. 有毒动植物食物中毒

(1) 有毒动物组织中毒,如河豚、贝类及鱼类引起的中毒等。
(2) 有毒植物中毒,如毒蘑菇、含氰甙植物及棉籽油的游离棉酚等中毒。
(3) 化学性食物中毒,如重金属、亚硝酸盐及农药中毒等。
(4) 真菌毒素和霉变食物中毒,如赤霉病麦、霉变甘蔗、霉变花生等中毒。

五、食物中毒的自救和互救

发现自己或者他人食物中毒后,处理方法如下。

如果仅胃部不适,多饮温开水或稀释的盐水,然后手伸进咽部催吐。

如果已经出现剧烈的呕吐、腹泻、中上腹部疼痛、痉挛、流口水、幻觉、手发抖,甚至出现了休克症状,那就应当机立断先催吐并马上送去医院。

保留吃剩下的食物,以利于医疗防疫部门确定中毒原因。

六、预防食物中毒的注意事项

吃食物前应一看二闻，如果发现食物已经腐烂变质或闻到食物已经有异味，就不应再食用。但是往往许多造成食物中毒的食物并不能靠眼睛和鼻子去辨别，应该在吃食物前做到以下几点。

（1）提供食物的商户必须持有卫生许可证，从业人员必须持有健康证明。

（2）饭前便后一定要洗手。

（3）不吃变质、腐烂的食品，吃食物前要认清生产日期和保质期，不吃已过保质期的食品，不要购买假冒伪劣食品。

（4）不到大排档、小吃摊去吃东西，如羊肉串、炸鸡腿、炸肉片、豆腐串等。

（5）不吃来历不明的食物，在不知是何种食物时不应吃该食物。

（6）不生吃海鲜、河鲜、肉类等。

（7）不吃有毒动植物，如河豚、割香螺、毒蘑菇、发芽土豆、苦杏仁、木薯，未完全煮熟的四季豆、扁豆、豆浆等豆类或豆类制品，霉变甘蔗，生的新鲜黄花菜，生的、青的番茄，变色紫菜，无根豆芽，发霉的小麦、大米、花生、玉米、棉籽、稻谷（其中玉米、花生霉变产生的黄曲霉菌毒素量最多），未腌透的咸菜（含大量的亚硝酸盐），鱼胆、猪、牛、羊的甲状腺，以及不认识的野菜、蘑菇、鱼等动植物。

（8）生熟分开：在家中预备一个小菜板、一把菜刀，专门用来切熟食及凉拌菜。切过生食的菜刀、菜板不能用来切熟食，如果生、熟食品共用菜墩和刀具，会将多种寄生虫卵及大量细菌食入而引起疾病（图11-4）。生、熟食品应分开放置。

图11-4

（9）蔬菜、水果充分浸泡洗净后食用，防止农药中毒，食用蔬菜必须采用"一洗、二浸、三烫、四炒"的安全方法，以去除残留于蔬菜中的农药。吃新鲜的水果蔬菜，不吃发霉的水果，因为不光霉烂部位有霉菌，其余部分也已受污染。

（10）避免误吃被化学性物质污染的食物，如被毒鼠强、农药、亚硝酸盐等污染的食物。向家人宣传，不要向游贩购买灭鼠药，灭鼠药要到指定防疫部门购买，家中的有毒药物要妥善安置。

（11）食物妥善保存，防止污染。防止苍蝇、老鼠、蟑螂爬咬，以免传染伤寒、痢疾、寄生虫病、流行性出血热等疾病。

（12）尽量不吃剩饭菜，实在要吃时要注意加热煮熟。但是过夜的菜因含大量的亚硝酸盐，靠加热无法去除而易造成中毒，饭菜应当日吃完为宜。煮熟的米饭和面食放时间长了会馊，最好吃多少烧多少，以免饭菜变质导致食物中毒。不少人喜欢将剩饭用热水或菜汤泡着吃，或剩饭未经任何加热处理直接掺入新饭中等，如果剩饭、剩菜是置于较高的温度条件下，且时间较长，进食前又如此加热，剩饭中的细菌可引起食物中毒。

(13) 吃凉拌菜时，调料中最好加大蒜和醋，以抑制细菌的生长繁殖。

(14) 不吃病死家畜、家禽肉，尽量不吃野生动物，尤其是不吃已死的野生动物。

第四节 艾滋病的预防

一、艾滋病的传播途径

HIV（人类免疫缺陷病毒，即艾滋病毒）一般通过血液和精液传播，其传播途径（图 11-5）主要包括以下几种。

（1）性传播：通过性行为在男同性恋者之间及异性间传播，也可通过人工授精传播。

（2）血液传播：通过接受 HIV 感染者捐献的血液或器官，使用受 HIV 污染的血液制品或与 HIV 感染者共用注射针头而被感染。此外，接触 HIV 感染者体液或 HIV 培养物的医务人员和实验人员存在感染 HIV 的职业危险性。

（3）母婴传播：女性感染 HIV 者，可在子宫内或在分娩时将 HIV 传染给新生儿。除此之外，人与人的一般接触并不会导致 HIV 的传播，对此不必过分敏感和恐惧。

图 11-5

二、艾滋病的预防措施

1. 预防艾滋病的性传播

（1）洁身自爱，保持忠贞单一的性关系。

（2）发生危险性行为时正确使用避孕套。

（3）及时治疗性病。

2. 预防艾滋病的血液传播

（1）不使用未经检测的血液及血液制品。

（2）不吸毒，不与别人共用针具吸毒。

（3）穿耳或身体穿刺、文身、针刺疗法或者任何需要侵入性的刺破皮肤的过程，都有一定的艾滋病病毒传播危险。

3. 母婴传播预防

艾滋病病毒可在怀孕、分娩或者孩子出生后的母乳喂养过程中传播，预防艾滋病病毒以母婴传播的方法如下。

（1）感染艾滋病病毒的妇女应避免怀孕，如怀孕应人工流产。

（2）孕产妇在分娩前后使用抗病毒药物，可降低母婴传播艾滋病的概率。

（3）采用人工喂养，也可减少感染艾滋病病毒的危险性。

第五节　传染病的预防

一、传染病的含义、暴发条件与基本特征

（一）传染病的含义

传染病是指由各种病原体引发的一种能够在人与人、动物与动物或者人与动物之间相互传播的疾病。

（二）传染病暴发的条件

传染病的暴发需要具备三个基本条件，分别是传染源、传播途径与易感人群。

1. 传染源

传染源指的是身体内部已存在病原体，且病原体已生长繁殖，能够将其排出体外的动物或者人。传染源主要包括四种类型，分别是患者、隐形感染者、病原体携带者和受感染动物。

2. 传播途径

病原体从传染源到易感者需要一定的介质，这个介质就是传播途径。传染病的传播途径有六种：

（1）空气、尘埃和飞沫。以呼吸道为门户的传染病全部是通过这些途径进行传播的，如甲型H1N1、SARS、麻疹等。

（2）食物、水、蝇虫。以消化道为门户的传染病是通过这些途径进行传播的，如痢疾、伤寒等。

（3）吸血性动物。经吸血性动物传播的疾病又称虫媒传播疾病，以吸血性动物为宿主的疾病主要通过这种途径传播。其中，吸血性动物主要有蚊子、白蛉、跳蚤、恙虫等，传染病的类型主要有疟疾、伤寒等。

（4）体液、血液、血制品。以血液、体液为门户的传染病均经由这种途径传播，如乙肝、艾滋病、丙肝等。

（5）土壤。如果某些病原体的幼虫（如钩虫）或者芽孢（如炭疽、破伤风）等对土壤造成污染，土壤就会导致疾病传播。

3. 易感人群

易感人群是指对某种传染病缺乏特异性免疫力的人的总称，易感者的易感性是由其在

特定人群中的比例决定的。如果易感者在人群中的比例达到一定水平，而又具备传播途径和传染源时，传染病就极易流行。

（三）传染病的基本特征

传染病的基本特征表现为以下四个方面。

（1）有病原体存在。所有传染病的爆发都是由特异性的病原体引起的，特异性病原体包括寄生虫与微生物。

（2）具备传染性。有一定的传染性是传染病与一般疾病的本质区别。

（3）具备流行病学特征。传染病在流传过程中会表现出各种特征，如痢疾表现为腹泻不止、呕吐、发热等。

（4）感染后会具备免疫特征。当人体被病原体感染后，会根据病原体类型产生一定的特异性免疫。

二、传染病的类型与预防

（一）传染病的类型

传染性疾病的类型有四种，分别是呼吸道传染性疾病、消化道传染性疾病、血液传染性疾病和体表传染性疾病。

1. 呼吸道传染性疾病

呼吸道传染性疾病指的是呼吸道黏膜被病原体侵入之后引发的传染病，其类型包括白喉、流行性感冒、百日咳、肺结核、猩红热、麻疹、水痘、流行性腮腺炎、流行性脑脊髓膜炎等。此类传染病的发生具有一定的季节性，多发于冬季和春季；传染源是病人与携带病菌者；寄生部位有两种，分别是呼吸道黏膜与肺；传播途径是飞沫和空气。

2. 消化道传染性疾病

消化道传染性疾病指的是消化道黏膜被病原体侵入之后引发的传染病，它的类型包括甲型肝炎、细菌性痢疾、蛔虫病、伤寒、蛲虫病等。此类传染病的发生季节是夏季和秋季；传染源是病人与携带病菌的动物；寄生部位是消化道与附属器官；传播途径是食物和水或者被病菌污染的手。

3. 血液传染性疾病

血液传染性疾病指的是以血液和吸血性动物为媒介传播的疾病，其类型包括乙型肝炎、艾滋病、丙型肝炎、流行性乙型脑炎、疟疾、丝虫病、黑热病、出血热等。此类传染病的传染源是病人与携带病菌的动物；寄生部位是淋巴与血液；传播途径是输血或者被吸血性动物叮咬。

4. 体表传染性疾病

体表传染性疾病指的是通过直接或者间接的方式与病人或者病畜接触、与被感染的土壤或者水接触所致，其类型包括破伤风、狂犬病、炭疽、沙眼、血吸虫病、癣和疥疮等。此类传染病的寄生部位是体表黏膜和皮肤。

（二）传染病预防的基本方法

传染病预防的基本方法有以下几种。

（1）勤通风，保持室内空气流通，尤其是公共场所；不随地吐痰，及时戴口罩，可以有效预防呼吸道疾病的发生；不吃未洗净的瓜、果、蔬菜，不喝生水，消灭苍蝇，饭前便后洗手，可以有效预防消化道传染性疾病的发生；尽量少使用血制品或者不使用血制品，使用的医疗器械要进行彻底的消毒，将吸血性动物清除干净，可以有效预防血液传染性疾病的发生；对病人进行隔离处理，搞好个人卫生，不和携带病原体的动物或者人接触，可以有效预防体表传染性疾病的发生。

（2）保持良好的卫生习惯，饭前便后要洗手，不和别人共用生活用品，如毛巾、水杯、饭盒等，以提高预防疾病的能力。

（3）加强有氧体育锻炼，锻炼天数每周在 3 天以上，每次锻炼时间在 30 分钟以上，以增强血液循环，促使体内病毒随着汗液排出体外，增强人体对传染病的抵抗能力。

（4）要遵照规定接种疫苗，以提高人体免疫力。

（5）在发现传染病人之后，要早报告、早诊断、早隔离、早治疗，避免交叉感染。

（6）对传染病人使用过的物品进行消毒，对传染病人居住的房屋进行消毒，严密观察与传染病人接触过的人，防止病情扩散。

（7）正确戴口罩。在传染病多发季节，在出入公共场所时，尤其是在公交车上要戴好口罩。

第四篇

大学生创业及就业安全

第十二章

大学生创业及就业安全

据世界银行统计，中国仅以世界上9.6%的自然资源、9.4%的资本资源、1.85%的知识技术资源和1.83%的国际资源，为世界上26%的劳动力人口创造就业机会，这给中国就业带来了很大的压力。随着高等教育从"精英教育"向"大众教育"迈进，高校毕业生数量逐年增加，高校毕业生就业形势日益严峻，大学生就业创业已经成为社会广泛关注的话题。

第一节 如何认识大学生创业

大学生创业是指在校或毕业两年内的大学生，放弃以聘任方式实现就业，利用其现有控制资源和自身能力，在经济环境中寻找并把握创业机会来创建企业或产业，以实现自我价值、经济价值和社会价值的过程。

党的十八大提出："要贯彻劳动者自主就业、市场调节就业、政府促进就业和鼓励创业的方针，实施就业优先战略和更加积极的就业政策。鼓励多渠道、多形式就业，促进创业带动就业。"创业具有带动就业的倍增效应，因而被称为"就业之基"。据调查，美国表现最优秀的上市公司与高新技术企业老板有86%接受过创业教育；德国在1999年便提出"要使高校成为创业者的熔炉"。20世纪80年代末，联合国教科文组织在北京召开的面向21世纪教育国际研讨会上第一次提出创业带动就业的教育观。1998年，联合国教科文组织在《21世纪的高等教育：展望和行动世界宣言》及《高等教育改革和发展的优先行动框架》中，提出了高等教育应主要培养学生的创业精神与创业技能。《国家中长期教育改革和发展纲要（2010—2020年）》指出，学生适应社会和就业创业能力不强，创新型、实用型、复合型人才紧缺。开展创业教育不仅体现了素质教育的内涵，注重学生实际能力的培养，更强调学生就业观念的转变、学生创业意识和创业能力的提高。创业教育是继文化教育、技能教育之后的"第三本"教育护照，是世界教育发展的方向。大学生创业已成为政府鼓励、社会支持和大学生群体认同并自主选择的一种可行就业方式。

目前我国的高校毕业生中，大学生自主创业人数只占我国创业人群的2%~5%，创业大学生的总体人数不多，创业的成功率偏低。有的人认为大学生需要的是就业，而不是创业，学生就业无门不得已才创业；有的人认为创业带动就业只是一部分想创业的大学生精英的事情，大多数学生只是看客；有的人认为创业带动就业就是要创办公司，甚至误将勤工助学等同于创业等。实际上，大学生创业教育的核心要旨是培养学生具有敢于创新创业的精神、勇气、素质和能力，其中，创业能力是核心要素，它是大学生在创业实践活动中实现自我生存、自我发展的能力，是一种多方面的综合能力，与创业成败直接相关，是保证大学生将来创业活动顺利进行，并直接影响创业活动效率的个性心理特征。创业能力综合起来包括决策能力、经营管理能力、专业技术能力、交往协调能力以及创新能力五个方面。掌握了创业能力，如果学生自主创业，他们会对经济社会做出贡献；如果学生不创业，在其他岗位任职，创业能力同样会令他们脱颖而出。可以说，在未来的人才竞争中，用人单位更青睐于具有人文和科学素质、就业和创业技能、创新和创业精神的复合型高素质人才。可以说，大学生创业是大学生自己给自己创造职业机会，也是大学生实现自我就业的一种形式。

1. 大学生创业应该了解的政策

大学生年轻，思维活跃，想象力丰富，行事不受经验束缚，具有强烈的创新意识，在专业、技术、素质和能力等方面有着较之其他群体更强的优势。近几年，国家日益关注大学生创业工作，国务院及各级政府出台了许多优惠政策，涉及融资、开业、税收、创业培训等诸多方面，对打算创业的大学生来说，了解这些政策，才能走好创业的第一步（图12-1）。

图12-1

（1）凡高校毕业生（含大学专科、大学本科、研究生）从事个体经营的，除国家限制的行业（包括建筑业、娱乐业以及广告业、桑拿、按摩、网吧等）外，自工商行政管理机关批准其经营之日起，1年内免交个体工商户登记注册费（包括开业登记、变更登记，补换营业执照及营业执照副本）、个体工商户管理费、集贸市场管理费、经济合同签证费、经济合同示范文本工本费。

（2）高校毕业生申请个体工商户设立登记时，应当向登记机关出具普通高等学校颁发的毕业证书、个人身份证,以及省级高校毕业生就业工作主管部门签发的就业报到证;登记机关核实无误后,依法办理登记注册手续,并在就业报到证上注明登记注册时间、加盖登记机关印章后退还本人,在个体工商户营业执照经营者姓名后注明"高校毕业生"。高校毕业生凭个体工商户营业执照免交上述规定的有关费用。

(3) 毕业年度内(自然年度1月1日至12月31日)高校毕业生在校期间创业的,可持"高校毕业生自主创业证",向创业地县以上人力资源和社会保障部门提出认定申请,由创业地人力资源和社会保障部门核发"就业失业登记证",一并作为当年及后续年度享受创业税收扶持政策的管理凭证。持"就业失业登记证"(注明:"自主创业税收"或附着"高校毕业生自主创业证")的毕业生从事个体经营(除建筑业、娱乐以及销售不动产、转让土地使用权、广告业、房屋中介、桑拿、按摩、网吧外)的,在3年内以每户每年8 000元为限额依次扣减其当年实际应缴纳的营业税、城市维护建设税、教育费附加和个人所得税。

2. "高校毕业生自主创业证"的申领程序和监督管理

(1) 毕业年度内高校毕业生在校期间创业的,注册登录教育部大学生创业服务网(网址:http://cy.ncss.org.cn),按照要求在网上提交"高校毕业生自主创业证"申请。

(2) 所在高校对毕业生提交的相关信息进行审核,通过后注明已审核,并在网上提交学校所在地省级教育行政部门审核。

(3) 高校所在地省级教育行政部门依据学生学籍学历电子注册数据库对高校毕业生的身份、学籍学历、是否是应届高校毕业生等信息进行复核并予以确认。税务部门、人力资源和社会保障部门、高校和学生本人都可随时查询。

(4) 工作流程建议。应届毕业生在网上提交申请后,所在高校应在3~5个工作日之内完成网上审核,省级教育行政部门在接到高校提交的申请后3~5个工作日内完成审核,由高校自行打印并发放"高校毕业生自主创业证"。原则上应在高校毕业生提交申请后10个工作日之内办结。

(5) 规范管理。"高校毕业生自主创业证"由国家教育行政部门统一样式并印制(带防伪标志),按毕业生比例下发至各个省级教育行政部门。省级教育行政部门负责发放到高校并在网上审核确认。"高校毕业生自主创业证"采用实名制,限本人使用;若遗失或损毁,高等学校应依申请及时补发、换发。

3. 学校为大学生创业提供的服务

近年来,高校十分重视大学生创业能力的培养,大学生创业教育的核心要旨就是培养学生具有敢于创新创业的精神、勇气、素质和能力。共青团中央、中国科协、教育部和全国学联与各高校联合举办的"挑战杯"中国大学生创业计划竞赛(简称"小挑"),已连续举办九届,是中国教育界最负盛名与影响力的创业计划竞赛。各地高校也纷纷出台各类举措,开展创业计划大赛、营销实战大赛、金融模拟大赛及ERP企业沙盘模拟赛等活动,开设创业教育等课程。广西财经学院还创建了大学生创业教育中心,在明秀、相思湖两个校区开办大学生创业孵化园,通过这些途径为在校生营造创业环境,提升创业能力。

第二节　大学生创业之路怎么走

> **案例回放 1**
>
> 23岁的小舒是某科技发展有限公司的创办人,电子信息专业毕业后,和许多大学毕业生一样,他跑过招聘会、托过家人找工作。后来虽然有一份不错的工作,但他选择了辞职,他想在自己的专业上有所发展。很快,小舒和同学、朋友等8人筹资7.8万元,开始创办自己的公司。公司主营域名注册、网站建设开发等项目,并成为一种环保防水手电陕西的总代理。公司先后招聘了20多名员工,而且大多数都是在校大学生,他们代理的产品也在不断地拓宽市场。但是经营公司和上学完全是两回事,短短几天时间,小舒就感到了压力,而且当初承诺办理公司注册手续的代理公司在拿了他1万元后杳无音信,一时资金短缺成了这家刚刚起步公司的绊脚石。小舒一连几天没有吃顿饱饭,他拖着疲惫的身体跑学校、跑银行,但是没能贷款,"原因很简单,现在我没有房子、汽车做抵押,也没公司当担保。"在这个困境中,小舒做出了一个决定:通知媒体,召开记者招待会让公司破产。其实,由于注册一直没办下来,因此从严格意义上来讲,小舒的公司还未成立便告夭折。
>
> **思考:** 小舒创业失败的原因是什么?

创业本身是一种高风险的活动,长时间的校园生活,缺乏社会经验,导致大学生在校园获取的知识较单一,缺乏市场运营和企业管理的相关知识及操作经验,大学生创业的成功率非常低。大学生创业除了要有激情、勇气、经验和资金扶持外,更需要有理性的辨别思考能力和法律意识,时刻警惕在创业过程中会遇到的各种各样的风险(图12-2),包括违法经营、合同纠纷、侵权纠纷、知识产权纠纷、劳动关系纠纷、票据纠纷、不正当竞争、产品质量问题等,有时法律风险甚至会大于市场本身带来的风险。不少大学生在创业过程中因为缺乏法律意识和足够的法律知识技能而频繁遭遇法律纠纷,甚至违法犯罪,损害商业信誉,使得企业资金链断裂、企业组织结构涣散或者陷入旷日持久的诉讼,严重影响企业经营,甚至直接导致创业失败。

一、明确创业方向

创业要做什么,必须先了解自己有什么能力、有什么优势,很多人创业失败的原因就是没有从现有资源(能力、资金、人脉等)出发,而是选择了一个根本不可能完成的任务。创业之初可以静心分析一下自己的优势,盘点一下自己的各种资源与承担风险的能力。选对行业是成功创业的第一步,在审视行业时,要做足功课,深入开展市场调研,眼光要向前看,要看未来几年发展什么好、什么不好,不可盲目跟风、赶潮流。比如这几年视频网站很火,大家都一股脑全部去做视频了,但是调研后可以掌握更全面的信息,知道现在有多少视频网站在亏钱,将行业发展的情况与自身的优势和资源作比较,理性判断这个行业是否值得投入。对大学生而言,传统行业需要大量资金、人际关系,很多行业已经

图 12－2

是夕阳产业，尤其是当一个产业或者一个项目关注的人太多的时候，其实往往是对大学生最不利的，因为学生没有足够的优势、资源去参与竞争。可以尽量去选择一些新兴行业、朝阳行业，尽量去选择自己熟悉和感兴趣的行业。

二、多方累积经验

在创业之初应尽量去找与自己相同或相通的行业进行实践学习，多方面给自己创造学习的机会，尽量从小做起，从基层做起，掌握行业规律，增加经验和资产，这里的资产指的是软资产。创业者在起步阶段遇到的很多问题都是由于缺少资金，缺少资金是一个普遍情况，在无法短期迅速解决资金短缺的情况下，就要尽量地学会调动更大的资产——人脉资产、思维资产。缺少资金时，小本起家的创业者可以选择市场大而容易进入的行业。这样的行业没有太高的门槛，初创者会有较高的成功概率。大学生刚刚创业或者工作时，应该多注重累积资产——创业者的专业知识、管理能力、社会关系等，积累得多了，创业实现起来就很容易了。

案例回放 2

四兄弟工作室曾经是大学生自主创业的典型，这家企业的定位是：市场调研、营销策划、销售代理、长期顾问及企业 CIS 形象系统设计。创业之初，四兄弟工作室代理了节能炊具的销售业务。一家医院的工会免费试用了这种节能炊具，对使用效果表示满意，正式订购了 1 000 套，然而这批炊具交付使用后，该医院一直没付货款，且既不说明原因，也不予退货。经多次协调，仍没有结果。

由于该批炊具采用订单形式生产，该医院拖欠货款的行为使四兄弟工作室无法尽快返款。这不仅给工作室造成了经济损失，还严重损害了信誉。货物价值 9 万余元，这对刚刚创业的学生企业来说，可以说是毁灭性的打击。四兄弟工作室本来可以通过法律途径解决问题，但法律程序烦琐，诉讼时间长，就算官司胜诉了，工作室也很可能因为资金周转困难而倒闭。

思考： 四兄弟工作室创业过程中涉及了哪些法律问题？

三、掌握法律知识

大学生创业不可避免地要参与市场竞争，参与市场竞争就必须遵守游戏规则。市场经济就是法制经济，在市场经济条件下，很多市场游戏规则已经被国家机关确认为法律法规。任何人的创业行为和任何企业的经营行为都必须得到法律的认可，法律才能依法给予有效的保护。所以大学生创业者应该充分掌握法律知识，助推创业成功。

目前，大学生创业过程中触犯法律的情况主要有以下两种。

1. 法律知识不足，犯而不知

大学生能力和经验不足，创业和经营方面的法律知识欠缺。在创业和经营中，没意识到潜在的法律隐患，当问题爆发时，没有能力处理，从而导致创业失败，甚至要承担法律责任；或是被对方钻了空子。无法保护自身的合法权益，只能吃"哑巴亏"。

2. 忽视法律风险，明知故犯

大学生受过高等教育，大一即开设了"思想政治修养及法律基础"课程，但有些学生忽视了对创业、经营相关的法律的学习，尤其在实践中的众多环节上忽视法律。在风险和利益同时存在的情况下，大学生往往以赌博意识、投机心理和冒险行为替代理性的法律思维，做出一些自认合理却不合法律规定的事，得到了一些惨痛的教训。解决问题的根本办法还是要增强法律意识。大学生创业前，可通过实习或先就业，学习和借鉴成功经营者的经验，如了解创业、经营中需要面对哪些法律问题，最好向法律顾问、律师咨询，在签订合同、洽谈业务时请他们帮助把关，规范操作以降低创业风险。尤其不能以赌博意识、投机心理和冒险行为，博取一时的成功和利益。

四、大学生创业应该掌握的法律知识

大学生创业应该掌握的法律知识如下。

1. 组织形式问题（图12-3）

根据我国法律法规的规定，我国的企业组织形式很多，包括有限责任公司、股份有限公司、外商独资企业、中外合资企业、中外合作企业、集体企业、股份合作制企业、个人独资企业、合伙企业、个体工商户、加盟连锁等。一般而言，大学生创业所能选择的组织形式包括个体工商户、合伙企业、个人独资企业、有限责任公司等形式。根据中国有关法律制度的规定，这些不同形式的组织和个体，其投资者承担的责任是不一样的。个体工商户和个人独资企业的投资者对该组织形式的债务要承担无限责任；合伙企业的普通合伙人对该企业的债务承担的是无限连带责任，有限合伙人则以其认缴的出资额为限对企业债务承担有限责任；有限责任公司的股东仅以其认缴的出资额为限对公司债务承担有限责任。一般而言，高校毕业生刚刚走向社会，经验不够丰富，资金也不够充裕，承担风险的能力

图 12-3

相对较弱,创业时所能选择的创业组织形式有个体工商户、合伙企业、个人独资企业、有限责任公司等形式。大学生创业者在选择创业组织形式时,需要了解以不同组织形式存在的法律风险,然后根据自己的实际情况,选择适合自己投资的组织形式。无论选择何种组织形式,大学生创业者都必须到工商行政管理部门领取营业执照和办理相关手续后,方可开始营业。

案例回放 3

小王是一名大三的学生,他和另外三位有创业想法的同学一拍即合,每人投资 4 000 元准备开店。他们看中了学校附近的一个闲置店面,承租者是一位姓孙的女老板,她同意以 1.2 万元转让这个店面两年的使用权。当时孙老板告诉小王,她有这个店面三年的使用权,但不要让房东知道店面转租给他们,如果房东问起,就说他们几个大学生是帮她打工的,以此避免房东找麻烦。小王等人虽然知道孙老板不是真正的房东,但涉世未深的他们不知道一定要经过房东的同意才能租房,以为有协议就能保障他们的权利(根据我国法律规定,没有经过房东同意擅自转租房屋是无效行为,所签订的门面转让协议也无效)。小王等人与孙老板签订了协议后,支付了 7 000 元店租。当小王等人正对店面进行装修时,房东闻讯赶来阻止。房东表示,他和孙老板签订的合同上明确写了"该房子只允许做理发店,并且不允许转租"。由此,房东和孙老板发生了冲突,并锁住了店门。不甘示弱的孙老板也跟着在店门上挂了一把锁。小王等人的经营物件都被锁在里面,无奈之下他们也挂了一把锁。三把锁锁死了他们的创业之路。

思考:小王的创业过程忽略了哪些法律问题?

2. 合同签订风险

合同是平等主体的自然人、法人和其他组织之间设立、变更、终止民事权利义务关系的协议。合同法律风险主要指在合同订立、履行过程中遭受利益损失的可能性。大学生在创业过程中不可避免地要签订各种合同，如租赁合同、买卖合同、运输合同等，由于缺乏对合同法律知识的了解，大学生创业者掉进合同陷阱的情况比比皆是。在订立合同时，可能产生法律风险的主要是以下几个方面：一是订立合同的当事人主体资格是否合法，即是否具备订立合同的资格；二是订立合同的内容是否合法，这就需要在订立合同之前先做必要的调查和了解，以确保订立的合同是有效和可以履行的。在合同履行的过程中，发生的法律风险主要是一时纠纷，要善用法律手段解决问题。

大学生创业者还要注意收集一切重要的证据，尤其是在商品多、交易额大的交易和借贷关系中，更要做到签订书面正式合同文本，不仅要签订正式合同，更要注重合同的有效性和保护性，避免案例中小王等人的创业经历。许多大学生创业都是在亲朋好友的帮助和支持下完成的，但在经营过程中不要受兄弟情、朋友情的影响，否则发生纠纷时往往很难处理。切记要把友情、义气转化成文字说明，比如合同、收条、借据等，这样自己的权益才有保障。

案例回放4

大学毕业的小捷（化名）在毕业前夕的5月份和几名低年级的同学共同投资2万元创办了一家免费电影网站。然而，他怎么也想不到的是，其在校期间创办的这家网站被杭州某影视公司以"版权侵权"起诉，要求索赔60万元，这样的索赔数额对他们来说无疑是个天价，最后不得不结束了自己的创业初征之路。

思考：小捷创业失败的最根本的原因是什么？

3. 知识产权风险

知识产权又称智力成果权，是指人们对自己的智力活动成果依法享有的各种权利，包括商标权、专利权、著作权等，是企业非常重要的无形资产。对于专利权和商标权的取得，要提出申请并经审查通过后方可享有，而著作权只要符合条件，在完成后便可享有。一旦某个主体取得这些权利，便享有了专用权和排除了其他主体的使用权，但他们享有专用权是有一定的时间限制的。大学生创业中涉及的主要领域是具有明显创新特点的高新技术产业，高新技术开发投资高、产出高、风险大，同时高新技术产品具有易被复制、仿造且成本低廉的特点。这些特点都注定高新技术产业需要知识产权法律的特别保护。此外，高新技术企业在发展过程中面临的开发研究、转化、转让、市场化等过程，也需要知识产权法律的保驾护航。实际中，大学生创业者因不懂得知识产权法律知识而侵犯他人权利和不懂得维护自身知识产权的例子举不胜数，上文案例中小捷的创业经历便是典型的例子。因此，大学生创业者必须学习和了解这方面的内容，做到既不去侵犯别人的知识产权，同时又学会依法保护自身的知识产权。

案例回放5

小陈一毕业就在北京大兴区开办了自己的公司，为了降低成本，他雇用了当地的农民为自己工作，但没有为他们购买社会保险。几个月前，一个农民辞职后把小陈的公司告了，他要求公司补缴社会保险。按照国家劳动法的相关规定，小陈败诉了，公司要给这个农民补缴近万元的社会保险费。得知这个情况后，公司的其他员工也纷纷要求公司补缴社会保险费，算下来，金额超过10万元。小陈在办公司前，并没有将这项开支纳入成本预算。面对这样的情况，他无法应对，公司的资金周转出现严重的问题。

思考： 小陈创业过程中应加强哪些法律知识的学习？

4. 管理制度风险

根据《劳动法》《劳动合同法》等法律法规的规定：企业等实体经济组织应当建立完善的人事管理制度、员工手册制度、保密制度等，有效防范劳动用工法律风险；同时企业应当主动与劳动者订立劳动合同、缴纳社会保险，企业负责人及人事部门工作人员应通过讲座、培训等多种形式熟悉劳动法律知识，提高预防和处理劳动纠纷的能力。自2008年1月1日《劳动合同法》正式实施以来，企业用人成本明显增加，对员工辞退和合同解除的要求十分严格。在此情况下，创业者如不足够重视，仍然不和劳动者订立劳动合同，不按规定为劳动者缴纳社会保险，不能建立比较完备的人事管理制度等，那么，在劳动者法律意识逐步增强、社会舆论导向不利的情况下，企业就会陷入不必要的法律纠纷中。违法行为导致企业支付双倍经济补偿金，员工之间攀比诉讼和仲裁会使得部分优秀员工为打官司而离职，企业的生存就会遭受重大威胁。因此，在企业设立之初，管理者必须根据相关法律法规，建立健全组织内部的人事管理制度，用完善的制度规避法律风险，避免企业遭受不必要的损失。上文案例中的小陈，在创业计划中就应该将其雇用员工工资的预算预留好，而不是存侥幸心理，为节约开业成本而置法律要求于不顾，如果当初他将预算做好，也就不会有后面创业资金链断裂的结局，更不会损失经商之人的诚信根本。

第三节　大学生创新创业安全

案例回放6

武汉一高校信息学院大四的学生小耿，毕业前一直在寻找创业机会。前不久，他在网上看到某招待所要转让，于是接手。小耿接手的招待所共计三层楼17间房，不仅房间内设备齐全，而且4.2万元的转让费中包括未到期的几个月房租。如此看来，这还真是一单颇为诱人的买卖。创业心切的他便与对方签订了合同，并将从亲戚那里借的4.2万元交给了对方。三日后，小耿接手的新招待所开张，真房东闻讯赶来，要求他停业。这时，小耿才如梦初醒，原来对方是找了一个"托"，冒充房东与自己签的合同。

一、创新创业风险

大学生创业者要认真分析自己创业过程中可能会遇到哪些风险，这些风险中哪些是可以控制的，哪些是不可以控制的；哪些是需要极力避免的，哪些是致命的或不可管理的。一旦这些风险出现，应该如何应对和化解。特别需要注意的是，一定要明白最大的风险是什么，最大的损失可能有多少，自己是否有能力承担并渡过难关。大学生创业的风险主要有以下几个方面：

1. 项目选择

大学生创业时如果缺乏前期市场调研和论证，只凭自己的兴趣和想象来决定投资方向，甚至仅凭一时心血来潮做决定，一定会碰得头破血流。

大学生创业者在创业初期一定要做好市场调研，在了解市场的基础上创业。一般来说，大学生创业者资金实力较弱，应选择启动资金不多、人手配备要求不高的项目，比较适宜从小本经营做起。

2. 缺乏创业技能

很多大学生创业者眼高手低，当创业计划转变为实际操作时，才发现自己根本不具备解决问题的能力，这样的创业无异于纸上谈兵。一方面，大学生应去企业打工或实习，积累相关的管理和营销经验；另一方面，大学生应积极参加创业培训，积累创业知识，接受专业指导，提高创业成功率。

3. 资金风险

资金风险在创业初期会一直伴随在创业者的左右。是否有足够的资金创办企业是创业者遇到的第一个问题。企业创办起来后，就必须考虑是否有足够的资金支持企业的日常运作。对初创企业来说，不管是连续几个月入不敷出，还是其他原因导致企业的现金流中断，都会给企业带来极大的威胁。很多企业在创办初期因资金紧缺而严重影响业务的拓展，甚至错失商机，不得不关门大吉。

另外，如果没有广阔的融资渠道，创业计划就只能是一纸空谈。除了银行贷款、自筹资金、民间借贷等传统方式外，还可以充分利用风险投资、创收基金等融资渠道。

4. 社会资源贫乏

企业创建、市场开拓、产品推介等工作都需要调动社会资源，大学生在这方面会感到非常吃力。平时应多参加各种社会实践活动，扩大自己人际交往的范围，积累人脉。

5. 管理风险

一些大学生创业者虽然技术出类拔萃，但理财、营销、沟通、管理方面的能力普遍不足。要想创收成功，大学生创业者创业就必须技术、经营两手抓，可从合伙创业、家庭创业或虚拟店铺开始，锻炼创业能力，也可以聘用职业经理人负责企业的日常运作。

创业失败，基本上都是管理方面出了问题，其中包括：决策随意、信息不通、理念不清、患得患失、用人不当、忽视创新、急功近利、盲目跟风、意志薄弱等。特别是大学生知识单一、经验不足、资金实力和心理素质明显不足，更会增加管理方面的风险。

6. 竞争风险

寻找蓝海是创业的良好开端，但并非所有的新创企业都能找到蓝海。更何况，蓝海也只是暂时的，所以，竞争是必然的。如何面对竞争是每个企业都要随时考虑的事，对新创企业来说更是如此。如果创业者选择的行业是一个竞争非常激烈的领域，那么在创业之初极有可能受到同行的强烈排挤。一些大企业为了把小企业吞并或挤垮，常会采用低价销售的手段。对大企业来说，由于规模效益或实力雄厚，短时间的降价并不会对它造成致命的伤害，而对初创企业来说，可能意味着彻底毁灭的危险。因此，考虑好如何应对同行的残酷竞争是创业企业生存的必要准备。

7. 团队分歧

现代企业越来越重视团队的力量。创业企业在诞生或成长过程中最主要的力量来源一般都是创业团队，一个优秀的创业团队能使创业企业迅速地发展起来。但与此同时，风险也蕴含其中，团队的力量越大，产生的风险也就越大。一旦创业团队的核心成员在某些问题上产生分歧、不能统一意见，就极有可能对企业造成强烈的冲击。

事实上，团队协作并非易事。特别是与股权、利益相关时，很多初创时很好的伙伴都会闹得不欢而散。

8. 核心竞争力缺乏的风险

对具有长远发展目标的创业者来说，他们的目标是不断地发展壮大企业，因此，企业是否具有自己的核心竞争力就是最主要的风险。一个依赖别人的产品或市场来打天下的企业是永远不会成为优秀企业的。核心竞争力在创业之初可能不是最重要的问题，但要谋求长远的发展，就是最不可忽视的问题。没有核心竞争力的企业终究会被淘汰出局。

9. 人力资源流失风险

一些研发、生产或经营性企业需要面向市场，大量的高素质专业人才或业务队伍是这类企业成长的重要基础。防止专业人才及业务骨干流失应当是创业者时刻注意的问题，在那些依靠某种技术或专利创业的企业中，拥有或掌握这一关键技术的业务骨干的流失是创业失败的最主要原因。

10. 意识上的风险

意识上的风险是创业团队最内在的风险。这种风险虽然无形，但有强大的毁灭力。风险性较大的意识有：投机的心理、侥幸的心理、试试看的心理、过分依赖他人的心理、回本的心理等。

二、创新创业营利模式安全

在考虑赚钱之前，企业只有非常了解产品面对的用户、了解用户的需求，才能设计出让用户消费的营利模式。只有保持这种模式的持续性，才能成为公司的商业模式，否则一时的减员、削减开支也是没用的。

下面的这些公司要么是因为没有找到合适的营利模式而失败，要么是因为太早启动收费模式而忽略了它的生意本质，即需要依靠一定规模的用户数。每个公司的具体说明如下：

1. Campus

公司试着改变商业模式，寻求新的方法，但还是没能让 Campus 成为一家营利的公司。

2. Poliana

一个悲伤的故事：你很难用一个本应该免费的东西赚钱。

3. Bitshuva

做了多少工作不重要，重要的是服务值多少钱。

4. Treehouse Logic

创业公司不解决市场问题就会失败。公司有优秀的科技，有强大的关于购买行为的数据；团队名声在外，有许多专家和顾问，但没有的是一个能够解决问题的科技或商业模型。

5. Rivet & Sway

如果管理一个企业能被浓缩到只需要专注一件事的话，就能改变结果。"马后炮"是再容易不过的了，可以做很多事来力挽狂澜。下面列个单子：

（1）占领各地区的市场：西雅图、纽约、西海岸。

（2）尽快采取新的模式。

（3）等到完全必要时，再扩大规模（只是公司把工作外包得太快了）。

（4）注重公关。

（5）多睡觉。

6. Tutorspree

公司虽然有了不少成果，但还是没能找到一套可扩展的商业模式。因为它只依靠单一渠道发展，而且这一渠道突然发生了根本性的改变，所以 Tutorspree 没有扩张。

7. Manilla

在过去的三年里，Manilla 虽然获得了多项大奖，也备受用户赞赏，但没办法扩展公司、进一步营利。

8. Samba Mobile

Samba Mobile 关闭的主要原因就是数据成本过高，而且还在不断上涨，使现行的提供移动宽带交流的模式无法运营下去。

9. inBloon

一项重要的创新项目只是因为公众对数据滥用的担忧而被喊停，这是令人感到羞耻的。

虽然大家努力工作，热情地支持着合作伙伴的工作，但他们意识到这一领域还太新，要得到公众的接受需要大量的时间和资源，没有人能承受得了。

10. Zumbox

公司的所有人都致力于"数字化信件"这一概念，并且相信未来这将会成为人们收发信件的方式。但是，实现这一想法需要的时间和资金都远超过市场能够投资的量。

11. Delight

消费是在为信息而不是为数据买单。消费者愿意为信息多付一些钱，对数据则不是那么感兴趣，公司的服务将使公司的客户在他们的股东面前看起来充满智慧。

追踪那些不活跃的用户，特别是在公司的服务并没有给用户设立一个中间值的时候。

公司的系统本应该更加智能，能够收集不同用户的信息，但公司并没有升级系统。

12. Readmill

许多关于电子书的问题都还未解决，公司在试图创造一个阅读平台的道路上失败了。很不幸，在苹果的平台上以较高的价格出售书本是不可能的。公司也考虑过各种书本的订购模式，但发现都不可行。最后，虽然公司所有的用户都付费了，但这对公司的持续发展来讲，仍是杯水车薪。

13. Cusoy

投资者并不想要一家创业公司，而是想要一个真真正正的能创造收益的公司。Cusoy 并不能满足投资者的这个目标，除非它有一支全职团队，通过一两年的融资和至少三五年的奋斗来回答这个"如果/何时"的问题，也就是 Cusoy 到底能不能营利的问题。

14. Flowtab

投资方雇用了丹佛当地的运营经理，并且马上得到了回报。当时投资方每单得到了1 200 美元的收入，这也是 Flowtab 得到的唯一一笔收入。虽然投资方简化了销售过程，但还是很难在其他酒吧进行市场营销，毕竟投资方人不在那里。

15. Mass-customized Jeans

在收回最初的投资之前，公司是不会关门的。这就意味着公司会从早上 9 点运营至下午 5 点，然后晚上赚钱。这种模式刚启动的前几个月运行得挺顺利的，但是完全没有可持续发展的能力。

16. travelllll. Com

如果公司的赚钱策略是打广告，那么公司得面向大量的对象开展营销活动。从一大堆人手里赚点小钱和从一小部分人手里赚大钱都是有可能的，但从一小部分人手里赚一点小钱就不正常了。

17. Real Time Worlds

Dave Jones 的 APB 没有任何商业模式，却获得了成功。他说："如果你围绕着一个商业模式运作，你就注定失败。"

三、创新创业经营安全

（一）预防诈骗项目

大学生创业掉进"陷阱"并非个案。在百度输入"大学生创业，被骗"的关键词，可以搜索到相关网页 10.9 万条；输入"大学生创业，受骗"的关键词，可以搜索到相关网页 7.1 万余条。如果两个方面相加，大学生创业上当受骗的网页则有 18 万余条。

对创业初期尚不能承担任何风险的大学生而言，安全防范意识是第一位的，即使不能营利，也不能血本无归。同时，也不能因为创业心切而忽视仔细核查相关人员的身份，否则可能像案例 6 中的小耿一样，发现自己被骗时懊恼不已，并连声责怪自己太轻率了。

大学生如果从网上寻找创业信息，一方面要尽量通过一些大型的、合法的网站来寻找；另一方面，寻找到信息后，一定要仔细核查真伪。对涉世未深的大学生来说，凡事多问几个"为什么"并不是坏事,否则对"骗子"的了解也仅是一个"停机的电话号码"而已。

(二)经营风险预防

1. 创业从来不会变得容易,只会变得跟以前不一样

初创期越成功,后续工作的难度就越大。公司在逐步成长过程中会遇到各种困难,但是它们的本质也会发生变化。公司刚起步时,要面临的问题有:要做什么样的产品?如何招揽客户?之后,又会有一些新的问题:我的雇员满意吗?要建立什么样的公司文化?组织结构怎样?投资人会有异议吗?我们的首席工程师会跳槽吗?其他公司的员工能拿到工作签证吗?法律纠纷怎么处理?这时的第一个陷阱就是觉得现在可以放松了,认为之后一切都会步入正轨,而创业者也可以轻松一下。如果创业者感觉自己可以放松了,那就意味着创业者开始对某方面掉以轻心了。

创业是一项长期艰巨的工作。创业者要想取得真正的成功,就需要全身心投入至少5~7年的时间。像Facebook和Google那样的公司,则是一生的事业。

2. 不要装样子、走过场

一些处于孵化期的创业公司,表现得非常优秀且自律:全力打造自己的产品,专注于用户需求,避免干扰因素。但是,在获得融资之后,其中的一些创业者就开始了纵情享乐的生活。他们租豪华办公室,招聘了过多的员工,产品迭代速度变慢,把时间浪费在拉关系、参加各种活动上。

实际上,这些公司搞错了竞争方向。该竞争的不是办公室的规模,也不是员工人数,而是公司的收入。没钱的时候,环境会给创业者压力,迫使创业者表现优秀。一旦资金到位,就必须督促自己保持优秀。如果公司发展不顺利或者利润停止增长,不要逃避。越早承认这些问题,留给创业者解决问题的时间就越多。

3. 你需要变成一个HR

创业者很可能是一个专注的产品人,很可能不懂也不太在乎招聘的事情。可一旦公司发展到某个阶段,招聘就必须成为创业者的一个重要关注点。只有把招聘做好了,公司才能顺利发展。

乔布斯成功的秘诀是聘用最优秀的人才。他说:"我的成功秘诀是不遗余力地在全世界招聘最好的员工。当你所处领域的好员工和普通人的产出效率是25∶1的时候,相信我,一切都是值得的。"

人才竞争异常激烈,创业者需要说服那些人才加入自己的公司。起初,创业者可以通过周围的人际圈招聘。但随着公司的成长,创业者必须根据不同类型的工作岗位招聘不同类型的工作人员,这是很困难的。

4. 招人不要招得太快

不要一开始就迅速招进一大批员工,除非确定公司的发展方向完全精准无误,否则创业者就是在自掘坟墓。招聘太快会让公司变得既烧钱,又僵化。昂贵的费用开支消耗了公司的储备金,拉高了起步阶段的生产成本,僵化的人员配置束缚了公司发展,使方向调整

难以实现。但是，大团队有时会产生相反的效果。

与之相关的一点是：不要草率招人。平庸的员工对创业公司的危害特别大，所以创业者要防止这种情况发生。多数处于中期发展阶段的创业公司已经由他们的早期员工组建起了核心团队，他们几乎是创业者在社交圈内能够找到的最优秀的人才。早期员工对打造伟大产品和建立公司文化具有十分重要的意义。

一流团队雇一流员工，二流团队雇三流员工，三流团队雇不入流的员工。这就是说，一旦创业者招了一名平庸的员工，公司就会陷入被平庸传染的危险之中。

5. 不要否认你需要辞退员工

当创业者的一名员工表现平庸或者他/她对公司产生了某种不良影响时，要迅速辞退，而且是立刻。所有创业者都会犯的错就是没有及时辞退员工。若这种情况得不到改善，就会给生产效率和团队士气带来不利的影响。没有人在招聘的时候能够做到完美，完全不会招错人。

6. 你必须成为一个管理者

创业者除了要变身HR，还要成为管理者。有些创业者可能会想："我是一名优秀的有产品思维的工程师，但是我不懂管理。随着公司的成长我该做些什么呢？"可能有一小部分创业者天生不具备管理能力，但大多数人是可以学习成长的。从经验上看，管理是可以习得的。

管理工作对大多数创业者来说都十分陌生，因为创业者要从凡事自己动手变成指挥别人去做，特别是要做无数个和产品本身没关系的决定。

也许创业者不喜欢管人，可一旦公司达到了一定规模，如果创业者想继续经营下去，就必须着手人员的管理工作。让具备产品理念的人来管理公司有利于公司发展，所以如果可以，创业者应该学会管理。

7. 后续融资只会更困难

虽然获得种子轮融资更容易了，但是后续融资更加困难了。创业公司在初创期获得了一大笔融资，然后就误以为后续的融资也一样能手到擒来。

种子轮的投资者看重的是公司的发展前景，但是在A轮融资以后，投资者看重的是结果。他们想看的是高增长率以及高营利率，或者创业者可以利用银行里的钱让公司获得很高的利润。

投资者非常善变，以至于吸引用户能力强的公司也会有融资难的时候。此外，不当的投资行为在早期以及后续的各个融资阶段都会出现。一些做早期投资的公司，也可能会在他们的后续融资阶段陷入一些投资骗局。

除了吸引投资人以外，能赚钱的公司还有另一个优势，那就是可以拒绝任何交易。这是因为在创业者开展后续融资的时候，必须确保公司的营利能力，此时公司应该能营利了。

8. 别打光你的弹药

世事难料，钱要慢点花。创业者拥有的储备金越多，起步阶段发展就越稳健，就越有可能在公司倒闭之前解决各种问题。一旦用完了公司资金，创业者就进入了绝望模式，而投资人往往能看出创业者的绝望。最好的情况是创业者可能完成融资，但是得接受对方提出的苛刻条件；最糟糕的情况是，创业者的绝望处境会让自己看起来很差劲，从而导致根本没人给自己投资。别理所当然地认为现在的投资人会给自己提供过渡期融资，从水深火热中把自己解救出来，经营不善的人不值得别人伸出援手。

为什么创业者会让公司陷入如此可怕的境地？因为他们否认并低估了后续融资的难度。

9. 别理大公司战略发展部的人

在公司最初的一两年里，创业者不应和收购方打交道。当创业者接到大公司战略发展部的邀约时，不要和他们见面。因为战略发展部的职责是收购其他公司，他们怀着投机的目的和创业者接触，所以创业者有可能无法与他们达成合作，却还要为此分神。应该做的是，礼貌地对他们表示感谢，然后表达自己想与他们保持联系，但现在很忙、没时间见面的想法。否则让人痛苦的剧情基本上就这样发生了：一场会面足以让你产生一个想法——公司是有可能被收购的。一旦创业者放任自己去想象这种可能性，想象自己有可能拿到一大笔钱，而且再也不用承受经营公司的压力，创业者可能就开始倾向于把公司卖掉了。一旦这种想法在创业者脑海中发芽，在谈判时创业者就失去了制衡的筹码，那个时候他们便会对创业者施加压力。就算创业者拿到了一份收购要约，也很可能最终以一个比自己之前想象的要低得多的价格成交。那笔成交价的大部分钱会与某种后续增加的条款绑定在一起，这意味着在接下来的时间，创业者得为这个大公司工作。实际上，大多数被收购或被"人才收购"的创业者在他们的工作合同到期之前都离开了那些大公司。建议是，创业者要有心理准备，除了已经拿到手里的钱，其他的都不是自己的。

企业并购对中期创业公司而言也存在危险，即使创业者能以一个划算的价格成交，也不要幻想这次收购会与众不同，比如自己的团队既能够继续独立自主地开展工作，不受收购方的制约，又能够从其资源、品牌和分销渠道处获利。创业者必须有这样的觉悟：收购方会毁了一切。

10. 树大招风

成功往往伴随着一个不幸的代价，那就是更多的批评。一旦创业者的公司成长到中期阶段，有两件与公众有关的事常常让创业者措手不及：第一，与自己毫不相干的人会开始恶意揣测自己做的每件事；第二，媒体只对自己做的有争议的事情感兴趣，因为争议就等于网站访问量。即使真的没有争议、没问题，媒体也会制造一些出来的。

创业者避免不了成为众矢之的，这是成功的一个必然结果。创业者唯一能做的就是当人们攻击自己的时候，用正确的方式做出回应。在某种程度上，创业者必须忍受别人对自己的胡说八道。有那么多讨厌你的人，还有唯恐天下不乱的人，创业者没法与他们一一交战，但有时候创业者的确需要进行反击，尤其是当发生的某件事使更多的人开始对自己怒目相向的时候。要特别当心自己说的话，无论代表公司还是个人，至少很私人的对话都要注意，这是因为现在创业者说的任何事情都可以变成一个新闻故事。创业者不需要说错话——只要说话，总会有人故意曲解的。创业者越成功，就越需要谨慎地生活，以防别人误解。

11. 创造伟大的产品

公司应该做的,就是不断做出让顾客惊叹的优秀产品,这也是公司成功持续发展的必要条件,创业者要守住这个想法。这个想法不仅能引领创业者度过中期阶段,它还会持续地发挥作用,这就是苹果成功的原因。相信几十年之后,他们还是一样,通过创造令人称赞的产品,持续不断地给顾客带来惊喜。

在某些方面,你需要随着公司的成长做出这样那样的改变,比如成为管理者,你就要当心你说的每句话。但是,不要改变这一点:不要让任何事情影响你创造伟大的产品。

第四节 大学生求职安全应对策略

与其他社会群体相比,大学生因付出的教育成本及背负的父母家族众望等原因,职业期望值及就业压力较大,加上招聘单位鱼龙混杂、招聘形式纷乱不齐、就业人群多样化,大学毕业生在求职就业过程中处于较弱势的地位。具体表现在许多用人单位的招聘为大学生设置就业门槛,如户籍歧视、性别歧视、地域歧视、学历歧视、乙肝歧视等。同时,大学生在求职过程中很容易陷入用人单位的招聘陷阱,常见的有违约金、试用期、服务期、高薪陷阱等,还有部分大学生会面临试用期过长、违约金过高、就业协议性质和责任承担不明,用人单位随意更改就业协议内容、随意解约或不兑现用人协议条款等侵权情况,甚至招聘大学生搞传销或采取限制人身自由的方式强迫劳动等。当自身权益受损时,大学生由于缺乏法律知识,不懂通过法律途径寻求帮助,因此会失去维权的机会。大部分大学生在就业过程中,关心如何设计个人简历、如何应对面试等求职技巧,而忽视了就业法律保障方面的事项,对用人单位侵权行为缺乏防范意识,一旦自身权益受到侵害就不知所措。大学生只有深入学习和实践,充分掌握法律知识和辨识技巧,才能积极应对职业道路上可能出现的各种困难和问题,防止掉入就业陷阱,顺利实现自己的就业目标。

一、谨防误入传销组织

案例回放 7

张某是某高校美术专业的毕业生。一天,张某接到朋友周某从广州打来的电话,希望他来公司工作。张某来到广州后,周某让他签订了一份合同书,让他交了 3 000 元押金,并承诺如辞职离开公司,押金随时如数退还。张某认为周某与自己是朋友,又有合同和承诺,便拿出 3 000 元交了押金。当天下午,周某就带三人开始岗前"培训"。"培训"主要是讲怎样赚钱,怎样暴富和赚钱要不择手段以及"发展下线""金字塔"理论等。经过几天"培训""洗脑"后,公司让他"上班",上班的内容就是打电话动员蒙骗认识的、想找工作的人来"工作"。

思考: 张某的求职过程中有什么不妥当的地方?

此案例是很典型的不法分子利用招聘,诱骗大学生踏入非法传销陷阱的例子。大学生被非法传销组织所骗受困的原因主要有:一是大学生自身防范意识薄弱,轻信他人,导致上当受骗；二是对同学、朋友的介绍过于信任，没想到熟人还会骗自己；三是就业压力过大，择业时放松了必要的警惕，轻信以用人单位身份出现的非法传销公司；四是个别学生存在不劳而获的思想，被非法传销组织宣传的高额回报引诱，甘愿从事非法传销活动。

二、谨防保证金诈骗

案例回放8

韩某是大学毕业生，在人才交流市场，经过初步了解，与某家公司达成就业协议。但韩某了解到，进这家公司，每人要收取200元的服装保证金，用于制作工作服，离开公司的时候，200元可以如数退还。1个月后，韩某按照公司的约定来到办公地点参加培训，却发现，该公司和主管人员早已经人去楼空，这才知自己已经上当受骗。据了解，在这起诈骗案中，有150多名求职者上当受骗，其中大多数都是刚刚毕业的大学生。

在就业过程中，与上述类似的诈骗案有很多，骗子往往打着招聘的幌子，要么收取"报名费"，要么收取"保证金""培训费"。很多大学生为了获得工作的机会，对于明知道是无理的要求，也不敢拒绝。但骗子们往往就抓住了大学生的这种心理，屡屡得逞。

三、谨防不合理条款

案例回放9

王某是大学毕业生，由于急于找到工作，没来得及仔细推敲合同里的条款，结果不但失去了这份工作，还付了一笔违约金。据其称，他与公司签合同时还未毕业，但公司要求其进入实习期。在4个月的实习期里他卖力地工作，却只能得到300多元的"实习工资"。实习结束后，他以为工作已经敲定，打算回学校修完剩下的一些课程，9月再回到公司正式上班。但当他向公司请假时，公司以合同中"工作前两年不得连续请假一周以上"的条款为由，认定王某违约，索要违约金。王某只好交了2 000元的违约金。

在大学生择业的过程中，像王某这种情况的比较普遍，由于就业形势比较严峻，大学生在求职过程中往往处于弱势地位，很多用人单位都提出了一些明显的不合理条款，如违约金、服务期等。对毕业生来说，虽然知道这些附加条款是有失公平的，但也不敢明确表示异议。现实生活中，在职场上把"试用期"当成"剥削期"已经成了一些无良老板逃避法定义务的惯用伎俩。

四、警惕人身安全

案例回放10

女大学生王某，几天前到省会某地做家教时被杀害。由于过分地轻信他人，该同学在未经认真核实的情况下，只身去应聘家教，结果遇害。另一相关的案例是：女大学生吴某，根据广告找到一家俱乐部高级商务公关的工作，在交纳400元"制卡费"后，却发现工作是"三陪"。

近年来，女大学生在就业过程中遇到的不法侵害的事情层出不穷，这也给我们敲响了警钟，安全问题要时刻牢记，危险离我们并不遥远，就业机会有无数，但生命只有一次。

五、保护个人信息

案例回放 11

毛某是大学毕业生的家长，日前在家中接到一个长途电话，对方称自己是儿子目前公司的同事，称其儿子在上班途中遇车祸受伤，正在医院抢救，急需手术费5万元。毛某闻讯立即拨打儿子手机，却怎么也打不通，因此相信真的出事了。就在此时，一个自称是儿子学校领导的人又打来电话，证实确有其事，并留下一个账号。毛先生连忙筹集了5万元汇过去。几小时后，毛先生终于打通儿子电话，方知上当受骗。

毕业生在求职过程中，往往要填写一些表格，其中涉及很多个人信息，尤其是网上求职，要求填写的内容更是事无巨细，从个人电话号码，到家长姓名、家庭住址、家庭电话、父母情况，一应俱全。许多毕业生粗心大意，随意填写，或是随手将自己的简历给了不明身份的人，结果给骗子留下了可乘之机。

六、维护自身利益

案例回放 12

应届毕业生王某与某私企达成工作意向，双方当场签订了"高校毕业生就业协议"。1个月后，王某毕业，并顺利进入用人单位开始工作。但该企业始终不愿意与小王签订劳动合同，小王得到的答复是：双方在就业协议书中并没有明确要求何时签订劳动合同，更何况关于工资、劳动期限等条款在就业协议书中已有约定，双方没有必要为此再另行签订劳动合同。王某觉得双方确实没有约定什么时候签订劳动合同，而单位不签劳动合同似乎也有道理，就不再向单位提起此事。不料一日王某忽被裁员，公司一分赔偿金也没给。王某后悔莫及。

"就业协议书"与"劳动合同"不同，"就业协议书"是一份简单的格式文本，很多诸如工作岗位、工作条件等劳动合同必备条款并不在"就业协议书"中直接体现。因此，"就业协议书"无法全面保障学生正式报到就业后的劳动权利。

思考题：
1. 大学生创业有什么特点？
2. 怎样提高大学生创业的成功率？
3. 大学生求职应聘时要注意哪些安全问题？

第十三章

大学生实习和兼职安全

每当节假日之前校园广告栏处都会有许多的校园招聘信息。从招聘促销员到举牌员、从发单员到电话营销员,海量的招聘信息让人目不暇接。据统计,这些岗位工资报酬从每天 60 元到 100 元不等。此外,网上招兼职、实习的也不少,如在 58 同城、赶集网等分类信息网站,输入"国庆兼职、寒假暑假实习"信息进行搜索,近百条的兼职、实习信息出现在搜索框下方。而其中最主要的岗位就是促销员、发单员、商场兼职导购员等岗位。在这些职位的要求中,大学生为主要对象。

第一节 大学生实习和兼职的理解

一、实习、兼职含义

(一)实习

实习,顾名思义,在实践中学习。在经过一段时间的学习之后,或者说当学习告一段落的时候,我们需要了解应当如何把所学知识应用在实践中,通过实习应用和检验学习到的理论知识,以锻炼工作能力。知识源于实践,归于实践。因此实习是一种实践,是理论联系实际,应用和巩固所学专业知识的一项重要环节,是培养能力和技能的一个重要手段。

(二)兼职

兼职是指在不脱离原组织的情况下,利用业余时间从事第二职业并取得一定的报酬;或为了达到某种特定目的,通过交换、为第三方提供体力或脑力劳动支出的行为。在西方国家指有较高专业知识和实际经验的专家、学者、实业家同时兼任两个或两个以上的职业。只要处理好相关关系,兼职制度对个人、社会都有益。

在校大学生兼职是指尚在校学习的大学生利用自己的课余时间,通过为雇主提供的劳动,获取报酬并提高自身能力的行为。

二、大学生实习与兼职区别

实习和兼职都可以达到锻炼和提升个人能力的目的,但是它们之间还是有很大区别的。

(一) 目的

实习可以认为是大学专业学习的一种延续,只是学习形式发生了变化,其主要目的是学以致用,接触和了解自身的专业领域;其对知识和经验的追求是第一位的,不以获得经济报酬为主要目的,或者甚至完全没有报酬,而兼职首先考虑的是经济报酬的多少,并不一定与所学的专业或者未来想从事的职业相关。

(二) 工作时间

用人单位一般都要求参加实习的同学能够安排 2~4 周以上相对集中的时间,这样才能较系统地了解和掌握相关知识和技能,了解职业环境。比如寒暑假,专门安排学生校外实习时间或者利用上学时每周的固定时间(但是这样的实习时间比较久,一个学期甚至一年才会有效果);兼职时间则比较随意灵活,按照自己的需要,可以利用每天业余时间长期为同一个服务对象工作,也可以短期工作。

(三) 工作场所

实习一般情况下是在相关单位的办公场所进行的;兼职则比较灵活,根据兼职工作的具体内容而定,比如网络兼职等一般就不需要到相关单位上班,兼职财务人员每月在固定时间将发生的账务领回,做完上交即可。

(四) 从劳动法律角度看,大学生实习和兼职的区别

大学生的实习一般分为两种情况:一是学校指派的实习。就是在学校与单位建立实习合作关系的基础上,由学校指派学生到单位实习,根据校企合作协议确定相互关系,不受《劳动法》约束。二是毕业前的就业实习。这种情况,一般是全职实习,工作时间超过非全日制用工的限制,与全日制用工已经没有什么区别。但由于无法建立正式劳动关系,因此客观上不能按照正式员工标准给予其他福利和保障,我国法律目前还没有相关规定。

大学生兼职是指大学生通过提供劳务获得报酬,以维持或者改善生活。打工完全符合劳动关系特征,符合非全日制用工条件的按照非全日制用工规定处理。

实习和兼职的主要区别如下。

(1) 是否建立正式的劳动关系。无论是指派实习还是全职实习,都没有建立正式的劳动关系,而兼职是符合劳动关系特征的。

(2) 是否适用劳动法律制度。实习是不适用于劳动法律制度的,而兼职适用。

三、大学生实习、兼职的意义

(一) 加深对职业与行业的了解,确认喜欢或擅长的职业

了解职业行业有很多方法,譬如阅读相关的文章,请教业内人士,但最直接的方法还是亲自做这份工作。在做的过程中,可以确定自己是否喜欢这份工作,能否胜任。如果喜欢又能胜任,以后毕业找工作,就可以把它作为目标职业;反之,就要寻找新的工作方向。也就是说,实习和兼职都有验证自己的职业抉择、了解目标工作内容、学习工作及企业标准、找到自身职业差距的作用。

1. 验证自己的职业抉择

当大学生在了解自我的基础上确定未来的职业理想时,需要以身试水,需要在真刀真

枪的实际工作中检验自己是否真正喜欢这个职业，自己是否愿意做这样的工作。举例来说，就是如果你想做财务工作，但是当在实习过程中发现自己不是很喜欢那种数字工作时，就要反思自己的职业抉择了，这样可以及时地纠正和反馈自己的职业发展轨迹。

2. 了解目标工作内容

在确定自己适合财务工作后，就要明确财务的所有工作内容，包括财务的一天都要怎么度过、财务的核心工作是什么、财务的边缘工作是什么、财务要与哪些部门打交道、财务的核心能力是什么……在了解工作内容后，就要尝试着操作，争取在实习中把财务的工作都做一遍，也在操作中明确自己的优劣势。

3. 学习工作及企业标准

知道了财务工作都要做什么后，就要了解企业及业内对每个工作内容所要求的流程和标准，这时要以业内及企业的最高标准来要求自己，用这种高标准来要求自己时就是进一步向业内的一流人物看齐。

4. 找到自身职业差距

实习不单是为了落实工作，更包括要明确自己与岗位的差距以及自己与职业理想的差距，并在实习结束时制订详细可行的补短计划；从明确差距、弥补不足的高度来看实习，就会从实习中得到更多。

（二）为从学生向职场人士转变做准备

人们常说，大学是个象牙塔。确实，学校与职场、学习与工作、学生与员工之间存在着巨大的差异。在角色的转化过程中，人们的观点、行为方式、心理等方面都要做适当的调整。

据近两年用人单位反馈，现在不少应届大学生存在这样的现象：上班绝不早到一分钟、下班绝不拖延一分钟，下班后手机自动关机；跳槽频繁，离职也不通知原公司；上班煲电话粥；好高骛远、不切实际，张口就是世界500强的例子，提出的建议都需要上千万元的投资；不愿意做基础工作，连简单的应用文格式都搞不清楚，通知都不会写……所以，不要老抱怨公司不愿招聘应届毕业生，有时候也得找找自己身上的问题。而实习和兼职就提供了一个机会，让大家接触到真实的职场。有了实习和兼职的经验，在毕业工作时就可以更快、更好地融入新的环境，完成学生向职场人士的转换，特别是有了在大型公司长期实习和兼职的经历后，就可以在找工作时增加一个非常有利的筹码。

（三）增强找工作时的竞争优势

曾经有公司做过一项关于雇主如何选择应届毕业生的调查，参与的公司包括外企、国企和民营企业，规模也有大有小。有一个题目是让他们选择看重的方面，包括学校、专业、成绩、证书、实习经验、社会实践、户口等。结果不同性质与规模的公司侧重点有较大的不同，唯有一个要素是所有公司都重视的，那就是和应聘职位相关的实习经验。所以，如果在大学期间有相关的实习经验，在找工作时会有很大的优势。而且不少公司会挑选实习中的优秀者留下来成为公司的正式员工，这样的招募方式正被越来越多的大公司使用，并成为其挖掘"早期人才"和"储备干部"的战略之一，也有越来越多的公司和学校达成校企共建协议，选拔优秀学生长期实习，共同培养在毕业后有意向到该公司工作的学生，譬如 IBM 一年的实习生中有 50% 留在了 IBM，他们希望今后这个比例可以提高到 80%。

四、大学生实习、兼职的类型

（一）实习类型

根据高校现有的实习内容来看，大致可分为平时的专业实习、社会实习、就业实习、就业实践以及就业实训五个方面。这里主要侧重就业实践和就业实习。

1. 就业实践

就业实践指基于对社会需求知之甚少，就业意愿与市场需求相差较大，无法决定毕业生所要从事的行业或职位而进行的与专业相关的就业体验。其着眼点在于带着一种考察的目的，对职业进行探索与体验，进而提高自身就业求职以及自主创业的信心、素质和能力。

2. 就业实习

就业实习主要是指用人单位有计划、有目的地为即将毕业的学生，以及那些不具备专业背景或行业背景但有明确的实践目标，即去某个行业、职位就业，有强烈工作愿望和热情的大学毕业生，提供"实习工作""尝试工作"的机会。就业实习是建立在就业实践基础上、针对性极强的一项实习活动。就业实习是一门专业实践课，是大学生在学习专业课程之后进行毕业设计时不可缺少的实践环节。它对培养大学生的动手能力有很大的意义，就业实习更是大学生走向工作岗位的必要前提。通过实习，大学生可以更广泛地直接接触社会，了解社会需要，加深对社会的认识，增强对社会的适应性，将自己融合到社会中去，培养自己的实践能力，缩短从一名大学生到一名工作人员之间的思想与业务距离，为毕业后社会角色的转变打下基础。

（二）兼职的类型

兼职的类型有家教类、导游类、促销员类、礼仪类、翻译类、打字员类、电话访问员类、服务生类、网络兼职类等（图 13-1）。较热门的兼职类型有以下几项。

图 13-1

1. 家教

适合某一门或几门学科功底扎实、善于沟通、讲解能力较好的同学。随着近期小语种学习热潮迭起，各小语种专业的同学找家教类兼职时有很大优势。

优点：工作时间固定，工作环境相对安静轻松，且待遇不菲；既可用到自己的知识储备，又可接触社会，锻炼口头表达、思维和应变能力。

缺点：单纯重复以前的知识，对专业学习和动手能力的提高没有太大作用。

工资薪额：没有固定标准。一般而言，小学：20元/小时；初一至初二：25元/小时；初三至高二：30元/小时；高三：35元/小时；英语授课（雅思、托福等）：60元/小时；乐器（小提琴、钢琴、古筝等）：50元/小时。

2. 导游

以云南为例，云南拥有丰富的旅游资源。经验丰富的导游将成为旅行社的"抢手货"。导游慢慢成为大学生兼职"新贵"。在考取导游证之后，即可联系旅行社开始带团。

优点：工作时间弹性大，可以选择在周末或假期带团，不与学习时间冲突；报酬较丰厚，一般包括基本工资和提成，还可以在工作中广交朋友。

缺点：工作强度大，有时一天只能休息三四个小时，精力、体力的消耗很大，身体素质不好的同学最好不要尝试。

备注：做导游需先通过考试取得导游证，持证上岗，每年12月举行一次全国统一考试。考试分为笔试和面试两部分，笔试为2张卷子，中文导游的面试为用普通话解说景点。

3. 促销员

优点：各企业大多利用周末和假日进行产品促销，一般不与学习时间冲突；与人沟通的能力和耐力都能得到很好的锻炼；由于短期促销以在校大学生为主，可以结识很多同龄人朋友。

缺点：有的促销劳动强度较大，需从早站到晚，要有一定耐力和体力。

工资薪额：一般采用底薪加提成的方式支付，底薪大多为每天30~80元。

4. 礼仪

优点：薪酬较高，接触高层社会，在一定程度上会激发人的上进心；工作前一般要接受严格的形体培训，对自身形象塑造大有益处。

缺点：越光鲜的舞台，背后的风险和要付出的代价就越大。如果没有足够的安全保障，一定要谨慎。

工资薪额：酒楼、餐馆或小型活动的礼仪小姐基本工资不低于10元/小时，大型活动或车展礼仪小姐的工资为50元左右/小时。

5. 翻译

适合语言类专业学生，对外语水平要求高，口译还要求外貌端庄大方。

优点：可以锻炼自己的外语水平，工作时间十分灵活；学习与赚钱同步进行，笔译在寒冬炎夏不需出门便可获得丰厚报酬。

缺点：有的企业会以稿件质量不过关为由拒付稿酬；对个人能力要求较高，有时薪金与付出不成正比。

应聘途径：可以关注电视、报纸、杂志及专门的人才招聘网站上的招聘广告。兼职翻译要找具有一定规模、可信的翻译公司。每次翻译材料之前要签订劳动合约，报酬最好分两次索取，译前拿一部分定金，译后一手拿钱、一手交稿。

6. 服务生

优点：麦当劳等快餐店品牌形象良好，是认识社会的一个好窗口；工作需要员工时刻保持招牌式微笑，性格自然变得开朗；对反应能力、记忆能力的提高都有帮助。

缺点：薪水不高，一般为 6 元/小时，连续工作达 4 小时会供应一顿免费午餐；劳动强度较大，需"马不停蹄"地工作，如果不小心与顾客发生冲突，则会被重罚。

五、获取实习、兼职的途径

（一）社会中介

社会中介提供的兼职机会多，主要包括家教、促销员、发单员、打字员、信息采集员、婚庆助理等，报酬较高，但是安全性较低，对学生的保障性不强。

（二）高校勤工助学部门

如今各高校大多设有勤工助学部门，为学生提供兼职岗位，主要有家教、宿舍管理员助理等。通过这种途径，大学生获得兼职机会的成功率高、安全性高，但存在岗位有限、内容单一、报酬较低等缺陷。

（三）高校毕业生就业工作部门

高校的毕业生就业指导中心（就业办公室）是专门负责毕业生就业工作的行政管理部门，为用人单位与毕业生供需见面、双向选择提供服务，他们与上级主管部门以及社会各界、用人单位保持着广泛且密切的联系，是社会各行业在学校招聘毕业生的信息汇集地，也是毕业生获取就业信息的重要渠道。很多单位也会把招聘实习生的信息通过该部门来发布。

（四）社会各级人才市场

人才市场大多数隶属政府人事部门，极少数属于民营性质。不管何种性质，人才市场都设立有为毕业生就业提供服务的专门部门和窗口，为社会各界构建人才需求桥梁，经常定期或者不定期举办多种形式的高校毕业生就业服务活动，同学们也可以在那里了解到各类不同的职位需求信息。

（五）网络招聘信息

通过论坛、兼职信息网等途径获得兼职招聘信息，也是较为主要的途径。通过网络寻找兼职的机会较多，便于学生根据自身特点与需求选择，报酬也比较高。但是成功率和安全性较低（图 13-2）。

图 13-2

（六）社会关系网

社会关系网主要是经由家长、亲戚、朋友、老师、校友等介绍而获得在公司实习、兼职的信息。这种实习、兼职的机会安全性比较高，但是也要警惕传销的骗局。

（七）新闻传播媒体

在传媒业高速发展的今天，广播、电视、报纸、杂志等新闻传播媒体受到了招聘机构和求职者的共同青睐，都会设立专门的栏目或板块刊登招聘信息，正逐步成为大学生获得就业、实习、兼职信息的重要渠道。

第二节 大学生实习和兼职的利弊分析

案例回放 1

近日有媒体报道：在北京大学经济学院百年院庆"中国经济学教育论坛"上，北大校长助理炮轰"实习影响大学生学业"，甚至呼吁在场全国各高校经济学院负责人共同禁止学生参加实习，此言一出，舆论哗然。而中国信息大学认为大学生的实习是非常重要的，而且很有必要。

中国信息大学一向非常注重学生的社会实践能力，学校的三学期制也是为了给学生提供更好的实习环境。中国信息大学2009级信息工程专业何宏林，在读大三的时候就有了运营"10万员工使用网络平台"的成功经验，成为学校名声较响的"实习达人"。何宏林的例子也许可以帮助我们认识大学生实习的重要性与必要性。

何宏林主要利用假期实践进入中国最大的人才管理与测评解决方案提供商、人才管理软件开创者——北森测评技术公司，后来公司领导给予他更大的信任和发展空间，让他去运营企业重要的推广产品板块，直到成功实现产品让上千家企业、近10万员工使用。这里就不得不说一下何宏林的假期实践。对一般的高校而言，很难有这样的假期实践，因为在时间安排上并不妥善，更不会得到领导给予的更大的信任和发展空间，何宏林的成功主要得益于中国信息大学特殊的三学期制。在谈到这一点时，何宏林说："如果没有学校三学期制，自己就没有这么多体会和经验。如果学校只有一个半月实习假期，也许我在公司就没有机会接触到产品运营，即使接触到了，也是皮毛而已，很感谢学校的'长假'制度，能保证自己有充足的时间参加社会实践以及勤工俭学，有利于充分认识社会，认识自身不足，以赢得求职就业的有利时机。并且从连续'短学期'设置来看，对保持自己学习的兴趣、提高学习效率很有用。"

现在应试教育与社会需求本身存在很多矛盾，"学不能用、供需错位"是普遍现象。如果再不引导学生参与社会实践，理论与实践脱节的情况就会越来越严重，光读"死书"的大学读了有何用？如果学生不实习，自己所学的理论知识不能得到社会实践的验证与强化，那么，很多在学校学的理论知识将会随着时间的推移而慢慢被淡化。问题关键在于学校怎样给学生营造一个好的实习环境，社会和学校如何去正确引导，给予大学生以更大的空间和信任。学习是终身事情，不是说不实习的大学便能读完一辈子的书，重要的是在大学中要学会学习、学会自主学习、学会独立思考的能力，这是人一生成长的基础。

何宏林在自己的实习阶段，不但将自己所学的知识运用到了社会实践中，更重要的是找到了适合自己的工作。何宏林的成功也正好说明了大学生实习的重要性和必要性。

思考： 大学生实习、兼职有必要吗？

当代大学生越来越看重能力的培养和经济上的独立，似乎最开心的莫过于独自掌握"财政大权"了，但要支出首先就要有收入，已经长大成人的大学生显然不愿意仅仅依靠父母的"资助"。课外时间，很多学生都会选择做兼职。

马克思和恩格斯的辩证唯物主义中的辩证法部分说道，任何事物都是一分为二的，要坚持两分法、两点论，用一分为二的观点看问题。的确，大学生兼职，同样既有利又有弊。目前在校的大学生中，80%以上有兼职的需求。兼职成了很多大学生课余锻炼自己能力、挣点外快的主要方法。由此引发出一个关于大学生课外兼职究竟利大还是弊大的问题。

就目前来说，兼职打工的现象已经不再是出现在经济情况比较困难的学生身上，学生打工也不再是赚取生活费那么简单。现在的大学生之所以如此热衷于兼职，主要出于两方面考虑：一方面是目前的社会环境，大学生就业压力太大，很多人希望通过打工获得工作经验，以此来培养自己的能力并为将来更好地走上工作岗位做准备；另一方面是由于现代大学生的心态已经跟以前的大学生有了很大的区别，他们自立的意识很强，希望用自己的劳动来赚取酬劳，以实现"经济独立"。从某种意义上说，这种现象也是社会的需求造成的，现在的单位在招聘时往往会要求应聘者有相关的工作经验，甚至以此作为招聘毕业生的一个门槛，这就导致许多学生在读书的时候，努力使自己从学生的角色向社会人的角色转换。因为这些都和未来的就业前途挂钩，所以学生对兼职的热情自然就空前高涨，哪怕报酬并不是非常丰厚，他们有些人也会不惜耽误学业而选择去打工。

对于做过实习、兼职的同学，有的同学反映当他们谈起推销电话卡、代售纯净水、做营销代理时头头是道、口若悬河。当谈到他们的专业知识时，却是一问三不知，一副呆若木鸡的样子，"实践经验"倒是增加了不少，到头来却考试多门挂科，专业知识一无所知，空耗了四年大学时光。结果发现自己除了一身"工作能力"之外一无所长，专业课也给荒废了，等到踏上工作岗位时发现最迫切需要掌握的专业知识却没有丝毫准备。这空有一身工作热情与能力的同学们却没有了施展自己能力的空间与机会。

一、大学生实习和兼职的利处

（一）实现自我价值

在大学，并不是每一个人都能够在大学校园里表现自己的个性，拥有荣耀与辉煌。自我价值的失落是普遍存在于大学生中的一种彷徨且苦闷的心理，所以，一部分学生另辟蹊径，选择了在兼职中找到那份实现自我价值的感觉。

（二）实现经济效益

兼职带来的直接收获就是经济效益。金钱不是万能的，但是没有钱是万万不能的。这一观念可以说是大学生追求实际的心理,很多大学生强调自主自立,不愿意把学习费用和日常消费的开支让父母承担,兼职无疑是一个很好的选择。

(三)锻炼自我,提高综合能力

当前,大学生面临的一个突出问题就是就业问题,这是一个不容回避的选择,为此,大学生们将锻炼自己的空间不再局限于校园之内,而是日益投入丰富多彩的社会生活中。在兼职过程中,首先,可以培养大学生交际、处世等方面的能力,能力是锻炼出来的,兼职让许多善于读书的学生感受到团队精神和沟通能力的重要性,这些对以后参加工作都很有帮助。其次,兼职还能让学生更早地接触社会,更清楚地认识社会。学生在兼职过程中经历的各种挫折使大学生提前经历挫折的教育,为以后更好地适应社会打下基础。社会经验对一个即将就业的大学生来说是一笔宝贵的财富,竞争是残酷的,只有不断地充实自己、锻炼自己,才更容易在竞争中占优势地位。最后,兼职还能提高大学生的自信心,激励学生的热情和激情,锻炼大学生积极进取、奋斗、自立的人生态度,促使大学生自身能力的提高和人格完善,还能扩宽交友圈和视野、更好地认识自我等。

二、大学生实习和兼职的弊端

(1)兼职必然要花费一定的时间和精力,一不小心时间调配不当就会影响学生的学习。有些学生把自己大部分的时间和精力放在兼职上而荒废了学业。大学时期,我们的思维和理解、记忆能力都处于人生最优越的阶段,在大学校园里又有丰富难得的学习条件,正是学习的大好时光,如果因为其他的事情耽误了学习,就得不偿失了。现在学好专业知识,为自己储备好能量,才能让我们今后在自己的工作上更加出色,工作更加轻松。

(2)有些学生兼职就是单纯地为了赚钱,用兼职赚来的钱买奢侈品满足自己的攀比和虚荣心,这样就失去了兼职的最原始的意义。

(3)有些学生由于缺乏社会经验和急于求成,在兼职过程中往往容易上当受骗。在兼职中遇到的安全问题也是一个很大的隐患(图13-3)。

图13-3

(4)很多大学生抱着锻炼自己的心理去寻找兼职,但事实上社会为大学生提供的工作都是以体力劳动为主的，技术含量并不高，要找到与自己专业对口的工作那就更加不容易。这样，绝大部分的工作无法满足我们学以致用的需求，不但浪费了时间，而且收获甚微。

三、如何选择实习和兼职岗位

（一）不能唯钱是利

目前很多大学生做兼职多半都是为了赚钱，但兼职真正的意义还是能力的培养。做兼职是件好事，但是也要有选择地做兼职。要针对自己的兴趣爱好、自己的专业来选择，并不是越多越好。最重要的是做对自己有意义的兼职。也就是说，这个兼职可以对自己今后的事业有帮助，而不能只看薪酬待遇的高低。

（二）明确目的

实习或者兼职的目的因人而异，可以千差万别，而真正目的也只有自己才最清楚。只有在开始实习之前首先明确自己的目的，后面的路才会变得清晰明了。如果学生做兼职是为了毕业留用，就应该在申请时搞清楚这个岗位是否有留用的机会，有的企业只是常规招收实习生或者兼职工作人员，这个岗位就显然不适合了。因此，明确实习或者兼职的目的，是每个同学选择岗位时应该首先思考的第一步。

四、大学期间如何合理地安排实习和兼职

时下由于用人单位普遍看重学生的实习经验，导致有的人认为，实习是好工作的敲门砖，而学习成绩只要过得去就可以了。似乎这种论调在校园里很盛行，一时刮起了一阵浮躁之风，甚至在北大这样的全国最高学府，都有学生在试卷上留言"我因为实习而无暇学习，请老师高抬贵手"，令人哭笑不得。许多大学生为了增加社会经验、培养综合能力纷纷加入兼职大军，甚至许多大一新生也不甘人后，颇有泛滥之势，影响了自身的学习。但是连自身的专业知识都没掌握好，又怎能算一个合格的人才呢？现代社会竞争激烈，需要综合型人才。但这种人才是指专业知识基础扎实又能广泛涉猎、具有多种实践能力的人才，也就是我们通常说的"一专多能"的人才，而不是那种空有一身"实践能力"、无理论知识的所谓的"综合型人才"。因此，我们需要合理地规划大学生活，做到专业学习和实践两不误。

（一）了解自己，做好职业规划

古希腊德尔菲神庙的墙壁上刻着一句话：认识你自己。现在看来，这句话不仅对当时的希腊人很有教益，对我们当代人也具有深远的警醒意义。人类发展的历程不仅是认识宇宙、征服自然的过程，也是认识自我、控制自我、发展自我的过程。我们每个人都需要通过自我认识不断对自己进行评价和定位。白雪公主童话里面的皇后经常拿镜子照自己，想通过神奇的镜子找到自己在"美丽排行榜"上的位置，这其实就是一种习惯性的自我认识行为，童话作者实在是深谙人类心理，因为只有人类才会不断通过比较，评价自己并为自己寻找坐标，否则人类就会陷入焦虑和迷茫。所以我们必须认识自己，并结合自己的专业进行职业规划（大学生生涯规划）。大学生职业生涯规划是一个由内而外的过程，即先从

自身特点出发，了解自己的职业兴趣、职业性格、职业能力和特长，然后根据这些特点谋划自己的职业生涯。所以我们必须有计划、有步骤地去认识自己、了解自己。

（二）结合专业，进行分年级目标管理

要做到有计划、有步骤地认识和了解自己，就要结合所学专业，针对不同年级的学习、实践的不同需求进行目标管理，这样才能使自己在毕业时成为一专多能的符合单位需求的毕业生。

1. 一年级

入学第一年，应该注重自身对专业的认识并初步形成职业生涯规划理念，通过感性的认识加深对专业和大学生活的了解，培养专业意识，了解专业知识的需求，增加对专业学习的兴趣，初步了解专业的未来职业发展道路。这时可以积极参加各种学习、实践活动，加快从高中到大学的适应过程。走出校门，在保证安全的前提下参加各种社会实践活动，对社会经济发展现状有所了解，锻炼和提高个人自身综合能力（如人际交往能力、表达能力、抗压能力等）。

2. 二年级

正式进入专业知识学习阶段，这时对专业有了初步认识，可以利用假期或者业余时间到与专业相关的企事业单位见习、实习或者兼职，帮助自己在进入专业核心课程学习前对专业知识在实际工作中的应用有一定了解，更快进入专业学习的角色。还可以在实习、兼职中了解所需要的综合素质和能力，有目标地进行自身的培养和锻炼；根据自身实际需要考取对提高就业能力和质量有所帮助的相关资格证。

3. 三年级

开始学习专业核心课程，这时可以结合专业实习或实训掌握相关专业技能，并利用假期或课余时间到大型企事业单位实习或兼职，在实践中检验专业学习所得，锻炼职场中待人接物的能力，培养团队协作精神。

4. 四年级

在掌握专业知识和技能、了解自己职业定位的基础上，在毕业前目标明确地实习和兼职，争取实现高质量就业。

第三节　大学生实习和兼职陷阱分析

案例回放2

大学毕业生小吴在一家职业中介交了10元注册费后成为会员，又交了150元的信息费后，中介为他联系了5个用人单位进行面试。没想到，小吴5次面试均碰壁，对方要么称"已招到人"，要么称"不合适"。小吴发现，其他在该中介注册的大学生也遇到了和他一样的情况，他才知道自己碰上了"黑中介"。

直销和传销的区别是什么？

部分学生在实习、兼职过程中由于求职心切、工作经验少、轻信他人等因素被骗，有的应聘兼职时也知道容易受骗，但是又不知道怎样通过正规渠道去应聘兼职，更不熟悉相关法律法规，很容易被假中介的花言巧语迷惑，受骗以后维权困难，甚至危及人身安全。下面介绍大学生在实习、兼职过程中容易被骗的几种情况，供大家参考。

一、"黑中介"的骗局

一谈到大学生实习、兼职的陷阱，很多人都会想到"黑中介"。所谓的"黑中介"有几个特征：①没有营业执照或营业执照过期；②没有固定的办公场所；③非中介机构，在经营其他项目时兼营中介。此类"黑中介"利用大学生涉世未深、求职心切的特点，或夸大事实，或无中生有来骗取中介费。常见的几种中介诈骗方式有：中介公司"金蝉脱壳"、用人单位收取抵押金、收取各种名目的费用、校园代理欺骗、工厂委托招工陷阱等，这些陷阱都是在收取中介费后敷衍、搪塞，没能提供相应的工作；抽佣过高，克扣工钱；榨取和瓜分所谓的中介费用。

二、用人单位收取抵押金或抵押证件

一些用人单位在招聘时，往往收取不同金额的抵押金或收取身份证、学生证作为抵押物。这类骗局通常在招工广告上称有文秘、打印、公关等比较轻松的岗位或许以优厚的报酬等作为诱饵吸引大学生，求职者只需交一定的保证金或者其他一些费用，如服装费、建档费等即可上班。但往往学生交钱后，招聘单位又推托目前职位已满，要学生回家等消息，接下来便石沉大海。如大学毕业生小刘在郑州北环一家电器贸易公司面试通过后，被要求交360元服装费，然后才能签合同、培训，再开始工作。交费后，她同该公司签了劳动合同，上面还特别注明：如因个人原因辞职或自动离职，公司不予退还，服装费由自己承担。上班后，小刘因一直未被安排工作而要求辞职并退还服装费，被对方以签有协议为由拒绝。

三、娱乐场所高薪招工

有的娱乐场所以特种行业的高薪来吸引求职者。工种有代客泊车、侍者，有的甚至是不正当交易，年轻学生到这些场所打工，往往容易误入歧途。"星级饭店招聘男女公关经理，要求气质好，口才佳；无须工作经验，无学历要求；底薪600元，月薪可达上万元。"2016年8月，一则贴在电线杆上的招聘广告引起了大学毕业生小马的注意，优厚的薪酬吸引他前去应聘。结果，想走致富捷径的小马被骗去600元。

四、陷入传销

传销组织一般多以"介绍生意""介绍工作"或"招聘"等名义，谎称可以获得高额回报，利用亲属、朋友、同学、战友等各种关系，通过打电话、写信或者在互联网上发布信息等手段，将人员骗往异地，通过采取利诱，甚至威逼、暴力等手段，对被骗人员进行人身控制和精神控制，使其最终交纳入门费，加入传销组织，并由被骗走向骗人的道路。

五、代理销售陷阱

一些不法分子委托同学代理销售的货品为假冒伪劣产品，一旦不辨真伪、上当受骗，会损失大量的购买费用。校园代理让学生做代理，去招学生的同学，承诺招到一个人，给一定的酬劳。另外，有同学自称代理，招人去公司面试应聘，或直接交钱给代理人。第一种自然不用说，害自己又害朋友。但在某些情况下，还真能拿到一些钱。不过这些钱都是被自己骗去的朋友所缴纳的钱。第二种则又回到了上一种"黑中介"骗人手法中去了。

六、工厂委托招工陷阱

这种情况现在也比较普遍，"黑中介"往往说是沿海城市，如苏州、杭州、广东深圳等地的电子厂、鞋厂等各种工厂，因为工人过年回家，所以员工不足，委托中介招聘学生到工厂做寒暑假工，一般都说是报销路费、体检费、包吃住，工资按月付或者工资计件。这种招工看起来非常正规、非常符合逻辑，但因为距离学校太远，学生一般也不敢轻易前往（图13-4）。

图13-4

七、无手续上岗

兼职上岗时用人单位不办理相关手续，如寒暑假有的同学到工厂打工，看似简单省事，但在关系核心利益时往往会出现各种问题，没有有效的凭据来维护自己的权益。如寒暑假打工学生没有与用人单位签订任何协议，只是口头约定，当发生意外伤亡事故时，吃亏的还是学生。案例：某校一位大三女生在2012年"五一"期间和同寝室另外3名女生一起做兼职，没有任何手续就上岗了。4名女生做美容产品促销，老板承诺：每天上10个小时班，工资60元。上了6天后，公司不但一分钱没给，还指责她们弄丢了产品，需要赔偿200元。

八、网络陷阱

网上招聘在为大学毕业生提供更为广阔的就业选择空间的同时，也催生了形形色色的网络招聘诈骗。一些不法分子利用当前就业形势不容乐观，以及学生涉世不深、缺乏社会经验和求职心切的心理而实施网络招聘诈骗，严重扰乱了就业市场秩序。很多网友通过发帖曝光种种网络招聘诈骗陷阱，提醒大家，网上求职，务必擦亮眼睛，提高防范意识，以免上当受骗。据了解，目前这类网上招聘的诈骗主要有以下几种作案手段：利用网站发布虚假求职信息，以缴纳中介费、押金等名义实施诈骗；在求职网站上发布虚假招聘信息，设立虚假的某大型企业招聘网站，以向求职者索要手续费、押金等为名实施诈骗；利用求职者资料实施其他犯罪行为，如犯罪嫌疑人从网上查询到求职者资料后，打电话通知当事人前往应聘，伺机抢夺当事人的手机或包。

案例回放 3

小李是某高校大三学生，他想趁假期找一份兼职，同时锻炼一下自己的社会实践能力。他在某人才网站看到了一条十分诱人的招聘信息：替淘宝商家刷钻，称按要求拍下宝贝，付款到支付宝就可以了。小李和对方取得联系后，对方让他开通网上银行，为某网店刷钻购买 300 元 Q 币。小李完成了任务，要求对方返还货款并支付佣金，对方却要他再购买 300 元 Q 币。被拒绝后，对方就将小李拉黑并"网络蒸发"了，而小李支付宝账号内的 300 元钱也被转走了。

第四节 大学生如何做到实习和兼职安全

案例回放 4

大三学生徐静在应聘兼职打字员后，骗子提出要进行身份识别，然后要她到指定的艺术签名设计网站去花钱设计一个艺术签名，"于是我通过手机短信定制所谓的艺术签名，发送一条短信，收取信息费 2 元。就这样不知不觉地被骗走了几十元信息费。"

案例点评：缺乏经验导致上当受骗，该案件，单起案值不足以构成诈骗罪，可以打 110 电话，向公安报警，公安网警会汇总相关类似案件，进行侦查立案。

思考：当实习、兼职被骗后，你是怎么做的呢？

根据 360 网发布的 2013 年服务统计报告，一季度 360 接到的用户反馈的 926 例网购欺诈，共分 8 类。从案例类型上看，虚假兼职是 2013 年第一季度最为高发的网络欺诈形式。骗子首先通过聊天群、网络论坛等处发布虚假招聘信息，诱骗应聘者购买话费充值卡、游戏点卡等虚拟商品，宣称是给网店"刷信用"，会连本带利一起返回给应聘者。实际上，骗子在得到充值卡密码后，根本不会返还应聘者本金。

从受害群体来看，超过半数的网络欺诈受害者是高校大学生，而在网络兼职欺诈的受害者中，高校大学生的比例更是高达 80% 以上。怎样才能尽可能地保证实习和兼职安全呢？

一、学会辨别招聘信息

在收集招聘信息时，主要依据两个原则来进行整理：一是去粗取精——选择适合自己的；二是去伪存真——获取真实准确信息。针对搜集到的信息，不论是从网站上看到的，还是从报纸上看到的，或者是一些中介机构提供的，都要进行仔细分析，对于一些不正规的公司，其实只要细心观察，还是有些端倪可循的。

（1）招聘启事上无刊登公司名称及住址。
（2）同一个招聘启事长期不断地出现（尤其是岗位要求很低的）。
（3）直接列出月薪多少（尤其是报纸上的人事分类广告）。
（4）不合情理的广告（如高薪月入数万元、免试、免经验等）。
（5）利用电子信箱号码及电话招聘。

（6）招聘启事上的联络电话是手机的。

二、做足准备摸清公司底细

我们在做职业规划时有一项很重要的工作就是"知彼"，指的就是要了解我们要工作的社会环境、行业环境和具体工作单位情况。在实习和兼职中就是要做足准备摸清公司底细，具体要做以下准备。

（1）弄清楚对方公司名、公司提供的职位、面试时间、公司地址、联系人及电话，并且要记在纸条上。一切都要做到心中有数。可以直接打电话探问公司背景、经营项目、员工数量及工作内容。

（2）面试前，上网查询是否有企业网站，查看一下该公司的情况，做一些必要的了解，并和从其他途径获得的信息进行比对，以做到心中有数。比如有无正规的工商注册、ICP认证、联系方式等，诈骗网站一般会使用点不开的照片贴图迷惑人，联系人也只称×先生、×小姐；而且，网页上经常会放一些别的网站的图书资料的链接图书资料，大多还在首页醒目位置放置所谓的"工资发放清单"，以迷惑求职者。

（3）接到面试通知后先到工作地点探探虚实，如果对方不肯透露地址，可拨114查号台，查询该公司的名称。如果在114查号台没有查到名称，就不可信；如果查到了名称，也要去现场看完之后再做决定。对于自己满意的工作，在正式工作之前一定要确认用工单位是否具备法人资格，是否具备工商管理部门颁发的营业执照，是否拥有固定的营业场所。如果没有合法的执照、固定的营业场所等，一定不要同意工作。面试通知让你到某个地方后派人接的一定要提高警惕。

三、面试过程用心分辨真假

面试当天应提高警觉，用心观察面试地点及场合的情况，一方面为保障自身的安全，另一方面可通过一些小细节观察该公司是否正规。

（1）提早十分钟到，先观察一下面试地点附近的地理环境与对外通道。比如有无保安、门卫，是否位于旧工厂房、偏僻无人之处或住宅区，面试地点与招聘启事上的地址是否一致。

（2）进入公司后观察有无公开的公司招牌、各类登记证书及张贴告示；观察办公室隔间及员工座位的布置（私人物品越多，表示员工对该公司越有向心力）。

（3）面试时，不轻易食用公司提供的点心或饮料。

（4）是否有试用期或试用的不合理要求。

（5）为确保自身权益，询问清楚工作内容与劳动条件。

四、不轻易缴纳任何押金，不抵押任何证件

当用工单位以管理为名，收取一定数额的押金或保证金时，要谨慎。如果确实要缴，应将费用的性质、返还时间等方面明确写入劳动协议，以免被随意克扣。当用工单位要求将学生本人的有关证件作抵押时，一定要拒绝，谨防证件流失到不法分子手中，成为其非法活动的工具。证件的复印件也要谨慎使用，在递交复印件时，要在复印件上注明使用目

的，使用完毕后最好收回。

五、要签订劳务协议且要仔细阅读

大学生应在工作开始前与用工单位签订劳动协议，协议书一定要权责明确，如工资额度、发放时间、安全等，关系学生切身利益的方面，一定要在协议中详细说明，以免被随意乱扣工资。此外，学生们一定要仔细阅读合同或协议的所有条款，不要被少数用人单位的文字游戏所迷惑。如果与用人单位发生劳资纠纷，首先采取友好的协商方式去解决，若发现上当受骗，应立即到相关劳动部门投诉，必要时采取法律手段。

六、保持信息的畅通

（1）将面试和工作的公司、时间、地点告诉舍友、老师、家人，通信工具保持畅通。

（2）有意识地告知对方有人对你此次面试的相关情况是知情的，这样可以给对方一些警示。

（3）遇到问题及时与老师、家长沟通，尽量理智、妥善地解决。

（4）女生最好不单独外出面试，最好有友人相伴并备有适当的防范器物。有的女生求职心切、自我保护和防范意识比较差，一听到有面试的电话就兴奋不已，在对方约见时，没有留下详细的记录，也没了解面试单位的基本情况，更可怕的是在没有和其他人员说明去处的情况下，只身前往面试地点，有时会遇到危险。建议女生不要单独外出面试，尽量不要在夜间工作，如果可能的话，可以和同学结伴外出工作。

七、不要盲目贪图高薪

开出诱惑力十足的薪酬，是吸引对行业无知者的常见手段。对于高薪兼职，侥幸心理不可存，逻辑判断很重要。以网络打字员兼职为例，目前专业录入员的月收入为四千元，但若换成高薪兼职，每月可轻松赚得十万元以上，简直是无稽之谈。

八、海投简历容易泄露信息

海投一度被高校学生奉为求职圣经，然而海投也有可能成为泄露个人信息的罪魁祸首。如果学生没有向某公司投简历而其让自己去面试，估计就是信息被泄露了。

九、警惕传销陷阱

传销组织一般会盯着刚毕业的大学生。据专家人士分析，一是大学生刚刚离开父母的监管，盲目自立的意识较强，而且社会接触面又不广，思想单纯，容易轻信他人，缺乏社会经验和识别陷阱的能力。二是他们利用当前大学生求职压力大、求职心切的心理，打着"高薪高福利招聘"或"低投入高回报创业"的幌子，将大学生骗入传销团伙。要学会辨认传销行为：传销人员往往会抓住大学生急功近利、容易轻信他人的心理使出各种诱惑手段，让学生进入陷阱，例如提供条件优越、高薪的工作；很久不联系的朋友突然联系你说他那里有工作岗位，提供的待遇丰厚；推销产品积累积分，达到一定级别后可以得到丰厚的回报。同学们千万不要相信，天下没有免费的午餐，一分耕耘一分收获，要树立正确的世界观、人生观，学会靠自己的劳动改善自己的处境和生活轨迹，用智慧和汗水开拓自己的踏实人生路。

辨认传销的方法如下。

（1）如果一位同学刚到外面就有几天联系不上，一定要警惕其可能被传销组织控制。

（2）如果这位同学说他实习了且所在的单位如何好，却又没有任何就业证明材料，也需要警惕。

（3）一到外地还没到工作单位就要你向家里报平安，再马上把你的手机拿去，噩梦就开始了。

（4）一到目的地就有另外的陌生人来陪伴，是为了加强对被骗者的控制。

（5）住在较偏僻的居民区，可能也是传销活动的特点。

十、受骗要举报、投诉，要学会保护自己

当上当受骗时，要学会用政策、法律手段保护自己，如当被克扣工资时要记得到相关部门咨询。此外，不能冲动，要冷静，不要有过激行为，以免引起打斗事件。

思考题：

1. 谈谈你对大学生实习、兼职的认识。
2. 你认为大学生实习、兼职怎么样才能安全？
3. 当你的同学或朋友实习、兼职被骗了，你该怎么做？
4. 结合自己所学专业，应该如何合理安排实习和兼职？

第十四章

保护自我　远离传销

案例回放 1

2010年11月13日，长沙市公安局"局长信箱"收到大学生张晓霞（化名）父亲写的举报信，反映其女儿被骗入传销组织。

经长沙市公安机关立案侦查，发现张晓霞被卷入一个庞大的传销组织。该组织以浙江台州人为骨干，在长沙市以"做工程、修地铁、卖服装"为幌子陆续欺骗涉及广东、福建、安徽、浙江等多个省份的人员加入，最多时达2 000余人。截至2011年3月31日，专案组捣毁该组织传销窝点351个，抓获涉案犯罪嫌疑人79名，收缴银行卡157张，暂扣涉案车辆10台，涉案金额约1.5亿元。传销人员主要聚集在街道的民房内，生活条件十分窘迫。传销人员中，80%是在校或刚毕业的大学生，分别来自河南、江西、山东、云南、四川、河北等地院校。在传销组织的控制下，有的学生明知上当受骗，却不得不按照"上线"的要求发展人员；有的明知违法，为挽回损失，仍去骗自己的亲朋好友；有的为了生存，甚至铤而走险，走上违法犯罪的道路。

思考： 为何大学生会误入传销？

第一节　如何认识传销

一、传销的定义

传销是指组织者或者经营者发展人员，以被发展人员直接或者间接发展的人员数量或者销售业绩为依据计算和给付报酬，或者要求被发展人员以交纳一定费用为条件取得加入资格等方式牟取非法利益，扰乱经济秩序，影响社会稳定的行为，其本质是一种以高额回报为诱饵，蒙骗群众，敛聚钱财，极具欺骗性的违法犯罪活动（图14-1）。

图14-1

二、传销的运转形式

传销组织往往没有固定的店铺，大多是以一个个成功的案例（图14-1）吸引别人加入其中。其模式是一个非常不稳定的金字塔模型，中间任何一个部分出现问题都会导致金字塔的瞬间倒塌，组织者主要利用后参与者缴纳的部分费用，支付先参加者的报酬，以维持运作（图14-2）。

图14-2

三、传销的人员组成

在传销组织中，多数人在自己受骗之后，按照"上线"的要求发展"下线"，于是骗自己的亲戚、朋友、同学入伙，亲戚、朋友、同学在入伙之后发展的"下线"又是他们的亲戚、朋友、同学，久而久之受骗的大部分人都是自己认识的。

四、传销洗脑术的认识

在传销组织中，传销人员会不断向受害者灌输赚大钱的思想，不断地向受害者灌输错误的思想和价值观，被称为所谓的"上课"。下面让我们了解一下常见的几种"洗脑术"。

1. "洗脑"术之一：精心物色传销对象

在传销组织中，发展"下线"被称作邀约"新朋友"。什么人容易成为物色对象呢？

据有关数据分析表明，怀才不遇者、下岗者、负债人、毕业生、推销员和待业者是"上线"最感兴趣的。这些人多数对现状不满，对成功的渴望远比一般人要高。在传销人员那里，"五同四友"（同学、同宗、同事、同乡、同行、朋友、酒友、战友、室友）因为彼此熟悉，防范心理较弱，最容易成为被欺骗的对象（图14-3）。他们会说这里的工作好找，骗你上当。来了之后集中在一个"家庭"里，和其他人一样，手机、身份证都被"家长"集中收走，十几个人在一个租的房间里，一起吃住，不让出去，连续几天听讲课。

2. "洗脑"术之二：通过煽情授课调动欲望

亲"绑"亲、邻"绑"邻

图14-3

通常他们会通过"上课"给会员"强烈震撼"："我为胜利而来，不向失败低头，世上没有我办不到的事……"或"我的激情开始膨胀，准备干一番大事业"。

"成功者"会在课堂上介绍经验，传授所谓的"成功学"，勾勒"光辉前景"。进入传销组织第二天，所谓的"新朋友"就要开始接受培训、"洗脑"。

他们通常会分析影响成功的因素、环境、观念以及人性的弱点：怕、靠、懒、拖、要面子等。他们会传授"成功"必须具备的一些心态,如老板心态,并宣称:"营销行业是一种无店铺形式,虽无店铺,但只要加入,就等于开了店铺,要速成、暴富,必须抓住'直销'这个机会。国家要对直销立法,马上要合法化……"

3. "洗脑"术之三:营造温情气氛,培养心理依赖

传销者通常会营造一种"家""互相爱护、互相帮助"的温馨气氛。从接车那一刻起,"家"里人就无微不至地关心"新朋友",甚至打热水、铺席子,陪打电话给父母报"平安",在前几天,甚至没有人问你要伙食费。"家"里经常组织"心理分享""开心一刻"等活动,鼓励大家改变一些身上的缺点。新同事们如果害羞或胆怯,其他人就为其鼓掌、谈自己的"入行"体会,使其增加信心。大家不论出身,都吃同样的饭菜,轮流做饭,甚至一起到大街上捡垃圾用、拾菜叶吃,感受"磨砺教育"。在这充满"人情味"的家庭氛围中,初来者不由自主地对"家长"推心置腹,经常向其汇报自己的心理以及开展邀约的情况,接受"家长"和"教师"的指点,放松了警惕。

4. "洗脑"术之四:善用"科学"的图表,展示高回报率

披上"科学""现代"的外衣,是"洗脑"者常用的一招,授课者经常通过图表宣传传销的高回报率,让你从十字坐标图上"明确看出"参与传销的高回报率(通常以三年为限,让你感觉成功就在眼前),说什么第一年可以收入多少,第二年可以收入多少,第三年就可收入一二百万元!一些人没有合适的工作,看了这些图表后,会认为:做一般的事业太难;做小生意也要启动资金,要成功太难了。而做传销只要一点钱、发展几个新人加入,以后就能坐享其成,是一条成功的捷径。

5. "洗脑"术之五:及时"答疑解惑",强化"洗脑"效果

大部分新会员是被骗入会的,部分人开始也会有很多疑惑,甚至是愤怒,这时,传授者就会出来解答安慰他们。

警觉的人会问:实际上是骗,为什么事先不说?

授课者回答:骗分为善意的骗和恶意的骗。跟小时候妈妈说打针不痛一样,说一个美丽的谎言,孩子就能勇敢地接受,用这种方法叫朋友过来,分享财富带来的机会,是善意的骗。在发展朋友的时候,首先要记住这一点,心里不要有内疚感,这样你才会心安理得。

有人问:为什么我们活动时总要偷偷摸摸?

他们会回答:新朋友从外地来这里,不熟悉环境,怕发生问题,为了安全,公司制定了严格的纪律。还有就是为了避免打扰周围的百姓,他们不了解我们在从事这样一个朝阳产业,如果告了我们,公安来了,调查什么的,会影响我们的事业发展。

有人问:是不是通过骗人赚钱?

他们会回答:你的"上线"发展了你,他可以从你缴纳的会费中提取一部分的直销奖,难道你为了不让你的"上线"有直销奖而拒绝加入营销网络?那你如何去挣几百万元呢?

6. "洗脑"术之六:表面公平,迷惑人心

传销者宣称"皇帝轮流做,谁都有钱可赚",是传销网络理论中最具有诱惑力的一点。一般来说,传销组织实行严格的"五级三阶"制,五级为 E 级会员、D 级培训员、C

级培训员、B级代理员、A级代理商；三阶为会员升培训员为一级，培训员升代理员为一级，代理员升代理商为一级。只有业绩达到一定程度才能升级。各级根据自己的业绩分发资金，级别越高，资金越多。如"新朋友"交纳一定数量的钱后成为E级会员，发展2名"下线"成为D级，"下线"发展"下线"或自己发展下线9名成为C级，直接或间接"下线"达到64名的升为B级，"下线"达到393名的升为A级，即做到A级别后就能坐享其成了。

第二节 传销与直销的区别

> **故事鉴赏**

曾经有一个国王同一个大臣下棋，国王说："你征战沙场，保家卫国，功勋卓著，我准备奖励你。你想要什么奖励呢？"大臣说："国王，我就要麦子，第一格放2粒，第二格放4粒，第三格放8粒，第4格放16粒，第5格放32粒，依此类推，总共361格，摆满的麦子就是我要的数量。"国王说："太少了，既然你坚持，到国库去取就是了。"其实国王并不知道361格能摆多少麦子。

下面我们来计算一下：第1格2粒，就是2的1次方；第2格4粒，就是2的2次方；第3格8粒，就是2的3次方；第4格16粒，就是2的4次方；第5格32粒，就是2的5次方……第361格，就是2的361次方。相当于万万亿吨以上麦子。

一、直销的定义

直销（Direct Selling），按世界直销联盟的定义，是指以面对面且非定点的方式销售商品和服务，直销者绕过传统批发商或零售通路，直接从顾客处接收订单。直销企业招募直销员，是直销员在固定营业场所之外直接向最终消费者（以下简称消费者）推销产品的经销方式。

二、直销的优势

直销省去了传统销售中的批发、柜台零售等中间环节，避免了厂家对批发商和零售商的大笔让利，商品价格自然便宜，满足了人们对物美价廉商品的追求；既为消费者节约了时间，又提供了方便，有利于老顾客的巩固和发展；突破了营业场所和地理位置的局限。

三、直销与传销的区别（图14-4）

在日常的生活中，我们要分清什么是直销、什么是传销，传销和直销有以下几点区别。

1. 有无入门费

非法传销公司收取入门费，数额在三五百到千元不等，有一些"聪明"的非法传销公司，他们变换形式地收取入门费，如以入门认购产品为由收取几百到千元不等的费用。非法传销参加者缴费后，取得加入、介绍或发展他人的资格，并以此获得回报。而在正规的直销公司是没有这些费用的。

2. 有无依托优质产品

非法传销公司依托的是低质高价产品，一套只值几十元的化妆品可以标价为几百甚至上千元。而直销企业的产品标价物有所值。

图 14-4

3. 产品是否在市场上销售

非法传销玩的是"聚众融资"游戏，他们的销售方式是入门的所有销售代表都要认购产品，但这些产品不在市场上销售，只作为拉进下一个销售人员的样本或宣传品。结果是所有销售人员人手一份，产品根本没有在市场上销售。组织者利用后参加者所缴付的部分费用支付先参加者的报酬，以维持运作。而直销企业的产品质量好，因此产品在市场上畅销，其产品销售由生产厂家通过营销代表直接交到顾客手中，中间没有环节，并且少有广告。

4. 有无退货保障制度

非法传销公司的产品一旦销售就无法退换，或者想方设法给退货顾客设置障碍。正规的直销企业为顾客提供完善的退货保障，如对顾客承诺在购货后 7 天内退回仍具有销售价值的产品，可获 100% 现金退款；有的直销企业还承诺在购货 10 天内退回使用过的产品，可获得 50% 的现金退款或 50% 的等值购货额。

5. 销售人员结构有无超越性

通过"拉人头"来实现收益的非法传销公司，在销售人员的结构上往往呈现为"金字塔"式，这样的销售结构导致谁先进来谁在上，同时先参加者从发展的下线成员所缴纳的入门费中获取收益，且收益数额由其加入的先后顺序决定，先加入者永远领先于后来者。这种不可超越性在直销公司就不存在，参与者在收益上不分先后，表现为多劳多得。

6. 有无店铺经营

我国经历了 1998 年全面整顿"金字塔"式传销后，很多外来直销企业纷纷转型。从那时起，"店铺雇用推销员"的模式就成了直销企业的主要销售模式。这种特殊的直销经营方式，让推销员归属到店，这样便于公司管理。非法传销企业往往停留在发展人员上，经营活动处于无店铺的状态。这是直销和非法传销的一个直观区别。

第三节 传销在我国的现状

案例回放 2

当新人刚被骗到异地后，不让打电话，断绝与外界的一切联系，也不让看电视、报纸，在一个封闭的环境中密集地灌输一夜暴富的思想，唤起人们对金钱扭曲的追求。传销人员变得极端自私，唯利是图，不以欺骗为辱，反以此为荣，毫无诚信，破坏人与人的信任资源，瓦解社会基本单元——家庭，动摇社会稳定的基础，导致很多家庭倾家荡产、妻离子散、家破人亡。传销组织严密，活动隐秘，流动性大，发展迅猛，以几何级数层层制造骗人者和受骗者。传销使绝大多数参加者血本无归，一些人员流落异地，生活悲惨，甚至跳楼轻生；还有一部分人员做出偷盗、抢劫、械斗、强奸、卖淫、聚众闹事等违法行为，给人民生命财产安全和社会稳定造成严重侵害。

思考： 为何传销对社会危害如此之大？

一、传销的来源

传销是直销的一种，可以分为单层次传销和多层次传销。通常讲的传销是指多层次传销。多层次传销是借助网络组织技术发展起来的一种较高层次的直销形式，又称为网络经营（Multilevel Network Marketing）。它的主要特点在于公司的直销商可以不断地发展直销商加入公司，由他推荐加入的直销商是他自己的下线，而每一个直销商都可以如此复制下去，从而形成一个庞大的传销网络。应该说，真正的多层次传销是一种独特的、区别于传统的产品销售通路的营销形式，它不经过批发环节，也不需要店铺经营，将产品直接送到消费者手中，从而大大降低了商品的附加费用，因此是一种值得提倡和推广的商品销售方式。但是，在多层次传销的发展过程中，一些人开始靠猎人头来敛财，而非推销商品赚钱，从而使多层次传销变质。在美国，这种变质的多层次传销被称为"金字塔式销售"。这种变质的多层次传销方法传到亚洲和欧洲后，在日本和中国台湾被称为"老鼠会"，在中国香港和东南亚被称为"猎人头"，在美国仍被称为"金字塔式销售"，在欧洲其他国家被称为"滚雪球系统"。

二、传销的发展

自1990年年底，传销作为一种营销模式开始在我国出现，但是由于其逐渐暴露出来的种种问题，逐步被政府限制，直至被全面禁止。从1998年国家全面禁止传销经营活动之后，传销活动开始改头换面，由公开转入地下，从1999年开始在一些地区抬头，随后向全国蔓延，而且愈演愈烈。同时，随着近年来国家经济的发展和对传销违法犯罪活动的持续打压，传销的形式与手段逐步衍生、变异，更加隐蔽，更具欺骗性，当然，其危害也日益严重。

三、传销在我国的现状

目前我国的传销可以分为两大类：一类是经过国家批准的允许单层从事直销业务的企业。违反了国家的有关规定，搞团队计酬、多层销售，这种行为是一种传销行为（图14-5）。因为其传销的是一种实在有效的商品，它的社会危害性相对来说要轻微一些，只是在经营方式上违反了国家的规定，它的潜在后果是很容易

图14-5

被人利用从事其他形式的传销活动。另一类就是没有真实的商品,纯粹是"拉人头",就是人头传销,不是商品传销。这种行为有两种情况:一种情况是以商品为道具,要求参与者购买,很多参与者只听说了这种商品的名称,根本没有见过商品实物,或者说见到实物也知道这种实物根本没法使用;另一种情况就是任何商品,上至月球上的土地,下至海底的结晶等,五花八门,什么东西都可以作为传销的道具,但是他们传销的是一种所谓的传销理念和营利方式,也就是你交多少钱加入,你再去拉进多少人,以这种方式传销。"拉人头"传销已经成为传销的主要形式,已经占整个传销行为的80%~90%。"拉人头"传销目前在我国又可以分为三种形式,即异地"拉人头"传销、网上"拉人头"传销和本地"拉人头"传销。

1. 异地"拉人头"传销

异地"拉人头"传销又被称为异地据点传销。传销组织一般多以"介绍生意""介绍工作"或"招聘"等名义,谎称可以获得高额回报,利用亲属、朋友、同学、战友等各种关系,通过打电话、写信或者在互联网上发布信息等手段,将人员骗往异地,通过采取利诱,甚至威逼、暴力等手段,对被骗人员进行人身控制和精神控制,使其最终缴纳入门费,加入传销组织,并由被骗走向骗人的道路。异地"拉人头"传销组织在聚集地租赁民宅,分散居住,集中"上课"洗脑。传销组织一般把传销人员组成若干个"家庭",实行"家长制"管理,一个传销居住窝点一般住有10名左右传销人员,由一名"家长"管理,即对"下线"成员的行为和思想实施监控,并直接组织"下线"成员再发展新人加入。异地"拉人头"传销组织发展"下线"的手段,一般实行人身控制和精神控制,手段相当恶劣。最初这种传销还依托一定的商品,发展到现在,基本上已经没有商品运作了。这种传销行为在我国已经成了传销的代名词,经常见诸文件、新闻报道的所谓传销其实都是指这种异地"拉人头"传销行为。

2. 网上"拉人头"传销

网上"拉人头"传销,即利用互联网从事的"拉人头"传销活动。与传统的传销形式不同的是,网上"拉人头"传销以互联网为依托,组织者在网上发布传销信息,参加者接收信息,按照信息指示完成加入和发展人员的流程,反馈个人账户资料、发展"下线"情况等信息,形成"信息链";在资金流转上,通过银行汇兑、邮政汇款实现收取钱财、发放回报的流程,形成"资金链"。其中不少没有真正的商品销售,完全依靠"信息链+资金链"运作。互联网的开放性、交易主体的虚拟性、数据传输的快速性、信息可加密等特点,导致网上"拉人头"传销发展速度更快、传播

图 14-6

地域更广、吸纳资金更多、受害人数更多(图14-6)。目前网上传销在我国发展蔓延很快。例如,广东警方侦破的珠海中都阿星贸易公司网上传销案,以电子商务为幌子,通过互联网发布广告吸收会员,很短时间就发展了22个省的4 436名会员。

3. 本地"拉人头"传销

本地"拉人头"传销是指参加人员主要是本地群众的"拉人头"传销活动。和异地"拉人头"传销不发展本地人加入不同，本地"拉人头"传销一般在当地人中发展网络。这种传销一般由商品做依托，但是，商品只是道具，往往价格虚高，并不能改变其"拉人头"的本质。

第四节 传销的危害

案例回放 3

2011年春节刚过，湖北新洲农村21岁青年余雄和邻村好友朱梦平被人以高工资工作为由骗到山西运城盐湖区，被要求拿出2 800元作为本钱，买下一套产品，说是半年之内就能当上大老板。

朱梦平不愿意干这种骗朋友、骗亲人的事，以没有钱为由予以拒绝。但接下来的日子就不好受了，吃不饱、睡不好，还经常被人打骂。

余雄不愿意加入传销组织，身上也确实没有2 800元现金。后来的十天里，传销组织就指派专人看守余雄，不让他吃饭、不准他睡觉。2月26日，余雄被毒打致死。噩耗传回新洲，余雄的爷爷和母亲当场病倒，70岁的爷爷伤心过度不幸去世。

盐湖公安分局在掌握了相关证据后，于3月2日一举打掉了盘踞在当地近2年的非法传销窝点，当场抓获山西区域经理王江、钱龙和涉嫌毒打余雄的凶手共16人，解救出各地被骗来做传销的受害者67人。

思考：为何传销组织中会出现违法犯罪行为？

传销不仅严重扰乱正常的市场经济秩序，也直接危害人民群众的生命财产安全，破坏社会稳定。其危害突出表现在以下几点。

（1）严重破坏社会主义市场经济秩序，尤其破坏金融管理秩序，侵犯国家、集体和个人财产权。传销利用几何倍增的原理发展网络，传销活动涉案人员多、涉案金额大、发展速度快。据统计，当前传销活动吸纳的民间资金已经达到400亿~500亿元，成为危及国家经济安全的重大隐患（图14-7）。

（2）传销破坏了社会道德基础和诚信体系，动摇了社会稳定的基础。传销组织利用亲情、友情，以"善意的谎言"将传销参与者的亲朋好友诱骗参与传销，一

图14-7

旦骗局暴露，参与者无脸见人、无钱还债、无家可归、无业可就，失去正常人的人生观、价值观、伦理观，极难校正。同时还导致了人与人、人与社会之间的信任度下降，许多家庭被传销拆散。例如，江西某高校的学生被同学骗去广西搞传销，在投入8 000多元产品费用后，开始非法传销活动，期间他将自己同宿舍的其他3个室友和2个亲弟弟拉进传销

组织,但他不愿意就此收手,还盘算着如何把母亲骗到广西搞传销。

(3) 传销组织者对参与传销人员实施严密的精神控制,具有理念的邪教性。一些传销组织者为了最终达到掠夺金钱的目的,对参加传销人员反复"洗脑",实行精神奴役,使传销活动已经演化为一种有组织、有纲领、有体系的不法活动,成为经济领域的"邪教"组织。例如,一个 2010 年 7 月大学刚毕业的女生,考上了江苏省苏州市市直部门的公务员。然而,工作了几个月之后就从单位失踪了。家属动用一切力量寻找,最后惊讶地发现,她是被大学同学骗到了广西来宾从事传销活动。和她一起被骗的,还有另外三名亲戚,其中一名也是大学毕业不久的同龄女孩。接到报案后,民警连夜来到来宾市郊一个村庄的出租房里,把她和另一名同龄女孩解救了出来。但在回家的途中,这两名女孩居然又跑了。

(4) 传销还引发了大量的暴力刑事案件以及扰乱社会治安秩序的案件。一方面,传销组织者和骨干分子对被骗群众和一般参与人员实施限制人身自由、殴打等暴力行为,直接威胁公民人身安全;另一方面,一些人被骗后走上了偷盗、抢劫、非法拘禁、杀人等违法犯罪的道路。同时,当前传销组织与执法部门的对抗加剧,引发了一系列拒绝或妨碍执行公务的违法犯罪行为。例如,来自湖北天门的大学毕业生杨少明来到遵义加入了一个传销组织,在近 1 年的时间里,为了搞传销,他损失了 1 万元。他已经一贫如洗。本想着通过搞传销能够发大财,没想到不但没有挣到钱,反而连养家糊口的钱都赔进去了。他觉得,这一切都是这个组织的小头目余少军害的。为了要回自己被骗的钱,杨少明绑架了余少军。期间对余少军严刑拷打,最终导致余少军重伤,自己也因触犯了《刑法》而被判刑。

图 14-8

(5) 由于参加传销的人员多是农民、失业下岗工人、择业学生等弱势群体,他们希望通过传销摆脱贫困,一旦传销组织者卷款潜逃,就容易引发群体性事件(图 14-8)。传销活动蕴藏巨大社会风险,数量庞大的传销参与者极易成为威胁社会的高危人群,仅 2008 年就有 81.5 万人涉案。

由此可见,传销最初是作为一种经营方式进入我国的,在短短十几年时间内,发展变异成为一种牟取非法利益、扰乱经济秩序、危害人民群众生命财产安全、破坏社会稳定的违法犯罪行为。

第五节　大学生如何预防传销

案例回放 4

2011 年 9 月 2 日 12 时 41 分,经过新浪微博加 V 认证的"中国反传销协会"在微博上发布了一条紧急求助信息,24 岁商洛女孩赵倩,在网上应聘时被叫去一个名叫深圳中航集团（后被证实是假冒的）的培训公司，到韶关后被非法拘禁 5 天。经过 600 多名热心网友的转发，引起韶关警方的关注，女孩终于于 9 月 2 日晚 10 点重获自由。

思考： 赵倩为什么能从传销组织中被救出？

一、大学生在传销中

由于现在的经济形势，大学生就业逐渐趋于饱和状态，这样的情况导致大学生面临就业难的问题，因此，一些传销组织利用大学生的急切就业心理将大学生骗入传销组织。在近年各地的传销案件中，参与传销的大学生所占的比例正在逐年提升，一些传销组织聚集地区的高校尤其如此。2010 年 10 月，东莞市打传办召开会议，公布近期打击传销案例。目前商品传销大概占到 20%，"拉人头"传销大概占到 75%，网络传销大概占到 5%。其中，身份为大专、本科毕业生的传销人员，约占被查获参与人员总数的 70%（图 14-9）。

二、大学生受骗的原因

（1）盲目的独立意识。
（2）急于获得社会实践经验。
（3）传销培训者的煽情——励志与创业。
（4）经济条件差——轻松致富的诱惑。
（5）熟人的介绍——亲情陷阱。
（6）求职心切——好工作的诱惑。

图 14-9

三、大学生如何防范传销组织

（1）拒绝非法传销组织的种种诱惑，如对应届毕业生提供条件优越、高薪的工作（图 14-10）。

图 14-10

（2）不要轻信亲戚朋友的邀请（图 14-11）。

图 14-11

（3）克服急功近利、一夜暴富的不正确观念，要树立正确的世界观、人生观。

四、陷入传销自救的方法

（一）记住地址，伺机报警

如果你被骗到一个陌生的地方，人生地不熟，家人知道你失踪了，肯定很着急，但是苦于不知道你的具体地址，报警也没用，不好救你。所以首先要掌握自己所处的具体位置、楼栋号、门牌号。如果没有这些，可看附近有没有什么标志性的建筑，暗中记下饭店、商场等的名字。如果能发短信或打电话，可偷偷报警，或告知自己的亲人或朋友，叫他们帮你报警。

（二）外出上课学习的途中逃离

传销组织每天都有一些户外活动，在这个过程中随行的人相对减少，便于逃离。而且在大庭广众之下，便于寻求别人的帮助。在外出后，要抓住时间赶紧跑，在经过一些机关单位、企事业单位时，跑过去向保安或工作人员求助；或提前写好求救纸条，假装买东西，和钱一块递给对方，让对方帮助报警；或跑向人多的地方，高声向路人求救；上述方法都无法实现时，可装坏人抢东西（这个在迫不得已时才做，而且不要跑远了，要让别人抓住，抓住赶紧申明，不然就要挨揍）。

（三）装病，寻找外出逃离的机会

如果传销组织控制得比较严，外出的机会很少，我们可以想尽一切办法，找到外出的机会。装病是个好办法，但要装得像，不要被那帮骗子看出破绽。肚子疼、拉肚子，这些都是很好的借口。尽可能地折腾他们，让他们不得安宁，最终使他们同意你外出就医，然后找机会逃离。

（四）从窗户扔纸条求救

如果实在找不到逃跑的机会，可以在上厕所时偷偷写好求救纸条，为引起注意，可写在钞票上，然后趁人不备，从窗户扔下。

（五）骗取信任，寻找机会逃离

如果实在走不掉，被人看得很紧，在"敌强我弱"的情况下就要想软办法。通过伪装骗取他们的信任，让他们放松警惕，然后寻找机会逃离。

五、对于陷入传销组织的人员的解救方法

如果自己的亲朋好友不幸陷入传销组织，我们该如何营救呢？在这里为大家列举以下三种方法。

（一）改变说话的方式

如果没有把握说服对方，就不要说太多，说得越多，他（她）越反感，要学会和解，但是和解不等于认同。一味地指责只能让双方越来越对立，对事情的解决没有帮助，他（她）越对立，就越有逆反心理，越不回头。更不能以分手或断绝关系相要挟，这么做只能让他（她）的"信念"更加坚定，因为他（她）没有退路了，"死"都要从那个"行业""死"出去。所以要"动之以情，晓之以理"，用感情去拉，要多关心他（她），说出大家的担心，提醒他（她）不要只顾埋头拉车，而不抬头看路，要多长几个心眼，现在骗子太多了，也是为他（她）好，害怕他（她）上当受骗；要以理服人，摆事实，讲道理，戳穿传销的"美丽的谎言"，让他（她）知道事实的真相。这个有一定的难度，可以求助反传销的专业人员来做。

（二）要马上破坏他（她）的邀约市场，叫所有的亲朋好友都不要去

很多朋友刚得到自己的亲朋好友在做传销的消息时，往往顾虑重重，家丑不可外扬，为了保住面子，不愿意说出去，这是极端错误的。沉默只会让更多的人上当受骗，因为传销的亲朋好友骗不到你，还可以去骗其他不知情的亲朋好友，这样的话只会让他（她）越陷越深。我们要马上通知所有的亲朋好友不要去，也不要给他（她）寄钱，破坏他（她）的邀约市场。这是一个狠招，犹如传销组织在邀约时所强调的"断其后路"，传销组织每人一天要交6元左右的生活费，还要买生活用品、交电话费等，所以他们一天的开支在10元以上，有的更多。如果他（她）把钱花光了，又骗不到人（没有发展就没有工资），就只能灰溜溜地离开了。

（三）通知家长和报警

如果你做到以上两个方面以后，想及时把陷入传销的亲朋好友解救出来，还可以亲自去一趟，最好是父母出面，因为传销痴迷者已经执迷不悟，他们是不会心甘情愿地回来的，带上他（她）的父母一起去（父母中去一个就行，但去的人要有力度），可以强制将其带回来。去之前首先要取得他（她）的信任，不要引起他（她）的怀疑，就说去看他（她），也不要说去几个人，就说一个人去，如果你说去的人多了，会引起他们的怀疑，有可能你到达目的地后传销组织不会让他（她）来接你们。去之前不要告诉他（她）你具体到站的时间，只说最近要过去。因为这样能给你们一行争取更多的时间，下车后可以马上联系火车站派出所的民警或者工商局，寻求他们的帮助，在你的亲朋好友执迷不悟时，警察或工商局的同志可以帮助劝说、协助解救。

第十四章　保护自我　远离传销

当一切联系好后，你可以给他（她）打电话，告知你到火车站的消息，叫他（她）来接你。当然为了保证解救成功，你可以先买好返程的火车票，在火车开动前两三个小时给他（她）打电话，叫他（她）来接人，以准备在说服不了的情况下，及时强制性把他（她）带上车，避免时间拖得越长对你的解救越不利。当他（她）来接你时，一个人站在出站口等，其余的人躲起来，不然他们发现你带去的人太多会不接你。传销组织来接人时一般是两个人，除了推荐人，还有一个"带朋友"的，两个人好对付，你们可以马上把他们带到派出所或者工商局里，让警察和工商人员说服教育，也可提前和反传销的志愿人员联系好，在电话里帮助说服他（她）。

当然我们在解救时，有可能不是一帆风顺的，会遇到各种突发情况。在遇到这些情况的时候，一是要冷静，设法及时和反传销专业人员取得联系，向他们请教；二是我们要想方设法取得更多的帮助，警察、工商局、的士司机，甚至路人，这些都是可以给你提供帮助的力量。在危急关头，特别是在遭到传销组织大量人员"围追堵截"，不让你们带走亲人和朋友，或者你的亲朋好友执迷不悟不愿意离开的时候，要把事情闹大，报警、高声向路人求助，主动寻求一切可以利用的力量。我们要相信，邪不压正，正义始终在我们这边。如果我们的声音高过他们，他们做的就是一件见不得人的事，自然就会做贼心虚、悄悄溜走。

在强制带走参加传销活动的亲人的过程中，也许痴迷于传销的亲人或朋友会极力反抗，因为他（她）会认为你是他（她）"成功"路上的绊脚石，是在破坏他（她）的好事，在挡他（她）的财路。这时你一定要有耐心，一路上要寻求乘务员或乘警的帮助，防止他（她）跑掉。回家后也不能掉以轻心，要看住，等他（她）冷静后再及时反洗脑，不然他（她）有可能又偷偷跑回去。

思考题：
1. 你怎么看待传销行为？
2. 你怎样识别传销组织？
3. 当你或者你的朋友卷入传销组织时，你该怎么做？

第五篇

自然灾害与安全

第十五章

自然灾害的预防与自救

第一节 地震灾害的应急处置

一、地震概述

1. 地震的概念

地震被称为所有自然灾害中的"头号杀手",是一种危害性极大的灾害。广义地说,地震是地球表层的震动;狭义地说,人们平时所说的地震是指能够形成灾害的天然地震,指地下岩层受应力作用颤动、产生破裂造成的地面震动。它的表现形式是大地(地壳)的快速且剧烈的颤动。

虽然地球上每年会发生500多万次地震,但是它们之中绝大多数震级太小或离人们太远,人们感觉不到。真正能对人类造成危害的地震,全世界每年会发生一二十次;像唐山、汶川地震这样能够造成严重危害的地震,每年会发生一两次。

2. 地震的分类

根据震动性质,可将地震分为天然地震、人工地震、脉动等。天然地震是指自然界发生的地震现象;人工地震是由爆破、核试验等人为因素引起的地面震动;脉动是由大气活动、海浪冲击等引起的地球表层的经常性微动。

根据震动诱因,可将地震分为构造地震、火山地震等。构造地震主要是因地下深处的岩层错动、破裂而引发的;火山地震主要是由火山喷发引起的。此外,还有因地下溶洞或矿井塌陷、水库蓄水或油田抽注水而诱发的地震等。

构造地震是全球规模最大、发生频率最高的一类地震,占全球地震的90%以上。构造地震也是危害性最大的地震,它主要以直接破坏和间接破坏的方式,造成建筑物倒塌、人员伤亡、生命线工程(水、气、电、通信、交通等)受损、地基沙土液化、山崩、滑坡、良田毁坏和导致火灾、洪水、毒气泄漏及疫病的发生,给人类的生存空间和人类社会带来极大的威胁和严重的破坏。

3. 地震灾害的特点

地震具有突发性强、破坏性大、社会影响深远、防御难度大等特点。

二、地震的预防

（1）做好预防灾害的准备。一般家庭常备的东西有粮食和水，以能够保存所有人 5 天体力的分量为佳。另外，应再准备一些防灾用品，组成"防灾包"，如防灾头巾、手电筒、口哨、急救药品、蜡烛、半导体收音机，以及一些逃生用具，如毛毯、便携式炊具、固体燃料等。

（2）由于地震时搁板上放置的重物很容易掉下来砸伤人，因此放置东西时要多加考虑。

（3）人们很难适应黑暗，这不仅是因为看不见，在房间内很难分辨东西南北，还是因为心理上感受到了压力和恐惧。因为地震容易造成停电，所以手电筒要随时带在身边。

（4）当地震发生后，会出现电视中断、电话不通、报纸停刊、信息来源完全被断绝等情况。此时，只有小型的收音机可以给人们提供重要情报，从而使人们更好地应付不断变化的情况。

（5）当地震平息后，人们首先要解决的是饮用水的问题。在这种情况下，断水是经常会发生的事。由于城市中水井很少，所以在不知道什么时候发生地震的情况下，有必要每晚睡前准备一些应急的饮用水。如可在浴室中存水，或用水桶存水，如此一来，既可在灾害发生时将其作为应急水，又可将其当成震后的备用水。

（6）考虑到地震后的混乱情况，准备好足够支撑 3 个月开销的现金是必要的，这是因为地震之后，银行、邮局等处往往取不出钱。

（7）把急救用具放在某一固定并且容易拿到的地方。

（8）平时应穿或备好跑得快、耐用、平跟的棉鞋或运动鞋。

（9）准备灭火器，及时扑灭因地震引起的小型火灾。

（10）学校要不断加强防灾逃生演练，确定震时的躲避场所，准备联络方法，约定一个室外集合的地点。因为人们不知道什么时候会发生地震，所以如果地震发生在夜里，有了集合地点，大家跑出去后，用不着你呼我喊，就可以集合到一起了，并且可以有序地撤出，避免拥挤踩踏事故的发生。

（11）不要听信和传播地震谣言。

三、地震发生后的自救与互救

无论有无救援力量到达，广大灾民的自救与互救都是不可缺少的救生措施。被倒塌建筑物压埋的人，只要神志清醒，身体没有重大创伤，就应该坚定获救的信心，妥善保护好自己，积极实施自救与互救措施。

1. 自救原则

（1）克服恐惧心理，坚定生存信念，要自谋策略，尽快脱离险地。如果不能自行脱险，则应保持镇静，捂住口鼻，防止因倒塌建筑物的灰尘而窒息。

（2）清除压在身上的物体，支撑可能坠落的重物，创造生存空间。

（3）不要大声呼叫，以减少体力消耗。在周围十分安静或听到上面（外面）有人活动时，用砖、铁管等物敲打墙壁，向外界传递消息。

(4) 搜寻饮水、食品，以延续生命，静待援救。

(5) 当几个人同时被埋时，要互相鼓励、团结配合，必要时采取脱险行动。

(6) 寻找和开辟通道，设法逃离险境，向有光亮、更安全、宽敞的地方移动。

2. 互救原则

幸免于难的人员在救助亲人、邻里、同事和其他被埋人员时应做到：

(1) 注意探听被埋人的呼喊、呻吟、敲击器物的声音。

(2) 根据房屋结构，先确定被埋人员的位置，再行抢救，防止被埋人员再次受伤。

(3) 先抢救建筑物边沿瓦砾中和其他容易获救的被埋人员，扩大互救队伍。

(4) 先抢救医院、学校、旅馆等人口密集地区的人员。

(5) 勿用利器刨挖。实施抢救时，应先使被埋者暴露头部，清除被埋者口内尘土，然后再进行抢救。

(6) 对于被埋时间较长的幸存者，救援人员应先给其输送食品、饮料，然后再实施救援工作。注意保护被困者的眼睛。

(7) 对于颈、腰椎受伤者，切忌猛拉硬拽，应待其暴露全身后，慢慢将其移至硬木板担架上。

(8) 对于一息尚存的危重伤员，应先进行现场急救，再送医疗点或医院。

3. 地震发生时的避险方法

(1) 地震具有突发性，使人措手不及。在地震开始时，如果正在屋内，则切勿试图冲出房屋，这样被砸伤的可能性极大，适宜之计是躲在坚固的床或桌下。倘若没有坚实的家具，则应站在门口，门框能够起到保护作用。因为窗户玻璃可能被震碎，所以应远离窗户。

(2) 如果在室外，则不要靠近楼房、树木、电线杆或其他任何可能倒塌的高大建筑物，尽可能远离高大建筑物，跑到空地上去。为避免地震时失去平衡，应躺在地上，倘若附近没有空地，则应该暂时在门口躲避。

(3) 切勿躲在地窖、隧道或地下通道内，这是因为地震产生的碎石瓦砾会填满或堵塞出口，除非它们十分坚固，否则地道等本身也会塌陷。

(4) 地震时，木结构的房子容易因倾斜而打不开房门，这时就会失去逃生通路。所以，不管是否出门，先打开房门都是明智之举。

(5) 地震时，搁板上的东西及书架上的书等可能往下掉，这时，可利用身边的棉坐垫、毛毯、枕头等物盖住头部，以免被砸伤。

(6) 外出避难时要尽量穿上厚的棉衣和棉制鞋袜，并且要避免穿易着火的化纤制品。

(7) 住院时碰到地震，应及时钻进床下，以避免被从天窗或头顶掉下的物品砸伤。

(8) 地震时，不要在道路上奔跑。由于地震时所到之处都是飞泻而下的招牌、门窗等物品，所以最好能戴上一顶安全帽。

(9) 地震时，大桥也会被震塌并坠落河中，此时停车于桥上或躲避于桥下是十分危险的。如果在桥上遇到地震，则应迅速离开桥身。

(10) 大地震有时发生在海底，会出现海啸。掀起的海浪会急剧升高，此时靠近岸边的小舟十分危险。在这种情况下，最好迅速离开沙滩，远离浪高的海面。

（11）在公共场所遇到地震时，里面的人会出现拥挤情况，这是由于惊恐的人们找不到逃生出口。这时需要镇静，定下心来寻找出口，不要乱跑乱窜。

【案例1】2008年5月12日14时28分04秒，四川汶川、北川发生里氏8.0级地震。此次地震为中华人民共和国成立以来国内破坏性最强、波及范围最广、总伤亡人数最多的地震之一，被称为"汶川大地震"。为表达全国各族人民对四川汶川大地震遇难同胞的深切哀悼，国务院决定，将2008年5月19—21日定为全国哀悼日。自2009年起，每年5月12日为全国防灾减灾日。

【案例2】2013年4月20日8时02分，四川省雅安市芦山县发生7.0级地震。震源深度为13千米，震中距成都约100千米，震中芦山县龙门乡多数房屋垮塌。卫生院、住院部均停止工作，灾区出现停水停电的情况。此次地震造成了重大人员伤亡。

【案例3】1966年3月8日5时29分14秒，河北省邢台专区隆尧县发生6.8级大地震，震中烈度为9度；3月22日16时19分46秒，河北省邢台专区宁晋县发生7.2级大地震，震中烈度为10度，造成重大人员伤亡，经济损失达10亿元。

【案例4】1976年7月28日3时42分53.8秒，中国河北省唐山、丰南一带发生了里氏震级为7.8级（矩震级为7.5级）、震中烈度为XI度、震源深度为23千米的地震。地震持续了约12秒。整个唐山市顷刻间被夷为平地，全市通信、供水、供电中断，交通瘫痪。由于地震发生于凌晨，即人们熟睡之时，因此大部分人毫无防备。

第二节　洪水灾害的安全防范

一、洪灾概述

洪灾也被称为水灾或泛滥，是由洪水引发的一种自然灾害，指河流、湖泊、海洋所含的水体上涨，超过常规水位，造成堤坝漫溢或溃决，使洪水入境，从而造成的灾害。洪灾分两类：河流洪水、海岸洪水。河流洪水包括暴雨洪水、山洪、泥石流、融雪洪水、冰凌洪水和溃坝洪水，均发生在江河地区；海岸洪水包括天文潮、风暴潮和海啸，均发生在沿海地区。

洪灾是自然降水过量或排水不及时造成的人员伤亡、财物损坏、建筑倒塌等现象，洪灾发生时不仅会淹浸沿海地区，破坏农作物、淹死牲畜、冲毁房屋，还会导致商业活动暂停、学校停课、古迹文物被破坏以及水电、煤气供应中断。不仅如此，洪水还会污染食物、水，传播疾病。

二、洪灾的预防

1. 学习防洪知识

学习防洪的相关知识，加强并完善自身环境内的防灾措施，发现异常征兆，如堤坝渗水、出现管涌、水位异常猛涨等时，应及时向有关部门报告。

2. 做好防洪准备

准备必要的医疗用品，妥善安置贵重物品，准备必要的衣物、食品、矿泉水，做好自救和救援的准备，将人、畜等尽早转移到安全的地方。

3. 远离可能发生洪灾的地点

在汛期紧张时期，当气象台预报有连续暴雨或有台风袭击时，在易受洪水淹没的低洼、滞洪地带或湖泊、海边、河边的人群，更要提高警惕，随时注意水位的变化，及时了解洪水的情况，采取适当的措施。必要时，要及时离开可能发生洪灾的地区，避免或减轻洪水的危害。

三、遇到洪水的自救

（1）洪水到来时，来不及转移的人员要就近迅速向山坡、高地、楼房、避洪台等地转移，或者立即爬上屋顶、楼房高层、大树、高墙等高的地方暂避。

（2）如洪水继续上涨，暂避的地方已难自保，则要充分利用准备好的救生器材逃生，或者迅速找一些门板、桌椅、木床、大块的泡沫塑料等能漂浮的材料扎成逃生筏。

（3）如果已被洪水包围，要设法尽快与当地政府防汛部门取得联系，报告自己的方位和险情，积极寻求救援。注意千万不要游泳逃生，不可攀爬带电的电线杆、铁塔，也不要爬到泥坯房的屋顶。

（4）如已被卷入洪水中，一定要尽可能抓住固定的或能漂浮的东西，寻找机会逃生。

（5）发现高压线铁塔倾斜或者电线断头下垂时，一定要迅速躲避，防止直接触电或因地面"跨步电压"触电。

（6）洪水过后，要做好各项卫生防疫工作，预防疫病。

【案例5】2004年9月，四川省遭遇入汛以来范围最大、强度最大的一次降雨，连续、高强度暴雨引发了严重的洪涝及山体滑坡、泥石流等灾害，给灾区民众生命财产造成了严重损失。

【案例6】国家防汛抗旱总指挥部2013年7月1日发布的数据显示，截至7月1日统计，2013年全国强降雨、融雪、台风等引发的洪水导致26个省（自治区、直辖市）的2 719万人遭受洪涝灾害，死亡157人，失踪16人，农作物受灾面积达186.4万公顷，倒塌房屋6万间，直接经济损失约280亿元。

【案例7】《2012年中国水旱灾害公报》报道：2012年，31省（自治区、直辖市）2 263县（市、区）22 991乡（镇）遭受洪涝灾害，受灾人口达12 367.11万人，因灾死亡673人，失踪159人，紧急转移1 001.45万人，倒塌房屋58.60万间，有184座城市进水被淹或发生严重内涝，直接经济损失达2 675.32亿元。

【案例8】民政部网站消息：2016年7月16日至18日9时统计，长江中下游部分地区出现强降雨过程，引发洪涝、风雹等灾害，降雨过程导致江西、湖北、湖南3省13市（自治州）37个县（市、区）的117.7万人受灾，4人死亡，11.8万人紧急转移安置，12.9万人需紧急生活补助；500余间房屋倒塌，1 000余间房屋不同程度受损；农作物受灾面积达69 000公顷，其中绝收27 400公顷；直接经济损失达12.9亿元。

第三节　滑坡、泥石流灾害的安全防范

一、滑坡、泥石流概述

1. 对滑坡的认识

滑坡是指斜坡上某部分岩土在重力（包括岩土本身重力及地下水的动静压力）作用下，沿着一定的软弱结构面（带）产生剪切位移而整体向斜坡下方移动的现象。

滑坡常发生在雨季或春季冰雪融化的时候。滑动主要发生在山谷坡地、海洋、湖泊、水库、渠道及河流的岸坡和露天采矿场所。滑坡的时间主要与诱发滑坡的各种外界因素有关，如地震、降雨、冻融、海啸、风暴潮及人类活动等。世界上大多数国家都会发生滑坡，其中中国、美国和日本等国家较严重。

多数滑坡，特别是大规模的滑坡会掩埋村镇，摧毁厂矿，破坏铁路和公路交通，堵塞江河，损坏农田和森林，给人类生命和经济建设带来巨大危害。

2. 对泥石流的认识

泥石流是在山区沟谷中，因暴雨、冰雪融化等水源激发的、含有大量泥沙石块的特殊洪流。泥石流是一种灾害性的地质现象，大多伴随山区洪水而发生。它与一般洪水的区别是：泥石流中含有许多泥、沙、石等固体碎屑物，其体积含量最少为15%，最高可达80%，因此比洪水更具有破坏力。

泥石流的形成必须同时具备以下三个条件：陡峻便于集水、集物的地形地貌；丰富的松散物质；短时间内有大量的水源。

泥石流对人类的危害包括：毁坏房屋，危害人的生命，造成人员伤亡；损坏公路、铁路和河道，中断交通；危害农作物，淤埋农田，造成农业减产、减收。

二、对滑坡、泥石流的防范

雨季往往是泥石流、山体滑坡的多发季节。因此，处于泥石流、山体滑坡多发地带的人们，更要多加警惕。

（1）养成每天收听天气预报的习惯，白天降雨较多后，晚上或夜间要密切注意雨情，做好提前转移、撤离的准备。

（2）路经山谷地带，留心观察周围环境。若道路两旁植被严重破坏，又突遇暴雨，切勿停留，要迅速转移至安全的地方。

（3）山区降雨普遍具有局部性特点，"一山分四季、十里不同天"，沟谷下游是晴天，沟谷上游可能是倾盆大雨。因此，即使在雨季的晴天，也要提防泥石流灾害。

（4）地质灾害大多发生在雨季，特别是深夜入睡时造成的损失更大。暴雨期间，夜晚不要在高危险区内留宿。

（5）如在野外露营，要选择高处平坦、安全的地方，尽可能避开有滚石和易发生山体滑坡的坡地下边，不要在山谷及河沟底驻扎。切忌在危岩附近停留，不能在凹形陡坡、危岩突出的地方避雨、休息和穿行，不能攀登危岩。

(6) 可能的情况下，应在避灾场所预先做好必要的物资准备：①事先将部分生活用品转移到避灾场所；②根据实际情况，适当地准备交通工具、通信工具、常用药品及雨具等；③准备充足的食品和饮用水。

(7) 地质专家告诉我们，泥石流、滑坡、崩塌的发生也有迹可循：①坡度较陡或坡体呈孤立山嘴状，或为凹形陡坡，坡体上有明显的裂缝，坡体前部存在凌空空间或有崩塌物，这些都说明曾经发生过滑坡或崩塌，今后还可能再次发生；②河流突然断流或水势突然加大，并夹有较多柴草、树木，深谷或沟内传来类似火车的轰鸣或闷雷般的声音，沟谷深处突然变得昏暗，还有轻微震动感，这些迹象都表明沟谷上游已发生泥石流。

三、遇到滑坡、泥石流的自救

(1) 根据各种现象判断泥石流发生之后，应立即逃离，选择最短、最安全的路径向沟谷两侧山坡或高地跑，要向其垂直的方向逃生。爬得越高越好，跑得越快越好，绝对不能向泥石流的流动方向或山体滑坡的方向跑。离山谷越远越好，不要在谷底过多停留。

(2) 一定要设法从房屋里跑出来，到开阔地带，尽可能防止被埋压。

(3) 不要停留在有滚石和大量堆积物的山坡，以及坡度大、土层厚的凹处。

(4) 不要上树躲避，泥石流可扫除沿途一切障碍。

(5) 避开河（沟）道弯曲的凹岸或地方狭小、高度又低的凸岸。

(6) 不要躲在陡峻山体下，防止坡面泥石流或崩塌的发生。

(7) 长时间降雨、暴雨渐小之后或雨刚停，不能马上返回危险区，因为泥石流常滞后于暴雨。

(8) 当无法继续逃离时，应迅速抱住身边的树木等固定物体。

(9) 如果不幸被困，应注意不能饮用被污染了的水，以免中毒，可收集雨水饮用。

(10) 食品不足时，少量进食维持生命；若食物短缺，应一边寻找山果等充饥，一边等待救援。

(11) 如果不幸受伤，又找不到脱离险境的好办法，则应尽量保存体力，不要乱动。

(12) 用石块敲击能发出声响的物体，向外发出呼救信号，不要哭喊，等待救援。

【案例9】 2010年8月7日夜里22点左右，甘肃省甘南藏族自治州舟曲县，暴雨引发了山洪，泥石流冲进县城，造成大量人员伤亡。

【案例10】 2008年10月31日至11月5日16时，云南省楚雄、昆明、临沧、红河、大理、玉溪、深山、昭通、德宏、普洱、西双版纳等11个自治州（市）遭遇暴雨袭击，部分地区发生滑坡、泥石流灾害，其中楚雄彝族自治州楚雄市、双柏县灾情较为严重。此次洪涝、滑坡、泥石流灾害共造成138.63万人受灾，紧急转移安置灾民6.08万人；灾区电力、交通、水利、通信、卫生等基础设施不同程度受损。

第四节　雷电灾害的安全防范

一、雷电灾害概述

雷电是常见的自然现象，它实质上是天空中雷暴云中的火花放电，放电时产生的光就是闪电，闪电使空气受热迅速膨胀而发出巨大的雷声。在雷雨交加的天气里，很容易遭受雷击，严重的时候还可能致人死亡。雷电分直击雷、电磁脉冲、球形雷、云闪 4 种。

如被雷电击伤，则人体可能出现树枝状雷击纹，表皮剥脱，皮内出血；也可能导致耳鼓膜或内脏破裂等。

二、对雷电灾害的防范

1. 室内预防雷击

（1）电视机的室外天线在雷雨天要与电视机分离，并与接地线连接。

（2）雷雨天应紧闭门窗，尽量离窗户远一点，不靠近屋舍的外围墙，防止雷电窜入室内造成危害。

（3）雷雨天尽量不用电器、不打电话、不看电视、不听广播、不使用电脑，关闭使用中的电器，拔掉电源插座，不用手接触或靠近电源线，以防止这些线路和设备二次放电。

（4）雷雨天应远离门窗、炉灶和烟囱等，不要靠近室内的金属设备，如暖气片、自来水管、煤气管、下水管等。

（5）不要穿潮湿的衣服，不要靠近潮湿的墙壁。不宜在雷电交加时用喷头冲凉，巨大的雷电会沿着水流袭击淋浴者。

2. 室外预防雷击

雷电通常会击中户外最高的物体尖顶，所以孤立的高大树木或建筑物往往最易遭雷击。雷电大作时，人们在户外应遵守以下规则。

（1）雷雨天气时，不要停留在高楼平台上，不宜进入孤立的棚屋、亭台等，最好躲入一栋装有金属门窗或设有避雷针的建筑物内。一辆金属车身的汽车也是最好的"避雷所"。一旦这些建筑物或汽车被雷击中，它们的金属构架或避雷装置以及金属本身会将闪电电流导入地下，即利用避雷装置将雷电流引向大地。

（2）远离建筑物外露的水管、煤气管、高压电线，以及孤立的高楼、烟囱、电杆、大树、旗杆等。

（3）在郊区或露天作业时，如果手中有导电的物体（如铁锹、金属杆雨伞），要迅速抛到远处，千万不能拿着这些物品在旷野中奔跑，否则会成为雷击的目标。不要穿潮湿的衣服靠近或站在露天金属商品的货垛上。

（4）不宜在大树下躲避雷雨，如万不得已，至少要与树干保持 3m 距离，然后下蹲，尽量降低身体的高度。

(5) 雷雨天气时，在高山顶上不要开手机，更不要打电话。

(6) 雷雨天不要触摸和接近避雷装置的接地导线。

(7) 雷雨天气时，不要去江、河、湖里游泳、划船、垂钓等。

(8) 在户外躲避雷雨时，应注意不要用手撑地，可双手同时抱膝，胸口紧贴膝盖，尽量低头（头部较身体其他部位更易遭到雷击）。

(9) 如果在户外遭遇雷雨，来不及离开高大物体时，应马上找些干燥的绝缘物放在地上，并将双脚合拢站在上面，切勿将脚放在绝缘物以外的地面上。

(10) 如果在雷电交加时，头、颈、手处有蚂蚁爬的感觉，头发竖起，说明将发生雷击，应赶紧趴在地上，这样可以降低遭雷击的危险，并迅速取掉身上佩戴的金属饰品，如发卡、项链等。

(11) 在雷雨天气时，不宜在旷野中打伞，或高举羽毛球拍、高尔夫球棍、锄头等；不宜进行户外球类运动，雷暴天气进行高尔夫球、足球等运动是非常危险的。

(12) 在雷雨天气时，不宜快速开摩托、快骑自行车和在雨中狂奔，因为身体的跨步越大，电压就越大，也越容易伤人。

(13) 如果在户外看到高压线遭雷击断裂，应提高警惕，因为高压线断点附近存在跨步电压，身处附近的人此时千万不要跑动，而应双脚并拢，跳离现场。

三、遭受雷击时的急救常识

强大的雷电电流通过人体时，给人体造成的主要危害不是灼伤，而是神经和心脏麻痹。人体受雷电电流冲击后，心脏跳动速率极不规则，出现停跳或者颤动，血液循环中止，造成脑神经损伤，人在几分钟内就可能死亡。如果抢救及时，如做人工呼吸、心肺复苏来恢复心跳和呼吸，则有复活的可能。

(1) 人体在遭受雷击后，往往会出现"假死"状态，此时应采取紧急措施进行抢救。首先要就地做口对口人工呼吸和胸外心脏按压，积极进行现场抢救。雷击后进行人工呼吸的时间越早，对伤者的身体恢复越好，因为人脑缺氧时间超过十几分钟就会有生命危险。

(2) 迅速通知医院进行抢救处理。

(3) 如果遭受雷击后衣服着火，一定不要惊慌和奔跑，否则火会越烧越旺。要立即躺下，以免烧及面部，并往伤者身上泼水；或者用厚外衣、毯子等把伤者裹住，以扑灭火焰。

(4) 要注意给病人保温。若病人有狂躁不安、痉挛抽搐等精神、神志症状，则要为其作头部冷敷。对于被电灼伤的部位，在急救条件下，只需保持干燥或包扎即可。

【案例11】2004年6月26日，浙江省某村有30人在5棵大树下避雨，遭雷击，造成17人死亡，13人受伤。

【案例12】2004年7月17日，苏州某高校多处建筑遭雷击，其中一大楼内的计算机主板、传真机等各种设备损坏。同时，该校还有多处Cisco设备遭雷击受损，直接经济损失约10万元。

【案例 13】 2004 年 8 月 11 日,湖南省一少年刘某在打电话时被雷击倒在地上,经抢救无效死亡。同时击坏死者家中电视机 1 台、电话机 1 部。

【案例 14】 2004 年 5 月 1 日 8 时 30 分,四川省绵阳市,西南某大学的临时工周某(42 岁)在返回宿舍的途中,因手持铁柄雨伞而被雷击中,当场死亡。

参 考 文 献

［1］姚攀峰．科学地震逃生［M］．北京：中国建筑工业出版社，2012．
［2］中国地震局宣传教育中心．抗震救灾实用手册［M］．北京：人民出版社，2010．
［3］杜玮．防震减灾基础知识问答［M］．北京：中国标准出版社，2012．
［4］胡赪．对大学生创业法律保障问题的几点思考［J］．新西部，2007（10）．
［5］陈海．大学生创业要注意法律风险［J］．致富时代，2009（9）．
［6］蒋英燕．大学生就业法律指导内涵探析［J］．科教导刊，2010（3）．
［7］杨晓慧．当代大学生生活方式问题及对策研究［J］．东北师大学报（哲学社会科学版），2006（6）．
［8］刘红霞．大学生人际冲突的成因及对策研究［J］．湖北师范学院学报二（哲学社会科学版），2001（6）．
［9］何爱霞，苏海民．大学生消防安全意识现状调查——以宿州学院为例［J］．宿州学院学报，2011（12）．
［10］中华人民共和国旅游局．旅游突发事件应急手册［EB/OL］．http://www.cnta.gov.cn/．